John D. Wolfringer

Lord Nelsons Teleskop

DROMOS Verlag

für Frau Schreiter von
Hans D. Pfeiß
(al. John D. Wolfringer)

AUSTRALIEN
Arnhem Land
Kimberley
Northern Territory
Great Sandy Desert
Western Australia
Gibson Desert
Great Victoria Desert
Nullarbor Plain
South Australia
Queensland
New South Wales
Victoria
Tasmania
Grosse Australische Bucht
Korallen-See
Territorium Korallenmeerinseln (Austr.)
Tasman-See
PERTH
ADELAIDE
MELBOURNE
SYDNEY
BRISBANE

Australien

John D. Wolfringer

Lord Nelsons Teleskop

Ein phantastischer Roman aus Australien

DROMOS Verlag Frankfurt am Main
Geschäftsführung: Ursula Pflug
Nordring 97
60388 Frankfurt am Main
Tel. 06109-22983
e-mail: dromos-verlag@t-online.de

Umschlagsgestaltung: Uschi Welz / Jürgen Schreiter
Bild: Abel Tasman-Seekarte (Ausschnitt)
Quelle: Mitchell Library, Sydney NSW

Schrift: Palatino Linotype

Druck: printsystem Digitaldruck-Offsetdruck POD
Schafwäsche 1-3, 71296 Heimsheim
Tel. 07033-3825; info@printsystem.de

Bezugsquelle: Buchhandel
Kontakt: DROMOS Verlag Frankfurt am Main

ISBN: 978-3-940655-01-1

Preis: € 14,00 / CHF 21,50

Inhalt

London Tower Bridge

Das Tagebuch

Admiral Horatio Nelson

Es war an einem jener seltenen Tage, wenn der Himmel über London hell und klar ist, und in der Frühe das Parliament Building das gleißende Licht der aufgehenden Sonne widerspiegelt. Ich war zeitig wach. Nach dem Frühstück fuhr ich in mein Büro, um die neuesten Nachrichten für das Marineamt durchzusehen. Ich hatte keine Ahnung, wie düster dieser Tag für mich enden würde. Um die Mittagsstunde klopfte Mr.Abbot an die Tür um zu melden, daß Admiral Cockburne eine Botschaft für mich zu überbringen wünschte. Ein Besuch dieser Art war nicht ungewöhnlich und kein Anlaß zu Besorgnis. Als jedoch der Admiral in mein Zimmer trat, bemerkte ich mit Bestürzung, daß sein Gesicht aschfahl war. Ich habe eine traurige Nachricht für Eure Lordschaft, brachte er mit Mühe hervor: Ihrer Majestät Schiff Perseverance ist in einem Taifun in der Timor-See verloren gegangen. Es gibt kaum Hoffnung auf Überlebende. Nachdem ich Cockburne entlassen hatte, warf ich einen Blick aus dem Fenster und sah, wie von der Themse her ein leichter Nebel aufstieg, während sich die Sonne hinter eine graue Wolkenwand zurückzog. Der plötzliche Umschlag des Wetters gab auf beklemmende Weise den ebenso jähen Umschwung meiner Stimmung wieder. Unter den unglücklichen Passagieren der H.M.S. Perseverance befand sich auch meine Nichte Margret Nelson. Vor einem halben Jahr war meine geliebte Frau, Mildred Milford, verschieden. Daraufhin bat ich Margret Nelson, unverzüglich von Sydney nach London zu kommen, um mir in verschiedenen Angelegenheiten zur Hand zu gehen. Ich konnte nicht vor Ablauf eines halben Jahres mit Margret's Rückkehr rechnen. Eine Zeit der Einsamkeit stand mir bevor, in der ich mich über den Verlust meiner Frau hinwegtrösten mußte. Es war jedoch der Wille des Herrn, daß ich nun einsamer bin als je zuvor.
Der Herr sei mir gnädig.!

London, den 10. Oktober 1848

Lord Milford verharrte über sein Tagebuch gebeugt, offenbar unschlüssig, ob alles gesagt war. Gab es denn etwas zu sagen? Und wem? In welcher Absicht? Zu späteren Zeiten vielleicht würde sich ein Biograph in das Tagebuch vertiefen, falls sich jemand ausgerechnet für seine Person interessierte. Ein pensionsreifer Seeoffizier, der sich im Marineamt noch ein wenig die Zeit vertrieb. Der Schmerz, der Lord Milford nun in einen Zustand der Erstarrung versetzte, gehörte nicht in eine Biographie. Eine Ahnung von möglicher Schuld begann ihn zu beunruhigen: Aus welchem Grunde war Margret Nelson nach Australien gegangen? Was steckte wirklich dahinter? Was hatte sie vermißt bei ihm und Mildred? Er hatte sie zurück befohlen. Vielleicht gegen ihren Willen. Sein Herz krampfte sich zusammen: die Tragödie der *Perseverance*. Eine regelmäßig befahrene Route, auf der Verluste an großen Schiffen nicht häufig waren. Gab es Zusammenhänge? Was hätte die Vielzahl anderer Opfer damit zu tun, daß Margret vielleicht nicht nach London zurück wollte? Wahrlich, die Wege unseres Herrn sind rätselhaft!

Lord Milford legte die Feder zur Seite. Er saß noch eine Weile regungslos, die Hand auf das Tagebuch gelegt, um mit sich zu Rate zu kommen. Schließlich öffnete er die rechte obere Schublade seines Schreibtisches, schob das Buch hinein, schloß das Fach ab und nahm den Schlüssel zu sich. Dann verließ er sein Büro und ging zu Fuß zu seiner Wohnung. Mr.Abbott sah ihm nach. Der Lord nahm seinen Weg nicht, wie gewöhnlich, am Themse-Ufer entlang, sondern über den St.Johns Friedhof. Die Gräber seiner Ahnen erschienen ihm als Zeugen seines Schmerzes wohl geziemender als die prächtige Fassade des Parliament Building.

Damit verliert sich die Spur von Lord Milford. Offenbar hat er das Tagebuch niemals wieder zur Hand genommen. Es fand sich kein Biograph. Irgendein Verwandter entdeckte das Tagebuch in des Lords Nachlaß, und so wurde es auf eine gewisse Lady Milford vererbt, die heute in London lebt. Lady Milford vertraute das Tagebuch schließlich einem Freund des Hauses an: Sir Arthur Bennett, Oberrichter im Ruhestand.

Sydney Harbour Bridge und Opera House

Geisterstunde

Ludwig Leichhardt

Beginnen wir die Beschreibung von Lady Milford's geselligem Abend mit dem Augenblick, da Dr.Hinshelwood zusammen mit Professor Rosenthal den Salon betritt. Dr.Hinshelwood bleibt nach ein paar Schritten unvermittelt stehen, als sei ihm etwas Interessantes eingefallen.

«Wissen Sie», wendet er sich an seinen Begleiter und zögert wieder, als müßte er noch einmal nachdenken. Er zieht an einer dicken Brasil und stößt den Rauch in kurzen Wölkchen von sich. Dr.Hinshelwood ist ein stattlicher Mittvierziger, blondes welliges Haar, helle, blaue Augen, er spricht mit ruhiger, tiefer Stimme. Zuversicht und Autorität. Er ist Arzt. Wer sich an ihn wendet, der vertraut ihm auf den ersten Blick.

«Wissen Sie, ich habe mich lange Jahre mit diesem Thema beschäftigt: Genie und Wahnsinn. Es lag gewissermaßen auf der Hand.»

«Sie sind Psychiater?», fragt Professor Rosenthal zurück.

«Ja, ich leite eine neurologische Klinik. Die trübselige Tagesroutine kann ich meinem Personal überlassen. Sie wissen schon: Gummizelle, Elektroschocks, Tranquillizer – also vor allem Ruhigstellung der Patienten und all die Verrichtungen, mit denen man sich das eigentliche Elend vom Leibe hält. Machen wir uns doch nichts vor!»

Ein fiktiver Beobachter, postiert etwa am Ende der Fensterreihe gegenüber der Tür zum Salon, erfaßt in seinem Blickfeld zur Rechten nun auch Lady Milford im Gespräch mit zwei Damen. Ihre Namen und Lebensumstände, auch die Art ihrer Beziehung zu Lady Milford, interessieren hier nicht. Nennen wir sie einfach Cynthia und Ethel. Dem Augenschein nach sind sie für Lady Milford Personen des Vertrauens. Sie sind weder hübsch noch häßlich, weder jung noch alt, sie wirken, wenn schon, ein wenig verblüht und doch zeitlos, als seien sie schon immer so alt gewesen wie an dem heutigen Abend. Sie sitzen alle drei auf einem Sofa mit Lady Milford in der Mitte. Zwei zahme Fabeltiere, die ein prächtiges Portal flankieren.

Auch Lady Milford's Alter ließe sich schwer schätzen. Es gibt spannendere Facetten ihrer Persönlichkeit als das Ticken der Zeit. Wenn über Lady Milford in der Szene geklatscht wird, dann werden recht konträre, störrische Meinungen laut. Auch ist es zu einer Art Spiel geworden: Mit anzüglichen Bemerkungen über Lady Milford tauscht man Gehässigkeiten gegeneinander aus. Nadelstiche mit einer erstaunlichen Virtuosität verabreicht – gewiß nicht zum Schaden der konventionellen, englischen Geselligkeit. Oberflächliche, naive Gemüter nennen Lady Milford bezaubernd. Der nachdenkliche Genießer begegnet ihr mit einer Mischung aus prickelnder Furcht und heimlicher Begierde. Den selbstgerechten Philosophen läßt sie scheinbar kalt. Sein Urteil: Schillernd, ohne feinere Bildung, dafür dreist und ohne Respekt für Formen – außer jenen, die sie selbst kreiert. Lady Milford ist Lady Milford – das wäre wohl ein treffendes Urteil. Kaum einer möchte auch, falls ihm diese Auszeichnung zuteil wird, eine Einladung in ihr Haus ausschlagen. Zweifellos genießt sie die Rolle einer *femme fatale* in gewissen Londoner Zirkeln. Sie trägt ihr brünettes Haar kurz geschnitten. Es fällt auf, daß sich ihr blasser Teint gelegentlich ein wenig rötet. Gleichzeitig treiben ihre schmalen Finger ein nervöses Spiel, als knüpfe sie unsichtbare Netze. An ihren grünen Augen jedoch bricht sich jede Brandung. Spöttische, neugierige Augen – aber das ist nur eine matte Andeutung dessen, was sie mit einem einzigen Blick anzurichten vermag: Verwirrung in den Köpfen. In Lady Milford steckt ein Flaschengeist, den man in rauheren Jahrhunderten ausgetrieben hätte: mit dem heiligem Feuer der Kirche.

Das Sofa ist Teil einer Ledergarnitur aus dem *fin de siècle,* möglicherweise aus der Hinterlassenschaft jenes Lord Milford. Aus der Ferne nimmt der Beobachter wahr, wie sich Lady Milford mit lebhafter Gestik an die beiden Damen rechts und links wendet, die sich aufmerksam, um nicht zu sagen: devot, ihr zuneigen. Dann Gekicher, heftiges Kopfnicken, Lady Milford legt für einen Augenblick die Hände auf den Schoß, mustert ihr grünes Kleid und streicht eine Falte glatt. Für den entfernten Beobachter ist es eine Pantomime fraglichen Inhalts. Gelächter, Wortfetzen, Bewegung von Extremitäten und Köpfen. Nun betritt der Butler den Salon, nähert sich der Sitzgruppe, reicht Gläser mit Champagner, entfernt sich wieder, wortlos und mit starrem Blick. Er ist etwa Mitte dreißig, hat einen blassen Teint, blondes Haar, Ansatz zu einer Stirnglatze. Sein Äußeres scheint ohne Merkmale, fast so, als sei er durchsichtig. Inzwischen hat sich der fiktive Beobachter den drei Damen genähert.

«Sind Sie denn mit Ihrem neuen Butler zufrieden, Lady Milford?» wird gefragt.

«Nun, er stammt aus ganz gutem Hause und ist anstellig. Freilich, wie alle Butler horcht er an der Tür und bringt so manches für sich auf die Seite. Neulich, nach einem Jagdausflug, fehlten ein Hase und eine Wildschweinkeule. Die Neugier und die kleinen Diebereien, die könnte man noch hinnehmen. Aber ich habe ihn im Verdacht, daß er Memoiren schreibt.»

«Da werden Sie ihn wohl bald entlassen», seufzt Ethel.

«Butler sind manchmal Agenten des Geheimdienstes», meint Cynthia. Aber Lady Milford wischt die Einwände vom Tisch:

«Im Grunde sind sie alle gleich, und ohne Butler gehört man nicht mehr dazu. Also bleibt er.»

Der fiktive Beobachter hat mit großer Schärfe die Szene an der Sitzgruppe erfaßt: Das Auftauchen des Butlers, der auf den Namen Archibald hört, die kontroversen Bemerkungen zu seiner Person, und auch die Weigerung Lady Milford's, sich von diesem Butler zu trennen. Es gab einen kurzen Blicktausch zwischen den beiden, der den arglosen Freundinnen Cynthia und Ethel entging. Alle Butler horchen, manche stehlen, einige legen Dossiers von ihrer Herrschaft an. Butler sind schwer einzuschätzen. Vielleicht redet Lady Milford nur so leicht dahin, um dort Distanz vorzutäuschen, wo es sich in Wirklichkeit um eine Komplizenschaft mit dem Butler handelt. Aber das ist Spekulation, die im Verlauf des Abends weder widerlegt noch bestätigt wird. Sie hängt einfach im Raum.

Bisher hat der fiktive Beobachter zwei anderen Gästen den Rücken gekehrt. Sie haben sich auf zwei benachbarten Sesseln niedergelassen, die ebenfalls zu der antiken, ledernen Sitzgruppe gehören, jedoch etwas abgerückt vom Zentrum, fast noch in der Nähe der Fensterreihe. Die Gäste sind Sir Arthur Bennett und Margret Nelson. Man hört bis jetzt nur ein diffuses Gemurmel aus der Richtung. Ein paar Wortfetzen bleiben hängen: ...Klima von London... Australien... nicht mit dem Schiff, sondern mit dem Flugzeug... ja, vielleicht Aberglaube, aber nicht gewiß..., danach ein längeres Schweigen, das noch anhält, als der Butler mit den Gläsern bereits auf die beiden Sessel zugeht.

Die Aufmerksamkeit des fiktiven Beobachters wird nun wieder in die Richtung der Tür gelenkt. Dr.Hinshelwood und Professor Rosenthal sind inzwischen tiefer in den Salon eingedrungen, schlendern an der Sitzgruppe zur Linken vorbei. Dr.Hinshelwood hält inne, Professor Rosenthal blickt zu ihm

auf. Er ist einen Kopf kleiner, von schmächtiger Statur, hat ein kantiges, asketisches Gesicht, braune Augen, dichtes, dunkles Haar.
«Was mich persönlich interessiert, ist das, was hinter der sogenannten Krankheit steckt», sagt Dr.Hinshelwood. «Ich sage mit voller Absicht: 'sogenannt'.»
Das Wort 'sogenannt' hängt noch eine Weile im Raum, wird dann vom Gemurmel der anderen Anwesenden aufgesogen. 'Sogenannt' – das heißt: nicht über alle denkbaren Zweifel erhaben. Dr.Hinshelwood ist kein Philosoph, seine Zweifel am Sichtbaren, Hörbaren, Fühlbaren beschränken sich auf seine Erfahrungen als Psychiater. Ganz sicher kennt er sich mit Drogen aus. Er ist jedoch ein pragmatischer Geist. Kaum wird er daran zweifeln, daß er sich im Augenblick in Lady Milford's Salon befindet. Er wird diesen Salon in einem Landsitz nahe London für eine Realität halten. Wir vermuten, daß Professor Rosenthal die in Mode gekommene, philosophische Skepsis gegenüber Fakten geläufig ist. Da sagt er: «Ich bin Physiker.»

Vielleicht ist er sogar Quantenphysiker oder Astrophysiker oder ein Jünger Einsteins. Dann gilt für ihn: Was wir über unsere Sinneseindrücke empfangen, ist nicht erklärbar. Wir konstruieren uns Modelle, um die Welt zu beschreiben, zu ordnen, zu benutzen. Wesentlich ist die exakte Wiederholbarkeit von Experimenten unter definierten Bedingungen. Angesichts einer grundsätzlich verhüllten Wahrheit vermittelt das Experiment eine gewisse existentielle Sicherheit. Das ganze Universum, wenn schon unbegrenzt und unbegreiflich, ist doch in irgendeiner Form existent. Es gibt eine Dinglichkeit an sich. Es wäre jedoch töricht, von Wahrheit zu sprechen.

Der Psychiater Hinshelwood folgt jedoch einer anderen Fährte. Naturphilosophie ist nicht sein Metier.
«Sie sind Physiker?», fragt er zurück. «Das ist interessant!»
«Warum?»
«Nun, es gibt zwei Grundtypen von Genies – das haben meine Untersuchungen ergeben: Den intellektuellen und den kreativen Typ. Bei Physikern fällt mir die Zuordnung immer schwer. Einstein, zum Beispiel, würde ich eher dem kreativen Typ zuordnen, genau wie Shakespeare.»
«Und Goethe?» fragt Professor Rosenthal – und bereut die Frage sogleich.
«Ach, wissen Sie, wir Engländer können mit Goethe wenig anfangen. Sehen wir einmal vom *Faust* ab, so sind uns seine anderen Werke fremd geblieben.» Dr.Hinshelwood zuckt unbehaglich mit den Schultern. «Wenn ich ehrlich sein soll: Ich halte ihn für Durchschnitt. Ein fleißiges, redseliges Talent. Auch ein unsensibler Angeber mit seinem Orden, den ihm ein Höfling von Napoleon verliehen hat. Er ist eine immerwährende Bürde für deutsche Gymnasiasten. Schlimmer noch: Wer Goethe hört, denkt an den Kaiser, oder sogar an Hitler. Barer Nonsens, aber alle drei waren eben Deutsche.»

Draußen zieht ein Gewitter auf, ein Wetterleuchten erhellt die Nacht und unterbricht für einen Moment das Gemurmel im Raum. Hinshelwood zieht an seiner Brasil, blickt den Rauchkringeln nach. Das Thema zwischen ihm und Rosenthal hat sich zunächst erschöpft. Der fiktive Beobachter folgt nun dem konspirativen Flüstern, das von der Sitzgruppe her zischelnd an sein Ohr dringt. Die beiden Damen sind dicht an Lady Milford herangerückt.
«Sie sagen, er hat Champagner serviert? Völlig nackt, nur mit einem Visier vor dem Gesicht?» fragt Ethel.

«Wer?» möchte Cynthia wissen.
«Angeblich Lord Swinburn», antwortet Lady Milford im Flüsterton. «Er hatte hohe Schulden, und dann hat ihm Lord Sudbury diese schweinische Wette angeboten.»
«Wie hat man die Sache mit Lord Swinburn herausgefunden?»
«Ein Boulevardblatt – ersparen Sie mir, den Namen zu nennen! – hatte einen Spitzel in eine Herrenparty eingeschmuggelt. Jetzt wird Lord Swinburn auch erpreßt.»
«Dann hat sich die Wette für ihn gar nicht gelohnt.»
«Um wie viel ging es denn?»
«Man spricht von 100000 Pfund», sagt Lady Milford.
«Hat Sudbury so viel flüssig?»
«Man sagt, einer vom Hofe habe Lord Sudbury zu der Wette angestiftet.»
«Doch nicht etwa...»
«Pst!»
«Ich finde solche Skandale gräßlich.» Cynthia schüttelt sich.
«Ach, sie bringen ein wenig frischen Wind in die vertrocknete, steife Gesellschaft.»
«Aber ich bitte Sie, Lady Milford: Frischen Wind? Nein, einen üblen Hauch», meint Ethel.
«Mich läßt das kalt», antwortet Lady Milford, «solange Lord Swinburn nicht in meinem Hause nackt Champagner serviert.»

Eben noch war das Gewitter fern, nun aber zucken Blitze in dichter Folge über den Himmel, das Grollen kommt näher. Der fiktive Beobachter, der sich dem Fenster zuwendet, hat nun auch Sir Arthur Bennett und Margret Nelson wieder im Blick. Sir Arthur spricht gerade. Es scheint ein Monolog zu sein. Gerade hat Sir Arthur wieder, nach einer kurzen Pause, einen Satz begonnen, da wendet sich Margret Nelson abrupt dem Fenster zu. Ein gleißendes, bläuliches Licht erhellt geisterhaft den Salon, unmittelbar gefolgt von einem heftigen Knall, als hätte der Blitz in einen der nahen Parkbäume eingeschlagen. Sir Arthur wiederholt noch einmal den Satz von vorhin, aber jetzt hört ihm Margret Nelson nur noch zerstreut zu. Es beginnt heftig zu regnen.

Noch schleppt sich der Abend dahin. Lady Milford plappert, scheinbar ohne ihren Kopf anzustrengen, in den Raum hinein, paßt sich den Gesprächen mit mehr oder weniger geistvollen Kommentaren an. Es ist, als spiele sie mit einer Rolle Garn. Immerhin: Sie hat die Gäste offenbar mit Überlegung ausgesucht. Es sind einzelne Personen, keine Paare, die sich heute zum ersten Mal bei Lady Milford treffen. Nur Ethel und Cynthia kannten sich vorher schon. Anderswo beginnen und enden solche geselligen Abende unterkühlt herzlich, beim Abschied mit der gegenseitigen Versicherung, sich wieder zu treffen. Ein formvollendet netter Abend. Fraglich scheint, ob das Gewitter auf den Verlauf des Abends bei Lady Milford einen Einfluß hat. Es blitzt und knallt, aber die Gäste nehmen kaum Notiz von dem gewaltigen Umbruch des Wetters. Außer Margret Nelson, sie ist offenbar wetterfühlig. Sie reagiert auf das Gewitter mit Unruhe und Zerstreutheit, ja einer gewissen Verstörung. Sir Arthur Bennett unterbricht seinen Monolog, wirft Margret einen besorgten Blick zu.

Der Butler ist eine unverzichtbare Randerscheinung der gehobenen Kreise, so Lady Milfords Meinung. Er serviert den Gästen Getränke und Gebäck. Dieser hier ist freilich ein wenig auffällig gekleidet. Er trägt eine schwarze Fliege und eine rote Weste. Für einen Butler ist er zu jugendlich. Er erinnert eher an einen aalglatten Kellner in einem Spitzenrestaurant. Sein

Gesicht wirkt maskenhaft, fugendicht. Wenn er sich aus dem Salon entfernt, folgen ihm mißbilligende Blicke, später auch unfreundliche Bemerkungen. Wenn er nicht im Salon bedient – was treibt er da? Es fragt sich, ob der Butler nur eine Statistenrolle spielt. Lady Milford gibt ein Signal in Richtung Hinshelwood und Rosenthal:
«Vielleicht sind die beiden Herren so freundlich und leisten uns ein wenig Gesellschaft.»
«Es ist bald Mitternacht», fällt Cynthia ein.
«Ja, Geisterstunde. Wir fürchten uns. Kommen Sie doch her», lockt Ethel so charmant wie es ihre stillen Gewässer erlauben.

Dr.Hinshelwood und Professor Rosenthal räuspern sich dezent und nehmen auf zwei Sesseln gegenüber den Damen Platz. Rosenthal wirkt verlegen, er lebt schon lange in England, fühlt sich immer noch als Emigrant. Der Hinweis auf Goethe gegenüber Hinshelwood ist ihm über alle Maßen peinlich. Es hörte sich an, als wolle er sich wichtig machen, sich als gebildeter Kontinentaleuropäer aufspielen. Der Kollege von der Psychiatrie erteilte ihm eine Abfuhr. Danach verstummte das Gespräch abrupt. Rosenthal lächelt Lady Milford zu, ein wenig schief, aber doch dankbar. Für Hinshelwood ist die Episode längst erledigt. Er hat sich behaglich in seinem Sessel zurückgelegt, wirft Margret Nelson einen neugierigen Blick zu:
«Ich darf Sie etwas fragen, Miss Nelson: Gab es da nicht eine Margret Nelson...» – er zieht an seiner Brasil und sucht sich zu besinnen.
«Ja, vor einhundertundzwanzig Jahren...»
«Richtig», unterbricht Hinshelwood, «sie lebte eine Weile in Sydney.»

Der sich anbahnende Dialog wird jedoch durch Lady Milford gebremst. «Ethel hat recht: Die Geisterstunde naht. Und nicht nur das. Heute ist es auf den Tag vierhundert Jahre her, daß mein Vorfahr, Sir Walther Raleigh, enthauptet wurde.» Lady Milford blickt sich triumphierend um.
«Erwarten Sie von uns, daß wir Ihnen zu seiner Hinrichtung unser Beileid aussprechen, Lady Milford?» Hinshelwood läßt ein behäbiges Lachen hören.
«Doktor, Sie nehmen mich niemals ernst», beschwert sich Lady Milford in gespieltem Unmut. Vielleicht ist es auch eine versteckte Drohung. Hat Cynthia eine Ahnung, oder drängt sie nur ein betuliches Bedürfnis nach Harmonie? Sie versucht beschwichtigend einzugreifen:
«Lady Milford, denken Sie doch daran, mit welcher Art von Patienten Dr.Hinshelwood Umgang pflegen muß. Er wollte Sie gewiß nicht kränken.»
«Ich könnte mir vorstellen», sagt die robustere Ethel, «daß man in der Gesellschaft von Wahnsinnigen zum Zyniker wird.»
Nun meldet sich Rosenthal höflich zu Wort: «Lady Milford, Sie erwähnten soeben Ihren Vorfahren, Sir Walther Raleigh. Wollten Sie noch etwas über ihn sagen?»
«Ganz gewiß, Professor. Er ist wieder gesehen worden.»
«Nicht möglich!» ruft Cynthia aus. «Doch nicht mit dem Kopf unter dem Arm?»
«Doch. Mit dem Kopf unter dem Arm.» Nun ist es für ein paar Sekunden still im Salon.

«Verzeihen Sie, Lady Milford, aber das halte ich für ausgeschlossen.» Alle Blicke wenden sich Sir Arthur Bennett zu, der diese ungeheuerlichen Worte fallen ließ. Bennett ist pensionierter Oberrichter und beschäftigt sich privat noch mit ausge-

fallenen, historischen Rechtsfällen, die hier nicht interessieren. Jedenfalls nicht im Augenblick. Zwei Bücher hat er geschrieben, die bei ihrem Erscheinen stark beachtet wurden: Der *Freispruch des Kain* und *Die Verteidigung des Herostrat* – der, wie bekannt, den Tempel der Artemis in Ephesos in Brand steckte, um zu unsterblichem Ruhm zu gelangen. Es ist ihm vortrefflich gelungen. Keine Umwege über das triste Schicksal eines darbenden Künstlers wie etwa van Gogh. Nein, Lunte und Feuerstein. Preiswert und rasch. Gewiß, ein krimineller Akt, die Idee ist im Grunde jedoch genial. Kain wird rehabilitiert: er hat sich auf landesübliche Art eines räuberischen Nomaden namens Abel entledigt. Kein Mord aus Rache. Sir Arthur Bennett ist etwas untersetzt, grauhaarig, stark kurzsichtig, hat tiefe Falten im Gesicht, er spricht ruhig, besonnen, seine Sprache ist in der Formulierung von Urteilen geübt. Engere Freunde schätzen seinen trockenen Humor. Die drei Damen auf dem Sofa fallen jedoch wie Harpyien über ihn her, alle auf einmal:
«...Sie trockener Paragraphenmensch... Sie verderben uns den ganzen Abend... lieber mit einem Gespenst als mit einem Juristen verheiratet... Sie sind eine Schande der Nation... erst laufen unserem Empire die Kolonien davon, und jetzt will Sir Arthur noch die Gespenster abschaffen... hoffentlich werden Sie niemals in das Parlament gewählt...» Bennett hebt beide Hände und bittet lachend um Gehör:
«Meine Damen, es ist nachgewiesen, daß alle Gespenster, die bisher gesehen wurden, niemals älter als dreihundert Jahre waren. Somit kann es sich bei der fraglichen Erscheinung nicht um Sir Walther Raleigh handeln, der schon vor vierhundert Jahren – zu Recht oder zu Unrecht, das geht mich nichts mehr an – enthauptet wurde.»

«Von jeder Regel gibt es Ausnahmen», beharrt Lady Milford trotzig.
«Fragen wir doch unseren Physiker», schlägt Cynthia vor.
«Ja richtig, der muß es wissen», meint auch Ethel: «Sagen Sie uns, Herr Professor Rosenthal, könnte das Gespenst nicht doch Sir Walther Raleigh sein?»
«Im Prinzip schon», windet sich Rosenthal und greift nach seinem Taschentuch, um sich die Stirn zu wischen. Es ist schwül im Raum, das Gewitter ist im Abklingen, hat aber keine Abkühlung gebracht. Allerdings, niemand im Salon außer Rosenthal scheint unter feuchter Hitze zu leiden. «Einspruch, Professor», meldet sich der Oberrichter. Rosenthal ringt nach einer Erklärung:
«Man muß die Wahrscheinlichkeitsrechnung zu Hilfe nehmen. Die *Gauss'sche Glockenkurve...*»
«Einspruch, verehrter Herr Professor Rosenthal», beharrt Bennett mit Bestimmtheit. «Sie wollen den Damen gefällig sein, das erkenne ich an. Aber die Evidenz spricht dagegen, für den Physiker, den Psychiater, den Juristen. Die geringe Anzahl nachgewiesener Erscheinungen von Gespenstern reicht nicht aus für eine statistische Betrachtung.»
«Gewiß, Euer Ehren, man müßte auch zwischen subjektiver und objektiver Wahrnehmung unterscheiden...»
«Wie soll dieser Unterschied in die Statistik eingehen?»
«Vielleicht darf ich einen Kompromiß vorschlagen?» mischt sich Hinshelwood ein. «Der Mann mit dem Kopf unter dem Arm war ein anderer, ein jüngerer.»
«Vielleicht Robespierre», greift Rosenthal nach dem rettenden Strohhalm. «Der kam 1794 auf das Schafott, hätte also noch hundert Jahre Zeit, ehe er sich zur Ruhe setzen muß.»
«Nein, es war Sir Walther», sagt Lady Milford schmollend:
«Auf dem Kopf saß noch der elegante Federbuschhut.»

«Ich glaube, wir sollten das Thema wechseln», schlägt Ethel vor, nachdem sie mühsam ein Gähnen unterdrückt hat. «Genau werden wir es ohnehin nicht wissen, wenn Sir Walther nicht persönlich erscheint.»
«Dann warten wir eben noch eine Weile», meint Cynthia.
Es scheint, die Gesellschaft braucht nicht lange zu warten. Im oberen Geschoß klirrt eine Scheibe, dann poltert es. Cynthia schreit hysterisch auf:
«Er ist zum Fenster hereingekommen, und nun ist sein Kopf heruntergefallen. Hört doch!»
«Beruhigen Sie sich», sagt Ethel, «das kann der Kopf nicht gewesen sein. Die Köpfe von Gespenstern haben kein Gewicht, also können sie auch keinen Lärm machen, wenn sie herunterfallen.» In diesem Augenblick schlägt eine Standuhr: zwölf Schläge, es ist Mitternacht.

Der fiktive Beobachter würde nun registrieren, daß die Stimmen verstummt sind und alle Anwesenden zur Tür starren. Tatsächlich, da nähern sich Schritte. Die Gesellschaft erscheint wie versteinert. Es ist jedoch der Butler, der mit ausdrucksloser Miene den Salon betritt. Auf der linken Hand balanciert er ein Tablett mit Likörgläsern. Die Spannung der Gäste löst sich in Enttäuschung, ja Empörung: «Es ist nur der Butler... ach, der... die schöne Geisterstunde hat er uns verdorben.»
«Was machst du für einen schrecklichen Lärm, Archibald!», fragt Lady Milford ohne Vorwurf.
«Eine Fensterscheibe ist kaputt gegangen», sagt der Butler tonlos.
«Also nicht Sir Walther Raleigh, nicht einmal Robespierre, sondern dieser Butler da ist das Gespenst», stellt Hinshelwood nüchtern fest. Er stößt eine lange Rauchfahne aus: «Für diese mißlungene Vorführung sollte man ihm den Lohn kürzen.»

«Auf das heutige Personal ist kein Verlaß mehr», läßt sich Sir Arthur Bennett vernehmen. «Es gab eine Zeit, da hätten sich Knechte und Mägde für ihre Herrschaft köpfen lassen. Ich denke da an einen spektakulären Fall des 14. Jahrhunderts im irischen Kilkenny...» Lady Milford unterbricht den Oberrichter, dessen Geschichte ihr möglicherweise gut bekannt ist. Sie wendet sich mit einer seltsamen Ankündigung an den Psychiater:
«Sie werden mich schon bald ernst nehmen, Doktor Hinshelwood.»
Niemand achtet in diesem Augenblick auf die Worte von Lady Milford, denn Sir Arthur Bennett hat sich in den Kopf gesetzt, die historische Episode aus dem irischen Kilkenny zu erzählen. Er nimmt die Brille ab und fixiert das Likörglas, das der Butler vor ihn hingestellt hat. Es enthält eine gelbliche Flüssigkeit.

«Mrs.Alice Kyteler war eine schöne, reiche Dame und viermal verheiratet. Ihre vier Männer starben. Es gingen Gerüchte um, sie hätte es mit Gift getan, aber die Morde ließen sich nicht nachweisen. So nahm man sie wegen Hexerei fest und verurteilte sie. Sie entkam jedoch mit Hilfe ihrer treuen Magd Petronilla. Das Mädchen wurde dann an Mrs.Kytelers statt hingerichtet.»
Ist uns ein Porträt der Giftmischerin überliefert, oder hat Bennett eine bestimmte Vorstellung, wie sie wohl aussah?
«Warum schauen Sie mich so merkwürdig an, Sir Arthur?» fragt Lady Milford ruhig.
«Verzeihung, Lady Milford, ich kann Sie gar nicht scharf sehen. Ich habe meine Brille nicht auf. Ich bin stark kurzsichtig.»
Silhouetten, unscharfe Konturen, schräger Lichteinfall lassen oft das Wesentliche erkennen, die unverwischbare Spur. Was

hat Lady Milford vor? Nichts Böses. Sie spielt gern. Kennt sie ihre Grenzen? Der Oberrichter setzt die Brille auf. Nun sieht er die Gastgeberin wieder so, wie sie erscheint, nicht wie sie ist. So sieht er Menschen nun einmal. Ein Mann mit großer Erfahrung. Lady Milford gibt sich lebhaft:
«Nun, meine lieben Gäste, wollen wir auf diesen schönen Abend anstoßen!»
«Etwas Selbstgebrautes?» fragen Cynthia und Ethel gleichzeitig.
«Gewiß.»
«Doch nicht ein Liebestrank unserer charmanten Gastgeberin?» meint Rosenthal ungeschickt und wird sofort rot im Gesicht. Da beugt sich Margret Nelson zu Bennett hinüber: «Sie haben eben *Kilkenny* gemurmelt, Sir Arthur.»
«Ach ja, kann sein. Irgendwie ist es doch ein ungelöster Fall geblieben. Ich bin eben mit Leib und Seele Jurist, noch immer.»
Hinshelwood schnuppert mißtrauisch an seinem Glas und wirft Lady Milford einen forschenden Blick zu. «Hoffentlich kein Meskalin», sagt er, «das verträgt mein Magen nicht». Er wird es wohl im Scherz gemeint haben. Mehr oder weniger.
«Es ist nach einem uralten Rezept gemischt. Mit Fledermausblut und Krötenschmalz. Mehr verrate ich nicht.»

Es ist ein köstliches Gebräu, würzig, wärmend, anregend. Auf einmal ist die Runde gelöst und fröhlich, selbst den Butler treffen wieder gnädige Blicke. Könnte es sein, sinniert Sir Arthur Bennett, daß Menschen einem berauschenden Trunk zuliebe ihr Leben opfern? Wohl wissend, dem Elixier wurde ein tödliches Gift zugemischt? Und wenn einen solchen Toren – ach ja, es muß wohl ein Mann sein – noch die weichen, nackten Arme von Alice Kyteler, der schönen Giftmörderin, umschlingen, ihre feuchten Lippen auf seinem Mund – darf man da über-

haupt noch von Mord reden? In der Tat: Ein ungelöster Fall. Bevor Bennett den Faden weiterspinnen kann – sein drittes Buch! – zerreißt Lady Milfords Stimme das Gespinst:
«Ich glaube, liebe Gäste, wir sollten den Abend mit einer Gespenstergeschichte beschließen.»
«Ja», meint auch Cynthia, «eine Geschichte, die man selbst erlebt hat, oder ein Bekannter.»
«Also, wer weiß da etwas?» Ethel blickt in die Runde.
«Ich schlage vor: Miss Nelson», sagt Lady Milford mit Nachdruck. «Sie war den ganzen Abend recht still. Sie schuldet uns etwas.»
«Denken Sie daran», wendet sich Margret Nelson an die Runde, «ich komme aus Australien.»
«Margret, willst du damit sagen, bei euch in Australien gäbe es keine Gespenster?» entrüstet sich Lady Milford. «Was für eine armselige Kolonie!»
«Das lasse ich nicht auf mir sitzen», antwortet Margret Nelson. Ist sie eine Komplizin von Lady Milford? «Es ist gewiß keine klassische Gespenstergeschichte, die ich Ihnen erzählen werde, aber doch ein recht merkwürdiges Erlebnis, das in mein Leben eingegriffen hat. Ich rede nicht gerne darüber, denn man wird mir nicht glauben. Ich erwarte es auch von Ihnen nicht. Sehen Sie es so: Es ist einfach eine Geschichte, wahr oder erdichtet. Ist der Unterschied so wichtig?»
«Gut gesagt, Miss Nelson», lobt Hinshelwood. «Spannend erzählt ist schon halb wahr.»

Sir Arthur Bennett nimmt die Brille ab, lächelt vor sich hin: «Kilkenny», sagt er leise. «Mein nächster Fall». Als nüchterner Jurist lehnt er den Glauben an die Seelenwanderung ab. Alles Hokuspokus. Wie der indische Seiltrick und das Kunststück der Viper, die sich mit süßen Flötentönen aus dem Korb lokken läßt. Trotzdem, nehmen wir einmal an – meinetwegen als literarisches Sujet: Der Geist der unerlösten Mörderin Alice Kyteler irrte ruhelos auf Erden umher. Es sei ihr aber gestattet, einmal im Jahrhundert eine menschliche Gestalt anzunehmen...

«Sir Arthur, schon wieder sehen Sie mich so merkwürdig an», wundert sich Lady Milford.

«Verzeihen Sie, ich setze lieber meine Brille auf.»

«Wir sind aufs äußerste gespannt, Miss Nelson», läßt sich Professor Rosenthal deutlich hören. Seine Stimme klingt ein wenig belegt. Mit der Sensibilität des modernen Physikers registriert er eine vibrierende Spannung im Raum. Er ortet sie zwischen dem Oberrichter und Lady Milford. Spannungen bauen sich auf, tendieren zur Entladung. Oft mit katastrophalen Folgen.

«Also dann», befiehlt Lady Milford, «Archibald, lösche das Licht und zünde eine Kerze an. Bitte, Margret!»

Ormiston Gap McDonnell Ranges

Lord Nelsons Teleskop

Picton Bay Magnetic Island

1

Vielleicht wissen Sie es: Ich bin in Sydney geboren und habe dort auch die meiste Zeit meines Lebens verbracht, abgesehen von ein paar längeren Aufenthalten in London, wo ich als Reporterin arbeitete. Die Ereignisse, von denen ich berichten möchte, liegen etwa fünf Jahre zurück. Ich war gerade wieder aus London zurückgekommen und versuchte, mich in Sydney häuslich einzurichten. Ich mietete ein Apartment in Paddington. Ich habe eine Schwäche für Antiquitäten und wollte meine Wohnung mit ein wenig Trödel ausstatten. Ich suchte also in einer Zeitung – es war der *Sydney Morning Herald* – nach einschlägigen Adressen. Zunächst fand ich nichts Passendes: Möbel und Porzellan interessierten mich weniger, eher schon altes Spielzeug oder maritime Objekte, also Kompasse, Sextanten und dergleichen, aber auch alte Stiche und antiquarische Bücher. Endlich entdeckte ich eine Annonce, die mir vielversprechend erschien. Sie kam von einem Antiquitätenhändler in der Gegend von Katoomba. Ich beschloß, an einem der nächsten Tage in die Blue Mountains zu fahren und den Trödler, einen gewissen David Anderson, aufzusuchen.

Ich nehme an, Sie haben von den Blue Mountains schon gehört. Sie sind ein Gebirge, etwa siebzig Meilen westlich von Sydney gelegen. Über seine Hügel und Täler erstrecken sich dichte Eukalyptuswälder mit einem immerwährenden bläulichen Dunst über den Gipfeln. Katoomba liegt an einer Felskante. Von hier aus öffnen sich dem Betrachter die Blue Mountains in ihrer ganzen majestätischen Weite bis zum Horizont. Der Eindruck ist unwirklich, beklemmend. Tatsächlich wird diese Wildnis bis heute von den Menschen gemieden. Die ersten Weißen, die sich in die düsteren Wälder wagten, waren entlaufene Sträflinge. Viele blieben nach ihrer Flucht für immer verschollen, andere wurden als Buschräuber eine Landplage. Auch heute noch kommt es vor, daß ausgebrochene Gefangene sich zu den Blue Mountains durchschlagen. Auf dem Weg dorthin kam mir eiskalt ein Vorfall in den Sinn: Vor ein paar Tagen war aus dem Gefängnis in Grafton ein junger Delinquent entkommen, nachdem er seinen Wärter erschlagen hatte. Die Polizei mutmaßte, der Mann habe sich in die Blue Mountains geflüchtet. Ich stellte das Radio an und hörte gerade noch, wie der Nachrichtensprecher süffisant bemerkte: Die Polizei von New South Wales verbrachte wiederum eine kühle Nacht in den Blue Mountains, ohne den Flüchtigen zu fangen. Sollte ich umkehren? Ich war schon jenseits von Katoomba auf die Straße nach Megalong abgebogen und fuhr einfach weiter, wie unter hypnotischem Zwang.

Nach der Annonce im *Sydney Morning Herald* wohnte der Trödler David Anderson an einer Weggabelung etwa zehn Meilen südlich von Katoomba. Es war eine einsame, vernachlässigte Schotterstraße, gesäumt von stattlichen Eukalyptusbäumen. Die eintönige Fahrt wirkte einschläfernd und ich geriet ins Träumen. Dann kam mir zu Bewußtsein, daß ich gar nicht mehr auf den Weg geachtet hatte. Ich hätte längst an meinem Ziel sein müssen. Ich entsann mich unklar, daß ich ohne Orientierung einige Male von der Straße abgebogen war und die Richtung geändert hatte. Da stand ich nun mitten im Busch und wußte nicht weiter. Es war drei Uhr nachmittags. Ich ging ein paar Schritte in die Richtung, wo ich eine Lichtung vermutete. Da entdeckte ich, wie aus dem Boden gezaubert, ein niedriges, mit Schindeln gedecktes Haus. Es mußte die Behausung des Antiquitätenhändlers sein. Ich schätzte sein Alter auf etwa hundertdreißig Jahre. Es war ganz offenbar aus sogenannten Ballaststeinen der frühen Sträflingsflotten erbaut. Solche Ballaststeine wurden an Bord genommen, um den Tiefgang eines Schiffes bei geringer Fracht zu sichern.

Ich nahm meinen Weg in Richtung des alten Hauses, doch schien eine dämonische Macht meine Schritte wie mit Fußangeln zu behindern. Das war natürlich Einbildung. Die Sonne stach herab, ich mußte öfters erschöpft innehalten, rang nach Atem, kam nur langsam voran. Ich stolperte über Baumwurzeln, die plötzlich meinen Weg kreuzten, tief hängende Zweige schlugen mir ins Gesicht, einmal flatterte ein Rabe krächzend durch das Geäst und ich erschrak furchtbar. Wo in dieser Wildnis hielt sich der entlaufene Totschläger jetzt verborgen? Und wenn er in dem entlegenen Haus Zuflucht gesucht hätte? Endlich stand ich vor einer mit Spinnweben verhüllten Tür und drückte die Klinke. Ich zögerte einen Augenblick auf der Schwelle. Worauf ließ ich mich da überhaupt ein? Dann trat ich ein und blieb überrascht stehen. Ich fand mich in einem Wunderland wieder, in einem Spielzeugparadies: Puppen in allen Größen und Gewändern; exotische Tiere aus Holz: Löwen, Elefanten, Tiger, Hirsche, Krokodile; dann wieder Zinnsoldaten in Uniformen aus aller Welt; zuletzt Puppenstuben, Kaufläden, Feuerwehrwagen, Segelschiffe. Am meisten bewunderte ich ein Karussell, dessen Figuren sich bewegten und offensichtlich einem verborgenem Mechanismus gehorchten: hüpfend, tanzend, sich verbeugend zogen sie an dem Zuschauer vorüber. Ein Glockenspiel riß mich aus meiner Verzauberung, als die dritte Tagesstunde anschlug. Daraufhin setzte ein Orchestrion ein und spielte die flotte *Trisonate in g-moll L'Astree* von François Couperin.

Ich war eingedrungen in ein Märchenparadies. Eine Fremde, die hier nichts zu suchen hatte. Ich sollte lieber umkehren. Ich spürte, daß mich jemand verstohlen beobachtete. Da bemerkte ich zwischen getrockneten Pflanzen, ausgestopften Tieren, uralten Geräten aus einem physikalischen Kabinett und Stapeln von Büchern den Trödler David Anderson. Ich atmete auf. Er saß über ein Mikroskop gebeugt und justierte die Schärfe, um ein Eukalyptusblatt zu studieren. Ohne den Blick zu heben, sagte er:
«Ich habe Sie erwartet, Madam.»
«Wie ist das möglich, ich hatte mich gar nicht angemeldet.»
«Das war nicht notwendig.»
«Sie sind Mr.Anderson?» vergewisserte ich mich.
«Ja, der bin ich.»
«Darf ich mich ein wenig umsehen, Mr.Anderson?»
«Bitte, Madam, tun Sie das!»

Es war ein verwunschenes Haus. Von außen betrachtet erschien es klein und geduckt unter den riesigen Eukalyptusbäumen, innen aber war es geräumig und hatte mehrere Zimmer, vollgestopft mit Antiquitäten. Ja, die Flucht der Zimmer schien kein Ende zu nehmen, je weiter ich in das Innere vordrang, und doch blieb der Trödler David Anderson, konzentriert über das Mikroskop gebeugt, immer nahe. Ich war verwirrt, versuchte mir das Phänomen mit einer optischen Illusion, einer Art Spiegeltrick zu erklären. Heimlich betrachtete ich Mr.Anderson. Er trug einen roten Schlafrock, eine altmodische Nickelbrille und eine Kappe aus rotem Samt. Solche Kappen, zwar nicht aus Samt, sondern grobem Drillich, wurden von den Kettensträflingen des letzten Jahrhunderts getragen. Unter der Kappe quollen Büschel eisgrauen Haars hervor. Ich schätzte Mr.Anderson's Alter auf siebzig Jahre.

An einer Wand hängend fiel mir eine eiserne Kugel mit Kette auf und ein altes Schriftstück, das ich zu lesen versuchte. Die Tinte war stark verblichen, aber ich erkannte doch, daß es sich um den vorläufigen Entlassungsschein eines Strafgefangenen handelte, ein *ticket-of-leave*. Der Trödler schien mein Interesse an dem Papier zu bemerken, denn er sagte:
«Es ist ein altes Andenken, Madam. Andenken an die Rotröcke.» Er deutete auf die Wand gegenüber: Dort hing die Uniform eines britischen *constable* aus dem letzten Jahrhundert.
«Ich verstehe nicht ganz, Mr.Anderson.»
«Nun, ich war einem Straßenbautrupp zugeteilt und konnte entkommen. Die Rotröcke haben mich durch die Blue Mountains gejagt. Schließlich mußte ich mich ihnen ergeben.»
Offenbar war der Geist des Trödlers etwas verwirrt. Ich sagte:
«Das war doch eine ganz andere Zeit.»
«Mag schon sein, Madam.»

Der Alte schien mich wieder zu vergessen und beschäftigte sich konzentriert mit seinem Mikroskop. Ich war unentschlossen, ob ich irgend etwas Antikes kaufen sollte. Wahrscheinlich war das Spielzeug unerschwinglich teuer im Vergleich zu meinen relativ bescheidenen Einkünften. Und wenn ich etwas mitnahm – würde dies nicht in diesem wunderlichen Haus eine unersetzliche Lücke hinterlassen? Maritime Objekte hatte ich auf meinem Rundgang noch nicht entdeckt. Ich blieb vor einem Regal mit antiquarischen Büchern stehen und las die Titel: *Canterbury Stories, Oliver Twist, Tristam Shandy* und andere Erstausgaben. Da fiel mein Blick auf einen Band in deutscher Sprache. Es war das Tagebuch des Forschungsreisenden Ludwig Leichhardt, in dem er die Durchquerung des australischen Nordostens von den Darling Downs nach Port Essington 1844 bis 1845 beschrieben hatte. Ich nahm das Buch und blätterte darin. Meine Kenntnisse der deutschen Sprache sind bescheiden, aber ich kannte den Inhalt aus englischen Übersetzungen. Wiederum hatte ich beim Blättern des Buches die Aufmerksamkeit des Trödlers erregt. Er sagte, ohne seine Studien zu unterbrechen:

«Doktor Leichhardt war immer sehr gütig zu mir. Er hatte keine Vorurteile gegen *convicts*. Er hat mir sogar seine Pflanzensammlung anvertraut. Ich habe sie beschrieben und geordnet.»
«Mr.Anderson, das ist unmöglich», widersprach ich. «Selbst wenn Ludwig Leichhardt seine letzte Expedition an den Swan River überlebt hätte, wäre er schon seit siebzig, achtzig Jahren tot.»
Aber der Trödler schien nicht auf meine Worte zu achten. Er winkte mich zu sich heran und deutete auf einen vergilbten Bogen Papier mit akribischen Zeichnungen von Pflanzenteilen – Blättern, Blüten, Stengeln, Wurzeln – allesamt in regelmäßiger, steiler Schrift beschrieben.
«Was er auf seinen Reisen nicht mitnehmen konnte, hat er gezeichnet und gewissenhaft notiert. Doktor Leichhardt hat mir diese Blätter hier überlassen, bevor er zum Swan River aufbrach. Nun, ist es seine Handschrift?» Ich mußte zugeben, sie war es. Ich kannte sie als Faksimile. Ich wußte nicht, was ich von der Angelegenheit halten sollte. «Nun, sehen Sie sich ruhig um», ermunterte mich Mr.Anderson. «Lassen Sie sich Zeit.» Er wandte sich wieder seinem Mikroskop zu.
«Sie haben viele hübsche Sachen hier», sagte ich, «aber ich kann mich zu nichts rechtem entschließen. Vielleicht sollte ich ein wenig nachdenken und ein andermal vorbeikommen.» Da sagte Mr.Anderson plötzlich zu meiner großen Verblüffung:
«Sind Sie nicht eine Großnichte des Admirals Nelson?»

«Nein, das bin nicht ich. Es gab unter meinen Vorfahren eine Frau, die Margret Nelson hieß, genau wie ich.»
«Ach ja, ich erinnere mich. Sie lebte eine gewisse Zeit in Parramatta. Ich bin ihr nie begegnet, aber der Doktor Leichhardt kannte sie. Sie hat sich um die Sträflinge in der *Female Factory* gekümmert. Oder waren es die Kinder der *Female Orphan School*? Ach, an vieles kann ich mich nicht erinnern. Ich weiß nicht, was aus ihr geworden ist.»
«Sie kam bei einem Schiffsunglück 1848 ums Leben», sagte ich. Viel mehr wußte auch ich nicht.

Der Trödler mochte eine Menge Bücher gelesen und in obskuren Archiven gestöbert haben. Aber wie, um Himmels Willen, konnte er ahnen, daß der Admiral Nelson einer meiner Vorfahren war? Allmählich geriet ich aus der Fassung. Da winkte er mich näher zu sich und sagte:
«Sehen Sie, das war sein Teleskop: Lord Nelsons Teleskop.» Er griff nach einem handlichen Fernrohr, das in Leder und Messing gefaßt war. «Schauen Sie doch mal durch. Was sehen Sie?» Ich nahm zögernd das Teleskop und blickte durch. Was war das? Ich traute meinen Augen nicht, meine Hände zitterten, es war unglaublich. «Was sehen Sie, Madam?» drängte Anderson.
«Ich sehe das Meer.»
«Und was noch?»
«Ich kann es nicht genau ausmachen. Es ist ein Schiff, ein Viermaster.»
«Stellen Sie die Schärfe richtig ein. Drehen Sie den Tubus!» Ich tat wie geheißen.
«Das Schiff segelt vor dem Wind, es hält direkt auf uns zu.»
«Können Sie den Namen lesen?»
«Nein, die Entfernung ist noch zu weit.»

«Nun, dann sage ich es Ihnen: Es ist die *HMS Perseverance.*»
Ich setzte das Teleskop ab und starrte den Trödler entgeistert an. Was ging hier vor? Ich hatte von Trickkünstlern und Illusionisten gehört, die mit komplizierten Techniken das menschliche Auge zu täuschen vermögen. Das hier aber schien ein ganz neuer Trick zu sein, als hätte man das Teleskop auf raffinierte Weise präpariert. Oder bildete ich mir nur ein, ich hätte das Meer mit dem Segelschiff gesehen? Ich entschied mich:
«Ich möchte das Teleskop haben, Mr.Anderson. Was verlangen Sie dafür?»
«Es ist nicht verkäuflich, Madam.»

Ich umklammerte das Teleskop mit beiden Händen. Da hatte ich mein maritimes Objekt. «Alles hat seinen Preis», beharrte ich. Er hatte *Perseverance* gesagt. Das unglückliche Schiff, das mit meiner Ahnin gleichen Namens in einem Taifun untergegangen war. Es war mein Teleskop!
«Gewiß, alles hat seinen Preis», murmelte der Trödler. Er schien zu überlegen und wiegte den Kopf. Dann legte er ein neues Eukalyptusblatt unter das Mikroskop und justierte die Schärfe.
«Nun, wenn Sie das Teleskop unbedingt haben wollen: zehn Sovereigns wären ein angemessener Preis.»
«Zehn Sovereigns? Die Münzen gibt es doch gar nicht mehr. Woher sollte ich die nehmen? Kann ich nicht mit Pfunden oder Dollars bezahlen?»
Der Trödler schüttelte den Kopf:
«Ich sagte ja, das Teleskop ist unverkäuflich.» Seine Stimme klang beinahe traurig. «Vielleicht gefällt Ihnen etwas anderes hier?» Er wies mit der Hand in eine unbestimmte Richtung.
«Ich muß das Teleskop haben. Irgendwo werde ich die zehn Sovereigns schon auftreiben.»

Mr.Anderson nickte. «Sie können das Teleskop mitnehmen, Madam. Aber innerhalb von drei Monaten brauche ich die zehn Sovereigns. Münzen, wie sie damals im Umlauf waren. Denken Sie daran!»
«Wie finde ich denn Ihr Haus wieder? Ich kann mich nicht mehr an den Weg erinnern.»
«Machen Sie sich darum keine Sorgen, Madam. Ich werde einen Boten senden.»
«Hier ist meine Adresse.» Ich legte meine Visitenkarte neben das Mikroskop. Der Trödler jedoch beachtete sie gar nicht. Er lächelte kaum merklich und schien über etwas nachzusinnen. Kostete es ihn Mühe, die wirren Gespinste von Erinnerungen in seinem altersschwachen Hirn zu ordnen? Doch dann sagte er mit klarer, wenn auch leiser Stimme:
«Sie sollten nicht durch das Teleskop schauen, bevor Sie bezahlt haben. Das ist ein guter Rat, den ich Ihnen gebe.»

Eine Warnung, recht sonderbar, aber genau dies waren seine letzten Worte. Danach jedoch setzte mein Gedächtnis für kurze Zeit aus. Ich entsinne mich nicht, wie ich das Haus des Trödlers verließ und zu der Straße nach Katoomba zurückfand. Ich habe nicht auf den Weg geachtet. Ich erwachte schockartig aus meiner Trance vom Kreischen der Reifen, als ich scharf auf die Bremse trat: Dicht vor mir sah ich das Flakkern eines roten Stop-Lichts. Da ratterte auch schon mit dröhnendem Signal ein Frachtzug heran. Ich hatte mein Auto im letzten Moment knapp vor dem Gleis zum Stehen gebracht. Der Zug schien unendlich lang, und ich starrte verstört auf die Räder, die dicht vor meinen Augen rhythmisch über die Schienen hämmerten.

2

Nach meinem Ausflug in die Blue Mountains versuchte ich, mich auf meine Arbeit zu konzentrieren. Ich hatte noch keine feste Anstellung im Auge. Mir schwebte vor, eine Serie von Artikeln über die Erforschung des australischen Kontinents zu schreiben. Ich hoffte, daß sich irgendein Blatt für das Thema interessierte. Die Zeit schien günstig: Australien war auf der Suche nach einer nationalen Identität. Ich hatte biographisches Material über prominente Entdeckungsreisende gesammelt.

Die noch junge dokumentierte australische Geschichte bietet viele anregende Themen für eine publizistische Bearbeitung. Aus welchem Grunde aber beschäftigte ich mich gerade mit Forschungsreisen? Dieser erdgeschichtlich uralte, selbst für uns Australier irgendwie entlegene Kontinent war für mich ein Mysterium. Wir sind Fremde im eigenen Land. Was ich las, was ich sah, was ich hörte, hatte für mich neben dem bloßen Augenschein noch einen viel weiteren Horizont. Es war ein Mythos eigener Art, eine Schöpfung aus Prähistorie, Exotik und herber Poesie. Ich meine nicht die Siedlungen und das Grasland in Küstennähe. Ich spreche von den Geisterbäumen im Trockenbett des Todd River bei der alten Telegraphen-Station von Alice Springs. Von den roten, schartigen Bergrükken der McDonnell Ranges, die Namatjira gemalt hat. Von den primitiven Felsgravuren der Eingeborenen bei Ewaninga. Von der sirrenden Hitze über spärlichen Büscheln von Spinifexgras in der leblosen Simpson Desert. Von der unbegreiflichen Monotonie und Stummheit der Landschaft, die man das tote Herz Australiens nennt. Das Schweigen täuscht jedoch. Es gilt nur uns, die wir versuchen, in eine fremdartige, unheimliche Welt einzudringen. Für die Steinzeitmenschen, die letzten Jäger und

Sammler, die seit Äonen durch die karge Wildnis wandern, ist diese Landschaft nicht stumm. Sie ist voller geheimer Zeichen, deren Sinn nur sie kennen. Es ist ihre Welt, aus der sie uns nichts mitteilen.

So richtete sich meine Aufmerksamkeit auf jene Männer, die sich als erste Weiße in das Innere Australiens gewagt hatten. Die *terra incognita* begann schon knappe hundert Meilen landeinwärts. Es meldeten sich gewichtige wirtschaftliche Interessen, den Kontinent zu erforschen. Aber gab es nicht noch andere Gründe? Neugier, Lust am Abenteuer, Ruhmsucht? Eine Expedition, wie umsichtig auch vorbereitet, war immer eine Frage auf Leben und Tod. In jedem Fall übertrafen die Entbehrungen und körperlichen Strapazen jedes vorstellbare Maß. Neben Hunger, Durst und Hitze waren es Myriaden quälender Fliegen, über die sich schon Captain Cook beklagt hatte. Die Speere und Keulen der Eingeborenen. Die Vielzahl aggressiver, tödlich giftiger Schlangen. Ich wollte herausfinden, welcher Impuls Männer wie Sturt, Bourke, Giles, Stuart, Gregory, Leichhardt in diese lebensfeindliche Ödnis hinausgetrieben hatte. Es lag mir also nicht an einer Aufwärmung schon bekannter Fakten, eher an einer Würdigung von Persönlichkeiten und ihrer Motivation. Den Vorwurf subjektiver Sicht, gewagter Spekulation, poetischer Überzeichnung wollte ich mir gerne gefallen lassen. Auf die Mythen hat auch unsere Imagination einen Anspruch.

Unter den Entdeckungsreisenden beeindruckte mich am stärksten die Persönlichkeit Ludwig Leichhardt's. Über die Gründe bin ich mir nicht recht im Klaren. Vielleicht sah ich in ihm weniger den Forscher als den zwiespältigen Charakter, mit dem er sich schon zu seinen Lebzeiten viele Feinde gemacht hatte.

Er blieb bis heute eine rätselhafte, schillernde Figur. Gewiß hat auch seine Herkunft unverschuldet einen Schatten auf ihn geworfen. Er war nicht Engländer, sondern Preuße, ein Ausländer also. Aus welchem Grunde trieb er sich in Australien herum, wenn er hier nicht siedeln wollte? So wurde er mißtrauisch beäugt. In dieser engen, kleinbürgerlichen Welt um 1845 hatte jedermann seinen unverrückbaren Standort, auch der neue Einwanderer. Während des Ersten Weltkriegs, länger als ein halbes Jahrhundert nach seinem vermuteten Tod, wurde Leichhardt's Name nicht mehr öffentlich genannt. Er gehörte in das Lager des Feindes. Er wurde posthum geschmäht und verfemt, schließlich fast vergessen. Wenige Leute fragen sich heute, wer eigentlich dem Stadtteil Leichhardt in Sydney seinen Namen gab.

War er wirklich nur ein Glücksritter, wie ihm der Königliche Landvermesser, Sir Thomas Mitchell, unterstellte, oder ein tollköpfiger Romantiker, der, wie andere vor und nach ihm, der Faszination des fernen, fremdartigen Kontinents erlegen war? Manche Nachrede war simpler und gehässiger: Leichhardt wolle sich vor dem preußischen Militärdienst drücken. Oder er suche heimlich nach Gold in Australien. Da gab es vermutlich ein persönliches Problem, das mit seiner Unrast indirekt zu tun hatte: Frauen ließen ihn kalt – so will ich das, was wir nicht genau wissen, einmal nennen. Wollte er in der Gesellschaft etwas gelten, mußte er sich also auf unbürgerliche Weise hervortun. Forschungsreisende waren die Helden der Nation. Der australische Kontinent gab eine Vielzahl geographischer, geologischer, biologischer und anthropologischer Rätsel auf. Da man keine realistische Vorstellung hatte, wie das Innere dieser ungeheueren Landmasse beschaffen war, füllten phantastische Erwartungen, törichte Hoffnungen, gefährliches Wunschdenken die Wissenslücke: Unerschöpfliche Goldadern, fruchtbares Ackerland, und am längsten hielt sich die Fabel von einem riesigen Wassersystem im Nordwesten Australiens.

Leichhardt hatte schon einmal den Kontinent durchquert. Er brach im Januar 1845 von Moreton Bay aus auf und erreichte nach zehn Monaten Port Essington in der Gegend des heutigen Darwin. Die Route führte durch die besser bewässerten, der Küste näher liegenden Landstriche, das Innere Australiens wurde nur gestreift. Nach seiner Rückkehr von Port Essington nach Sydney feierte man Leichhardt enthusiastisch. Verschollen und bereits totgesagt, war er wie durch ein Wunder aus dem Nirgendwo zurückgekommen. Die Zeitungen erhoben ihn zum *Prince of Explorers*. Die Freude war nicht jedermanns Sache – nicht des Obersten Königlichen Landvermessers Sir Thomas Mitchell, selbst Forschungsreisender und ein gekränkter, gehässiger Rivale. Eines Tages hörte ich von Mary Wesley. Sie schrieb an einem Buch über Ludwig Leichhardt, und ich bat um einen Besuch bei ihr.

Es wurde ein langes Gespräch. Nein, keine umfassende Biographie habe sie im Sinn, sagte Mary Wesley. Die sei noch immer nicht geschrieben – was für eine Schande für unser Land! Sie habe sich jedoch auf ein Thema spezialisiert: Die gescheiterte Expedition Leichhardt's 1847 von Moreton Bay zur Westküste. Sie sagte: Er kam nicht weit. Von Anfang lief alles schief. Regenfälle behinderten das Fortkommen, ein unerklärliches Fieber schwächte die Gruppe, die Vorräte gingen vorzeitig zur Neige, die Gefährten paßten nicht zusammen, und Leichhardt war offenbar nicht imstande, seine Autorität geltend zu machen. Er beschloß die Expedition abzubrechen.

Er kam ruhmlos und mit leeren Händen zurück. Die Gruppe hatte sich kaum ein paar hundert Meilen von der Küste entfernt, war nicht in unbekanntes Land vorgestoßen. Der Durchbruch zum Swan River in Westaustralien blieb ein ferner Traum. Jede Forschungsreise muß gegen Widrigkeiten aller Art kämpfen. Leichhardt hatte mit seiner ersten Expedition nach Port Essington bewiesen, daß er diese Herausforderung bestehen konnte. Oder hatte er nur unerhörtes Glück gehabt? Nun traf ihn der harte Vorwurf, er sei nicht fähig, eine Expedition zu führen. Was war eigentlich geschehen? Es sei nicht ihre Absicht, Ludwig Leichhardt von Schuld frei zu sprechen, sagte Mary Wesley. Aber Vorwürfe müssen belegbar sein, und tatsächlich gäbe es ja Fakten, die die Argumente seiner Gegner stützten.

«Hören Sie», zitierte Mary Wesley aus ihren Notizen, «hier John Roper: *Leichhardt war düster, verdrossen, schweigsam - alles andere als ein angenehmer Gefährte*. Und ein anderer, John Murphy: *In gewisser Weise schien Leichhardt froh zu sein über John Gilbert's Tod, den die Eingeborenen umgebracht hatten...*Dann William Phillips: *Leichhardt war nicht einmal imstande, Längen- und Breitengrad exakt zu bestimmen.* Dies sind Zeugnisse seiner Gefährten der Expedition nach Port Essington. Nur James Calvert urteilt freundlicher: *Ich betrachtete ihn als meinen Freund, und als er einmal ein Pferd brauchte, war es selbstverständlich für mich, ihm mit fünf Pfund auszuhelfen.* Sein Stellvertreter bei der zweiten Expedition, John Frederic Mann, schreibt über ihn: *Nur um der geschichtlichen Wahrheit willen sage ich dies: Niemals fand Leichhardt auch nur ein Wort des Dankes für die aufopfernde Fürsorge seiner Gefährten.* Demgegenüber steht das Wort eines nüchternen und angesehenen Mannes in Sydneys High Society, des Reverends W.B.Clarke, der Leichhardt unverbrüchlich die Treue hielt: *Niemand, gleichgültig wie hochrangig oder verdienstvoll, hat ein Recht, Leichhardt seines Lorbeerkranzes zu berauben.*»

«Ich weiß», sagte Mary Wesley, «was ich hier unternehme, ist ein einsamer Versuch, Ludwig Leichhardt Gerechtigkeit widerfahren zu lassen. Die Schattenseiten seines Charakters sind mir wohlbekannt, und ich glaube kaum, daß ich den Mann persönlich gemocht hätte. Das steht hier jedoch nicht zur Diskussion. Verdammung oder Verfemung sind etwas anderes. Geradezu lächerlich ist es, Leichhardt aus der Perspektive des Ersten Weltkriegs zu sehen: Ja, so sind eben die Deutschen – oder die Preußen.»

Seine dritte und letzte Reise wurde zum Mythos. War es ein Akt der Verzweiflung, daß er 1848 abermals zur Westküste aufbrach, quer durch den australischen Kontinent? Etwa um seinen Ruf als Entdecker zu rehabilitieren und dafür das Schicksal auf Erfolg oder Tod herauszufordern? Das Unternehmen war mangelhaft vorbereitet, die sechs angeheuerten Teilnehmer unerfahren und wenig motiviert. Unter ihnen befand sich Leichhardts Schwager, ein gewisser Claasen, von Beruf Seemann, bar jeder Buscherfahrung. Die Vorräte waren knapp bemessen. Sie hatten sieben Reitpferde, zwanzig Maultiere für das Gepäck und fünfzig Schlachtrinder mit sich. Man war zu dieser Reise ins Nirgendwo von den Darling Downs westlich von Brisbane aufgebrochen. Über die geplante Route war nichts Genaues bekannt, wohl weil sie geheim bleiben sollte. Leichhardt ist seitdem verschollen. Auch keiner seiner Leute tauchte irgendwo auf. Suchtrupps unter Führung erfahrener Buschkenner kamen mit leeren Händen zurück. Es ist das vollständige, spurlose Verschwinden einer ganzen Expedition, das uns bis heute verwirrt und bewegt.

In dem Café am Martin Place hatte ich mich mit einem Freund getroffen, der dorthin regelmäßig zum Lunch ging. Ausgenommen am Freitag, wo er nach ein Uhr aus seinem Büro verschwand und sich mit Freunden bei *Phillips Foote* in den Rocks traf. Die Arbeitswoche war damit zuende und man ging zum Bier über. Donald war Wirtschaftsprüfer.
«Donald, kannst du mir sagen, was ein Sovereign ist?»
«Der Sovereign war eine Goldmünze, Wert etwa ein Pfund Sterling. Er war die britische Währung vom 15. bis zum 17. Jahrhundert. Danach kam die Guinee. Im 19. Jahrhundert kehrte man zum Sovereign zurück. Mehr weiß ich nicht.»
«Hast du zufällig ein paar Sovereigns zu Hause?»
«Wieso das?»
«Ich brauche zehn Sovereigns aus der Zeit vor 1850.»
«Bist du einem Gespenst Geld schuldig?» Ich sagte einfach:
«Ja, das bin ich. Was muß man heute dafür bezahlen?»
«Oh, das hängt davon ab, wie viele Münzen es von einer Prägung noch gibt, und wie gut sie erhalten sind. Die Preise dürften zwischen hundert und tausend Dollar schwanken.»
«Was rätst du mir?»
«Du kannst eine Annonce in die Zeitung setzen oder bei einem Münzenhändler nachfragen. Ich kann Dir eine Adresse nennen: Charley Bowen, George Street – ich weiß die Hausnummer nicht, halbwegs zwischen Martin Place und den Rocks.»

Wir saßen auf der Terrasse im Freien. Es war ein wunderschöner, sonniger Tag, nicht zu heiß. Wenn ich auf den Martin Place blickte, was sah ich da? Massen junger Menschen, die auf den Stufen saßen und vergnügt in Brötchen bissen, aus Plastikbechern löffelten. Jazz-Kapellen spielten auf mit den neuesten australischen Hits, die außerhalb unseres Kontinents niemand zur Kenntnis nahm. Ich rührte in meinem Cappucci-

no. Es war doch klar, ich gehörte hierher. Dieses war auch meine reale Welt. Der Trödler David Anderson in seinem versponnenen Haus in den Blue Mountains war ein Trugbild, er gehörte in das Reich der Imagination. Was auch immer mir widerfahren war: Es war irreal. Eine Halluzination ungewöhnlicher Art. Ich mußte mich nun darauf konzentrieren, nicht einfach durchzudrehen. Den Besuch bei einem Münzenhändler schob ich auf die lange Bank. Wenn schon – ich hatte drei Monate Zeit. Aber schon holte mich diese andere Realität wieder ein: Das Fernrohr meines Vorfahren Lord Nelson lag in meinem Wäscheschrank verstaut. Es würde mich nicht wundern, wenn es nach meiner Rückkehr aus der Stadt verschwunden wäre. Donald verabschiedete sich schlicht:
«Ich muß in mein Büro zurück. Es ist erst Donnerstag. Wenn Du mich wieder brauchst, komm am Freitag. Bei *Phillips Foote* gibt es die besten Steaks in Sydney. Man muß sie nur selbst braten.»

Schade, daß Donald bei Frauen offenbar kein Glück hatte. Er war so nett. Und er war eine reale Person. Seltsam, daß mir das nun wichtig erschien. Aber ich brachte es nicht über mich, ihn in meine Geschichte einzuweihen. Ich glaubte ja selbst nicht richtig daran, oder redete mir das ein. Wenn es zum Schlimmsten kam, wäre das Ende meiner Geschichte die Einweisung in eine Nervenklinik. Die Vorstellung schreckte mich noch aus einem anderen Grunde: Ich hatte keine Familie, keine Geschwister, meine Eltern waren tot, entfernte Verwandte lebten in Melbourne und Perth. Zwar trauerte ich niemandem nach, ich hatte ja eine ganze Anzahl von Freunden, mit denen ich mich gut verstand. Aber bei dem Gedanken an eine mögliche Nervenkrise fühlte ich mich plötzlich allein ohne einen einzigen nahen Verwandten. Vermutlich hätte ich mich diesem doch eher anvertraut als einem Freund. Als ich wieder in Paddington in meiner Wohnung war, guckte ich in den Wäscheschrank: Da lag das Teleskop. Natürlich, was denn sonst! Ich würde es gelegentlich zu einem Antiquitätenhändler bringen und schätzen lassen. Vielleicht war es ja eine Imitation aus späterer Zeit. Ich nahm ein Buch aus dem Regal, es hieß *Convict Settlers in Australia* und enthielt ein paar ausgewählte Schiffslisten mit Namen von Sträflingen, die von den Britischen Inseln nach Australien deportiert worden waren. David Anderson's Name war nicht darunter. Was hatte ich erwartet!

Daß ich spontan den Entschluß faßte, Sydney für ein paar Tage zu verlassen, war eine Art Panikreaktion. Ich hatte in den Argyle Stores in den Rocks herumgebummelt, wo es Läden mit den neuesten kunstgewerblichen Kreationen gab. Vielleicht gefiel mir etwas von Ken Doane – Schal, T-Shirt, Regenschirm. Ich war jedoch unruhig, kaufte nur einen Trinkbecher mit dem Motiv der Oper. Kein origineller Einfall. Das Gebäude der Argyle Stores aus dem Jahre 1884 war das ehemalige Hafenzollamt, ein imponierender Backsteinbau mit einem – nach australischem Verständnis – historischen Flair. Ich verließ das Gebäude und ging über das Kopfsteinpflaster auf das Tor zu, das auf die Argyle Street hinausführte. Da hatte ich das Empfinden, daß mir jemand folgte. Vorhin spazierten noch ein paar Leute herum, nun aber war der Hof wie leergefegt. Ich spürte so etwas wie einen Hauch im Nacken. Auch war mir, als hätte sich das Geräusch meiner Schritte verdoppelt. Dann hörte ich eine flüsternde, rauhe Stimme: «Zehn Sovereigns, Madam!» Es mußte eine akustische Täuschung sein. Als ich mich jedoch an dem Tor abrupt umwandte, gewahrte ich für den Bruchteil einer Sekunde an der Mauer eine schattenhafte Gestalt, die einen Zweispitz trug.

3

Ich konnte über meine Arbeitszeit frei verfügen, denn ich war mein eigener Boss. Da traf es sich gut, daß mich ein alter Freund, Pete Newman, zu einem Besuch in die McDonnell Ranges einlud. Ich hatte ihn angerufen und angedeutet, ich hätte ein paar Tage Abwechslung nötig. Klar, komm nur! Niemals würde ein Australier ablehnen. In Alice Springs wollten wir uns am Flughafen treffen und dann mit dem Geländewagen zu den Felszeichnungen nach Ewaninga fahren. Im letzten Augenblick entschloß ich mich, Lord Nelsons Teleskop mitzunehmen. Ich wollte dieses teuere, verrückte Ding nicht unbeaufsichtigt in meiner Wohnung lassen.

Da unten lag das Land. Längst hatten wir die Blue Mountains überflogen, dann die Randbezirke des Farmlands im nordwestlichen New South Wales, das bald in die beweidete Grassteppe überging. Bäume und Buschwerk wurden schütterer und blieben endlich ganz zurück. Gelegentlich tauchte eine Piste auf, schnurgerade wie mit dem Messer gezogen. Die Farbe des Bodens veränderte sich von grau-braun nach rot, selten unterbrach ein Flußbett mit Geisterbäumen die ungeheure Monotonie. Die Regenzeit war längst vorbei, nirgendwo ein Tümpel oder nur ein feuchter Fleck zu sehen. Das, was da unten einen riesigen See vorspiegelte, war die Salzkruste des Lake Eyre. Aber das Land wurde noch karger, lebloser, stiller als wir die Simpson Desert überflogen. Kein Forschungsreisender hat sich je in Australiens riesige Wüsten gewagt. Noch in den ersten Jahrzehnten der Fliegerei bedeutete eine Notlandung in der Wüste wahrscheinlichen Tod in großer Einsamkeit. Die Piloten, selbst wenn sie einen Absturz überlebten, hatten kaum eine Chance, daß sie jemand fand. Sie waren noch hilfloser als eine Expedition auf dem Landweg.

Der Gedanke an meine geplante Arbeit machte mich zuweilen mutlos. Sie erschien mir wie eine Anmaßung, wie Hochstapelei: Vom sicheren, bequemen Platz eines Boeing-Jets schaute ich auf dieses abweisende, träge ruhende, seit Jahrmillionen dahindämmernde Land hinunter. Zu Hause, im quirligen Sydney, würde ich dann über Menschen nachdenken und schreiben, die dieses Land zu Fuß durchmessen hatten. Was hat sie zu dem großen Aufbruch bewegt, vielleicht schon ahnend, daß es ihre letzte Reise sein mochte? Wie sind sie mit den harten Prüfungen unterwegs fertig geworden, und aus welchen Quellen haben sie immer wieder Zuversicht geschöpft? Und wie stand es um sie ganz zum Schluß, das sichere Ende vor Augen, als das Land noch immer so grenzenlos, das Ziel so unendlich fern war, als seien sie von Anbeginn keinen Schritt weit vorangekommen? Ich wußte es nicht und konnte es nicht wissen. Es war ihr Land – so ist es doch – nicht mein Land. Ich hatte keine Berührung, keine Erfahrung mit der Erde da unten. Ich empfand etwas für dieses Land, dessen Inneres wir das *tote Herz Australiens* nennen: ein überspanntes, romantisches Gefühl, das nur mit mir selbst zu tun hatte. Ich wollte einen Job haben, und ich schrieb gerne, vielleicht hatte ich mich im Thema vergriffen. Nun war ich also wieder bei meinen Problemen angelangt, über die ich mir vor meinem Besuch bei dem Trödler David Anderson den Kopf zerbrochen hatte.

Pete Newman würde ich nichts von meinem Besuch bei dem verrückten Trödler erzählen. Pete war Anthropologe, der unsentimental seinen Job tat. Er mochte bestenfalls den steinzeitlichen Aborigines eine übersinnliche Begabung attestieren, nicht aber einer zivilisierten Frau unserer Zeit. An Geister glaubte er nicht. Alles, was uns an den Reaktionen der Aborigines rätselhaft erscheint, hat seinen Platz im Gehirn und in der Tradition. So etwa hätte Peter Newman den Sachverhalt formuliert, als ich mit ihm auf der Universität zusammen war.

Ich hatte ihn ein paar Jahre nicht gesehen. Nun stand er breitbeinig in der Empfangshalle des Flugplatzes von Alice Springs und grinste ein wenig verlegen. Er hatte einen weißen Sonnenhut auf dem Kopf, darunter vermutete ich schon gelichtetes Haar. Sein Gesicht war nicht gebräunt, sondern gerötet, er vertrug die pralle Sonne nicht. Er war groß und stämmig, hatte an Gewicht zugenommen. Ich ebenfalls. Ich wurde nächstes Jahr vierzig. Pete war ein recht durchschnittlicher Typ, ein oder zwei Jahre älter als ich, wenig mitteilsam, ohne Charme, ein guter Kamerad, von Frauen keine Ahnung. Ich holte tief Luft: Was wollte ich eigentlich hier? Aber offenbar hatte ich keine andere Wahl. Manchmal braucht man Menschen, die genauso sind wie Pete Newman: einfach stabil. Man konnte sich für einen Augenblick an sie lehnen.
«Habe ich mich verändert, Pete?» Eine Verlegenheitsfrage nach flüchtiger Umarmung, auf die es im Ernstfall keine ehrliche Antwort gibt:
«Mir fällt nichts auf, Margret. Warum fragst du?»
«So etwas fragt man eben. Selber merkt man doch nicht, wie man sich langsam verändert. Bis die ersten Falten im Gesicht kommen. Dann kann man sich weitere Fragen sparen.»
«Das hört sich nicht sehr glücklich an. Wenn du mir etwas sagen willst, ich höre gerne zu. Aber laß dir Zeit damit. Wie ist es in Sydney?»
«Ich kann über nichts klagen.»

«Früher warst du gesprächiger.»
«Siehst du? Das ist die Veränderung.» Wir mußten beide lachen. «Und wie geht es dir, Pete?»

Ich lehnte mich zurück, suchte mich zu entspannen, wurde schläfrig. Bis nach Ewaninga waren es zwanzig Meilen. Eine schnurgerade, rostrote Sandpiste führte dahin. Am Horizont mündete sie in einen imaginären Punkt. Eine von den messerscharf geschnittenen Linien, die mir vom Flugzeug aus aufgefallen waren. Pete fuhr langsam, versuchte jede Erschütterung des Wagens zu vermeiden. Ich schätzte diese Art von Fürsorglichkeit. War ich noch wach? Die unermeßlich lange Straße vor den Augen, spürte ich wieder den hypnotischen Zwang, der mich zum Tagträumen verführte – so wie neulich, als ich das Haus von Mr.Anderson in der Wildnis der Blue Mountains suchte. Vielleicht leide ich an tückischen Ohrgeräuschen, bisher hatte ich nie darauf geachtet. Aber nun glaubte ich Musik zu hören, wenn man das so nennen will. In das monotone Geräusch des Motors mischten sich die rauhen, gutturalen Stimmen von Eingeborenen, die um ein Feuer saßen und auf Hölzern den Takt schlugen. Und dann war da noch eine Art Wind, ein einziger, hoher Ton eines Streichinstruments, der anschwoll und wieder abebbte. Ligeti, dachte ich bei mir. Wie Ligetis Musik in *Odyssee 2000*. Wahrscheinlich war ich eingeschlafen, denn plötzlich schrak ich auf, als der Wagen mit einem Ruck hielt.
«Wir sind da», sagte Pete.
Draußen wehte ein ziemlich starker Wind. *Ewaninga* war der Name einer Haltestelle an der Bahnstrecke von Alice Springs nach Port Augusta in Südaustralien. Ein geographischer Punkt in der sonst namenlosen Landschaft. Keine Siedlung, nicht einmal eine Hütte, so weit das Auge reicht.

Von der Sandpiste aus waren es nur ein paar Schritte zu mehreren Felszeichnungen, die für australische Verhältnisse beeindruckend sind. Über Alter und Bedeutung kann man nur rätseln. Muß man alles wissen? Beflügelt solch ein Geheimnis nicht die schöpferische Phantasie? Pete Newman wird die Sache anders betrachten. Als Wissenschaftler mußte er versuchen, der Lösung eines Rätsels so nahe wie möglich zu kommen, das ist seine Berufung. Er zuckte mit den Schultern:
«Ich weiß nicht viel mehr als du.»
«Wozu hast du dann eine Fotoausrüstung mitgebracht?» Er richtete ein Stativ gerade, auf das er eine Kamera geschraubt hatte, dann schaute er durch den Sucher und stellte den Fokus ein, war aber nicht zufrieden, sah nach dem Sonnenstand, suchte für die Aufnahme einen günstigeren Standort.
«Nun, ich mache eben gerne Fotos.»
«Sei nicht so mundfaul, Pete. Hat das Foto mit deiner Arbeit zu tun? Gib mir eine vernünftige Antwort, sonst lasse ich dir keine Ruhe.» Die Fotos wären ein möglicher Schlüssel zu Pete's Persönlichkeit, ging es mir durch den Kopf. Warum interessierte mich das überhaupt?
«Na gut, es ist eben ein Hobby. Andere sammeln Briefmarken oder Münzen...»
«...alte Sovereigns, zum Beispiel», unterbrach ich.
«Meinetwegen auch Sovereigns. Ich fotografiere eben, ich komme ja viel herum in der Landschaft. Ich glaube, da greift jeder zur Kamera, fast automatisch.»
«Nicht du, Pete. Du hast etwas Bestimmtes mit den Fotos im Sinn. Nun sag es mir schon. Wir sind ganz allein hier, es hört ja niemand zu, nur der Wind trägt deine Worte fort, nimmt sie mit über ganz Australien...» Ich wollte ihn ein wenig necken, aber er wurde ganz ernst, als müßte er sich auf die Antwort konzentrieren.

«Ich will es versuchen, dir zu erklären, Margret. Vergiß einmal den Anthropologen, ich meine den staubtrockenen Wissenschaftler. Die Fotos sind eine ganz persönliche Sache. Die Summe aller Bilder, ich habe schon einige hundert, möchte ich nennen: mein Australien. So wie ich es sehe, oder sagen wir: empfinde – und wie ich es anders nicht beschreiben kann. Aber ich habe schon zu viel geredet.» Damit wandte er sich wieder seiner Kamera zu.

Ich mußte ihn nun in Ruhe lassen und ging um die Gruppe von brandroten Felsen herum, vielleicht fielen mir noch ein paar versteckte Gravuren ins Auge. Wieder hörte ich den Wind, der eigentlich kein richtiger Wind war, sondern eine hohe akustische Schwingung wie von einer kurz gespannten Saite erzeugt. In einem gewissen Rhythmus wurde der Ton stärker, dann wieder schwächer. Wenn Stille eintrat, hörte ich in der Ferne den eintönigen, klagenden Gesang von Eingeborenen, dazu das gleichmäßige Schlagen von Holzstöcken. Wenn ich hier im Outback an Halluzinationen litt, so durfte ich doch daraus folgern, daß auch der geheimnisvolle Trödler David Anderson eine Phantasmagorie war. In gewissem Sinne war das beruhigend. Halluzinationen ließen sich vermutlich mit Psychopharmaka behandeln. Wäre es denkbar, daß ich von einem meiner Vorfahren eine mediale Begabung geerbt habe? Dann wäre ich wenigstens nicht verrückt. Etwa eine Stunde war ich im Kreis gelaufen. Pete Newman war inzwischen mit dem Fotografieren fertig und packte zusammen.
«Sag mal Pete, was soll man denn von den Geschichten über magische Kräfte der Aborigines halten? Ich habe da ein Buch über die Pintubis gelesen, die man erst in den fünfziger Jahren entdeckt hat.»

«Wiederentdeckt, genau gesagt. Sie hatten sich nach der ersten Begegnung mit Weißen nach Westaustralien zurückgezogen, fern von jeder Siedlung, und waren in Vergessenheit geraten. Was willst du von mir hören?»
«Was hat es, zum Beispiel, mit dem *pointing the bone* auf sich? Ein Angehöriger eines Clans hat sich eines Mordes verdächtig gemacht und wird nun rituell getötet, indem der Magier mit einem Knochen auf ihn zeigt. Kurze Zeit danach stirbt das Opfer tatsächlich, selbst wenn man es noch in ärztliche Behandlung bringt. Ist das so?»
«Das ist so, und das ist auch logisch. Aus der Gemeinschaft ausgestoßen, kann der Eingeborene allein im Outback nicht überleben. Bevor er elend verhungert oder verdurstet, bereitet ihm seine eigene Natur einen gnädigen Tod durch Autosuggestion. Dabei spielt es keine Rolle, ob er in der Wüste unter einem Busch oder in einem Krankenhausbett liegt. Ein Krankenhaus gibt es in der Welt der Aborigines nicht. Das *pointing the bone* wurde sicher selten praktiziert. Wahrscheinlich ist es immer dieselbe Geschichte, die herumerzählt wird.»

Das ist Pete. Ich hatte noch mehrere Fragen auf der Zunge, aber Pete war nun dabei, seine fotografische Ausrüstung im Wagen zu verstauen. Plötzlich hörte ich ihn überrascht rufen:
«Margret, was hast du denn da für ein hübsches Ding mitgebracht?» Er hatt das Fernrohr in der Hand und winkte damit. Es mußte während der Fahrt aus meiner Tasche gerutscht sein. Ich stand da wie versteinert. «Na, darf ich mal durchgucken?»
«Pete, Hände weg!» schrie ich hysterisch.
«Was ist denn? Ist dir nicht wohl?» Er kniff die Augen zusammen und fixierte mich irritiert.
«Pete, ich warne dich, wenn du da durchguckst...»

«Ist schon gut», knurrte er verärgert, «suchst du plötzlich Streit mit mir?» Ich hatte mich wieder gefaßt:
«Nein, nein – Pete, entschuldige bitte. Ja doch, guck einfach durch.»
«Was nun? Darf ich durchgucken oder darf ich nicht? Falls du es dir wieder anders überlegst.»
"Guck durch und sage mir, was du siehst!» Ich halte den Atem an. Pete führt Nelsons Teleskop an die Augen, guckt durch – und nichts passiert.
«Was siehst du denn, sag schon!»
«Was wohl: Australien. Mulgas, Spinifex, roten Sand...»
«Sonst nichts?»
«Was erwartest du denn, was man hier zu sehen bekommt. Warst du nie vorher im Outback?»
«Ich weiß nicht, was ich dachte. Verzeih mir. Es hat nichts mit dir zu tun.» Er reichte mir das Teleskop:
«Steck es ein, und dann laß uns abfahren.»

Wir fuhren in Richtung Alice Springs zurück und bogen dann nach Westen ab auf den Namatjira Drive in Richtung Glen Helen. Dort wollten wir übernachten. Wir sprachen auf der ganzen Fahrt kein Wort. Ich war betrübt und bedrückt, weil ich den Tag mit meiner Hysterie verpatzt hatte. Hätte ich jetzt einfach losgeheult, mir wäre leichter geworden. Aber wie sollte ich Pete Newman meinen seelischen Zustand auseinandersetzen? Ich versuchte mir eine plausible Geschichte auszudenken, was es mit Lord Nelsons Teleskop auf sich hatte. Ich verwarf am Ende alle Ansätze als absurd. So hielt ich mühsam meine Tränen zurück. Ich fühlte mich ausgelaugt. Pete mußte meine überspannte Reaktion betroffen gemacht haben. Seitdem er mir, wenn auch unter leichtem Zwang, gestanden hatte, warum er gern fotografiert, waren wir uns nicht mehr so

fremd wie früher. Nein, es war gerade so, als hätte ich einen Tunnel zu seinem Inneren entdeckt. Ich mußte das nervtötende Schweigen brechen:
«Pete, morgen bin ich wieder okay. Dann halten wir auf der Rückfahrt an den McDonnell Ranges überall dort, wo man schöne Fotos machen kann.»
«Abgemacht, Margret.» Er lächelte flüchtig.
«Ich bin eben eine früh gealterte Jungfer, Pete.» Er nickte zerstreut.

Namatjira ist der Maler der McDonnell Ranges zwischen Alice Springs und Glen Helen. Daher heißt die Straße, die südlich davon entlang führt, Namatjira Drive. Es ist ein langgestreckter Höhenrücken, abgetragene Rudimente eines vielschichtigen Sedimentgebirges, durch tektonische Bewegungen immer wieder gefaltet und gebrochen. In Trockenzeiten nimmt das Gestein in der Ferne einen rötlichen Schimmer an. Die Färbung ist einzigartig, typisch für das Herz Australiens. In Äonen von Jahren haben sich in den Regenzeiten Flußläufe quer durch die Bergkette gearbeitet. Die Durchbrüche heißen hier *Gaps*. Es sind kurze Schluchten, oft nur ein paar Dutzend Yards breit, und im Schatten der hohen Felsen erhält sich zuweilen das ganze Jahr über ein flacher Tümpel. Sonst ist der Flußlauf trocken, von Geisterbäumen bestanden, an denen sich in hellen Mondnächten das Licht gespenstisch spiegelt. Was bewegte Namatjira, als er die westlichen McDonnell Ranges zum Thema seiner Kunst erkor? Wie primitiv sind die Aborigines wirklich? Oder haben wir, für die die Steinzeit in unbegreiflicher Ferne verschwimmt, evolutionär einen ursprünglichen Sinn eingebüßt? Darüber könnte ich mit Pete reden.

Die Unterkunft in Glen Helen war sehr schlicht. Eine Art Baracke mit kleinen Zimmern ohne Dusche und WC. Der Gemeinschaftsraum für Morgentoilette und menschliche Bedürfnisse war primitiv und wirkte verwahrlost. Das Essen schmeckte nach Plastik, ich stocherte auf dem Teller herum.
«Nicht wahr, Pete, zu Zeiten der Strafkolonie war das Essen im Gefängnis noch schlechter?»
«Es ist eben ein weiter Weg zu einer exzellenten Küche, wie sie die Engländer gewohnt sind.»
«Es freut mich, Pete, daß du wieder zu Scherzen aufgelegt bist.»
Pete lachte: «Komm, suchen wir nach dem Kreuz des Südens. Vielmehr ist hier nicht los.»

Er nahm mich flüchtig am Arm und führte mich ins Freie. Am Sternenhimmel war auch nicht viel los. Wir wurden uns nicht einig, was für eine Konstellation das Kreuz des Südens darstellte. Abenteuerromane schwärmen von dessen glitzernder Pracht. Die Autoren waren vermutlich nie in diesen Breiten gewesen, und die Mär wurde fleißig kopiert. Ich war im Begriff, über das Kreuz des Südens eine Diskussion anzuzetteln, sah aber ein, daß der Abend nicht zu retten war.
«Pete, ich werde dir noch erzählen, warum ich in Ewaninga diesen hysterischen Anfall hatte – irgendwann. Heute kann ich es nicht. Ich schäme mich.»
«Ich habe den Vorfall schon vergessen.»
«Danke, Pete.» Dann sagte er unvermittelt:
«Vielleicht sollten wir beide heiraten.»
«Pete, was ist mit dir?»
«Was soll sein?»
«Sprichst du als Anthropologe? Glaubst du, du bist einer bisher unentdeckten Spezies von Hominiden auf der Spur, nur

weil ich heute verrückt gespielt habe? Du kannst mich als Objekt ja studieren, ohne mich gleich zu heiraten.»
«Du hast recht, Margret, wir sollten nichts überstürzen.»
«Schließlich sind wir erst vierzig.»
Und so wird das laufen: Wir werden uns unverbindlich trennen und in zehn Jahren wiedersehen. Wir werden das gleiche Gespräch führen. Dann sind wir fünfzig und wollen lieber erst abwarten. Bis zum nächsten Mal. Trotzdem, das Angebot war nett und nicht ernst gemeint. Pete wollte nicht, daß ich durchdrehe.

4

Was mochte der Münzenhändler von mir denken? Noch ahnte er nichts von meinem Problem. Er kauerte hinter einem altmodischen Schreibtisch und prüfte mithilfe einer Lupe akribisch ein Geldstück. Ich hoffte, es wäre ein Sovereign. Ich hielt mich im Hintergrund des dämmerigen Ladens, der nur von einer Tischlampe erhellt war. Durch das einzige staubige Fenster, das auf eine schmale Gasse wies, sickerte spärliches Tageslicht in den Raum. Ich hatte es nicht eilig, der Münzenhändler sollte erst das Geldstück zur Seite legen, bevor ich ihm mein Anliegen vortrug. Es machte mich nervös, wenn Leute nebenher noch etwas anderes tun und mir nicht ins Gesicht blicken, wenn ich mit ihnen rede.
«Kann ich etwas für Sie tun?»
«Ich kann warten.»
«Ich bin fertig.» Er schob die Münze in eine Plastikhülle. Für einen Augenblick fühlte ich mich in das Haus des Trödlers zurückversetzt, obwohl der Münzenhändler ihm nicht ähnlich sah. Er war an die sechzig Jahre alt, hatte glattes, angegrautes Haar, ein zerknittertes Gesicht, auf der Nase saß eine Brille mit Goldrand. So stellte ich mir einen Münzenhändler vor. Was mich an den Trödler erinnerte, war die Art, wie er seine Hände bewegte, wie er durch die Lupe sah und dabei auf eine Antwort von mir wartete.
«Nun, Madam?»
«Haben Sie alte englische Sovereigns?»
«Wie alt?»
«Vor 1850.»
«Nicht vorrätig.»
«Wo könnte ich sie herbekommen?» Der Mann hob die Schultern:

«Ich wäre schon die richtige Adresse. Ich müßte herumtelefonieren, in Melbourne zum Beispiel. Oder annoncieren, aber das könnten Sie auch selber tun. In Sydney sehe ich keine großen Chancen. Wollen Sie eine einzelne Münze oder eine ganze Kollektion?»
«Zehn Sovereigns aus der Zeit vor 1850.» Ich zögerte ein wenig: «Es ist nicht für eine Sammlung.»
«Sind Sie sich darüber im Klaren, daß zehn Sovereigns nicht ganz billig wären? Die Preise richten sich allerdings nach dem Zustand der Münze. Es gibt da die Kategorien *Stempelglanz, vorzüglich, sehr schön, schön*. Er nahm die Münze, die er vorhin betrachtet hatte, wieder aus der Hülle, winkte mich zu sich, reichte mir die Lupe:
«Sehen Sie, dieses Exemplar wird als vorzüglich eingestuft. Es zeigt kaum Gebrauchsspuren, das heißt: abgegriffene Oberfläche oder beschädigten Rand.»
«Ist das ein englischer Sovereign?»
«Nein, das ist ein österreichischer Dukaten aus dem 17. Jahrhundert. Er würde etwa 2000 Dollar kosten.»
«Oh mein Gott!» Der Preis schockierte mich, ich war ganz niedergeschlagen.
«In welchem Zustand sollen denn die zehn Sovereigns sein, die Sie haben wollen? Spielt das überhaupt eine Rolle?»
«Ich weiß es nicht, ich glaube nicht.» Mr.Anderson wollte nur Sovereigns aus der damaligen Zeit haben, und es war die Zeit Ludwig Leichhardt's, also vor der Mitte des letzten Jahrhunderts. Es wird ihm egal sein, ob die Münzen neu oder abgegriffen sind. «Ich bin ziemlich sicher, daß es keine Rolle spielt, wie die Münzen aussehen», sagte ich.
«Dann müßten wir eine Recherche anstellen: Zehn Sovereigns aus der Zeit von – sagen wir – 1840 bis 1850, Erhaltungszustand schön. Der Gesamtpreis dürfte sich auf 2000 Dollars be-

laufen plus-minus 15 %. Um Zeit zu sparen, würden wir in London nachfragen, aber die Recherche könnte sich über mindestens ein Vierteljahr hinziehen.»
«Ein Vierteljahr? Ich brauche sie in spätestens zwei Monaten! Geht es nicht schneller?»
Der Münzenhändler schüttelte den Kopf: «Nein. Nicht zu vertretbaren Kosten. Aber erlauben Sie mir eine Frage: Was hat es denn mit den zehn Sovereigns für eine Bewandtnis? Falls Sie darüber sprechen wollen.»

Ich würde dem Münzenhändler womöglich nie mehr begegnen. Warum sollte ich nicht reden? Lächerlich! Irgendwann mußte ich mir Luft machen. «Ich schulde die zehn Sovereigns einem Antiquitätenhändler.»
«Und nimmt der keine Dollars? Das ist recht merkwürdig, muß ich schon sagen.»
«Nein, es müssen Sovereigns sein. Ich gebe zu, es ist eine seltsame Geschichte. Hören Sie! Vor ein paar Wochen besuchte ich in den Blue Mountains, nicht weit von Katoomba, einen Trödler. Er zeigte mir ein altes Handteleskop, es gefiel mir so gut, daß ich es unbedingt haben wollte. Der Mann sagte, es sei unverkäuflich, und als ich darauf bestand, daß schließlich alles seinen Preis habe, gab er mir das Teleskop unter der Bedingung, daß ich ihm innerhalb von drei Monaten zehn Sovereigns aus der Zeit vor 1850 bezahle.»
«Wie heißt denn der Trödler? Sagten Sie, er hat sein Geschäft bei Katoomba? Dann müßte ihn meine Frau kennen. Sie kommt aus der Gegend. Warten Sie!» Dann rief er: «Linda.»
«Der Name des Trödlers ist David Anderson», sagte ich. Die Frau kam aus einem Nebenzimmer und blieb unter dem Türrahmen stehen.

«Linda, was für Antiquitätenhändler kennst Du in der Umgebung von Katoomba?»
Die Frau dachte ein wenig nach, dann zählte sie an ihren Fingern ab: «Ich kenne drei: die Fitzroys, dann Mr.Green und die alte Mrs.McKenzie. Worum geht es denn?»
«Hast Du von einem Trödler mit Namen David Anderson gehört?»
Linda schüttelte den Kopf: «Wo soll er denn wohnen?"
«Es ist schwer zu beschreiben», sagte ich. «Man fährt durch Katoomba, biegt dann links in Richtung Megalong ab. Man stößt auf das Haus an einer Weggabelung etwa zehn Meilen in südlicher Richtung.»
Linda warf mir einen merkwürdigen Blick zu: «Da müssen Sie sich täuschen. Ich kenne die Gegend zwischen Katoomba und Megalong ganz gut. Als Kinder mußten wir ab und zu mit dem Fuhrwerk nach Megalong fahren, um Brennholz zu holen. Damals gab es noch ein paar Wege, die man benutzen konnte, heute sind sie völlig überwachsen. Alles Wildnis. Wo sollte da ein Trödler wohnen?»
«Sie erinnern sich nicht, daß es an einer Weggabelung ein altes Haus gibt, gebaut vielleicht zu Anfang des 19. Jahrhunderts?»
«Nein, ich erinnere mich nicht.» Linda zögerte einen Augenblick: «Ja, da stand wohl mal ein altes Haus, ob an einer Weggabelung, kann ich nicht sagen. Ich weiß nicht, wem es gehörte. Es wurde aber schon abgerissen, als ich noch ein kleines Kind war. Vielleicht liegen noch ein paar Steine herum. Aber ich bin ganz sicher, man hat das Haus nicht wieder aufgebaut. Auch später wohnte niemand mehr zwischen Katoomba und Megalong. Es ist doch alles Wildnis.»
«Ich war in dem Haus», sagte ich leise. Der Münzenhändler und seine Frau warfen einander einen verständnislosen Blick zu.

Um die Jahrhundertwende existierte also ein altes Haus, möglich an einer Weggabelung, südlich von Katoomba in Richtung Megalong. Das hatte Linda, die Frau des Münzenhändlers bestätigt. Linda, Linda, Linda hat es gesagt, Margret, Margret, Margret hat es sich nicht eingebildet! Doch meine Zweifel blieben. Ich ging jetzt einer Spur nach, voller Ungewißheit und auch beunruhigt, wohin sie mich führen würde: Im schlimmsten Falle ein Taumeln in die Abgründe des Wahnsinns. Ich war realistisch genug mir einzugestehen, daß ich diesem Schicksal, so es mir bestimmt wäre, ohnehin nicht entrinnen könnte. Die Geschichte von David Anderson, dem ich zehn Sovereigns schuldete, war eine imaginative Rahmenhandlung. Die Ausgeburt einer Paranoia. Ich identifizierte eine Halluzination als Wirklichkeit, als hätte ich eine Überdosis von Meskalin geschluckt. Ich befand mich auf einem Dauertrip. Dann klammerte ich mich wieder an die handfeste Existenz von Lord Nelsons Teleskop. Lag es nicht in meinem Wäscheschrank? Faßte ich es nicht immer wieder an und spürte sein physisches Gewicht in meiner Hand? Vielleicht zog ich ja die Schublade einmal auf und es wäre verschwunden. Ich wünschte es mir. Und die Episode mit Pete Newman? Alles nur Illusion? Sydney, meine alltägliche Umgebung – die eine Sphäre: das Faktum. Und alles andere glatter Wahn? Und beide Welten paßten irgendwie nahtlos zusammen. Ich übte mich in analytischem Scharfsinn, das eine vom andern zu trennen. Ich vermochte aber reale von imaginären Sinneseindrücken nicht mehr klar zu unterscheiden. Ist das der Anfang einer geistigen Umnachtung? Jedermann wähnt sich doch sicher: es sind immer die anderen, die es trifft, und die letzen Endes weggesperrt werden und lautlos verschwinden.

Am ANZAC-Day mischte ich mich unter die Zuschauer, die sich in der George-Street drängten und auf die Parade der Veteranen warteten. Sie wurde angeführt von den letzten Schlachtrössern des Ersten Weltkriegs, keiner unter neunzig Jahre alt. Man hatte die paar wenigen Helden auf einen uralten, auf Vollgummireifen rollenden Armee-Laster gepackt. In ihren zittrigen Händen hielten sie Fähnchen mit der Aufschrift *Gallipoli*. Am Kühler war ein Transparent befestigt: *Damit wir nicht vergessen – Gallipoli*. Mich hat unser Kult um das Schlachtfeld von Gallipoli immer befremdet. Da hatten die Briten unsere Großväter, linkische, ungeschlachte *colonials*, schlicht verheizt. Man möge mir meine unsentimentale Sprache verzeihen. Als nächstes folgten die Kolonnen des Zweiten Weltkriegs. Ein sechs Fuß hoher Gardist in weißem Waffenrock und mit weißem Helm marschierte voraus, in tänzerischem Rhythmus schwang er sein Stöckchen. Seine beeindruckende Gestalt überragte die ganze Armee. Es schlossen sich an die Korea-Kämpfer, die Vietnam-Kämpfer, die Pfadfinder. Alle Waffengattungen des australischen Militärs waren vertreten. Hier wurde nicht allein kriegerische Nostalgie demonstriert, sondern auch ein Anspruch auf Mitsprache im Welttheater des Säbelrasselns.

Ich zuckte zusammen, als mich unvermittelt jemand ansprach. Es war die Stimme einer älteren Frau dicht hinter mir:
«Wo waren Sie damals, Madam?»
«Wenn Sie den Zweiten Weltkrieg meinen – ich kam 1939 hier in Sydney zur Welt. Warum fragen Sie?»
«Um Ihnen zu sagen, Madam, daß ich in London war. Genau zu der Zeit, als die Deutschen dorthin ihre Raketenflugzeuge schickten. Wie es der Zufall so will: Unser Haus wurde getroffen. Meine beiden Kinder tot, meine Eltern tot, mein Mann

kämpfte in Afrika gegen Rommel. Mich haben sie aus den Trümmern gezogen. Wie nutzlos.» Ich war schockiert – was sollte ich da sagen?
«Das tut mir leid – ehrlich.» Ich wollte mich umdrehen, war aber eingekeilt und konnte mich kaum rühren.
«Ich glaube Ihnen, Madam. Ich frage mich nur: Warum marschiere ich hier nicht mit in der Parade? Habe ich im Krieg weniger gelitten als die strammen Soldaten in ihren schmukken Uniformen? Ja, freilich, ich habe keine Uniform. Krieg ist eben Sache der Männer. Wir haben noch einen weiten Weg vor uns. Erst müssen wir uns einen Platz in den Pubs erstreiten, gegen den Protest von Trunkenbolden. Wählen Sie wenigstens nicht die *Tories*, Madam...»

Die Menschen zerstreuten sich. Ich war hellwach. Hinter mir hörte ich ganz deutlich eine flüsternde, heisere Stimme: «Zehn Sovereigns, Madam.» Mit einem Ruck wandte ich mich um – und sah niemanden. Mein Blick fiel in das Schaufenster eines Reisebüros. Dort stand die Büste eines Seemanns mit einem Zweispitz. Hatte der nicht eben die Augen gerollt? In einem Anfall von Panik ließ ich mir am nächsten Tag Termine für diverse medizinische Untersuchungen geben: Blutwerte, Urinwerte, Hals, Nase, Ohren, Magen, Darm, Unterleib, Psychiatrie, Neurochirurgie. Die Resultate waren deprimierend: Mir fehlte nichts. Mit wenig Hoffnung ließ ich auch psychologische Tests mit mir durchführen: ohne Ergebnis. Meine Hirngespinste waren medizinisch nicht zu fassen. Man bescheinigte mir jedoch eine Hypersensibilität, dabei handele es sich nicht um eine Krankheit, sondern eine Gabe. Freilich sollte man vorsichtig damit umgehen – was immer die Experten damit meinten.

Ich verspürte keine Lust, nach Hause zu gehen. Ich versuchte mich davor zu drücken. Ich erschrak bei dem Gedanken, daß mir meine Wohnung fremd geworden war. Wie etwas Unzeitgemäßes. Ein Gehäuse, in dem ich mein früheres Ich zurückgelassen hatte. Staub wirbelte auf, es roch leicht nach Moder, es war totenstill. Die Arbeit fiel mir schwer. Entgegen meiner Natur war ich unkonzentriert, unmotiviert. Bildete mir ein, in der Stille wispernde Stimmen zu hören. Der kurze Ausflug zu Pete Newman nach Ewaninga hatte mir keine Entspannung gebracht. Schlimmer noch: Mein einstmaliger Freund schien mir ferner denn je. Und wenn ich nun doch, gesund wie ich schien, in eine mysteriöse Geschichte geschlittert war, deren Drahtzieher womöglich gar nicht mehr dieser faßbaren Welt angehörten? So etwas las man in Gespensterromanen! Aber was wissen wir schon von dem Verborgnen, Unsichtbaren, Unbegreiflichen um uns herum. Wie es seine Fühler nach uns ausstreckt, unsere Sinne narrt.

Ich mischte mich in den Strom der Passanten in der George Street. Am Martin Place gerieten mir die Proportionen außer Kontrolle. Die Fassaden der Hochhäuser fingen an zu schwanken, neigten sich über mich, Rolltreppen führten in tiefe, finstere Schlünde, Menschen kreisten um mich herum, Fratzen wie in aus einem Vexierspiegel starrten mich mit verzogenen Mündern an. Ich floh in Dymmock's Buchhandlung, und zwischen den weitläufigen, buntscheckigen Reihen von Büchern gewann ich meine Fassung zurück. Gelegentlich suche ich Zuflucht in dem kleinen, sattgrünen Dreieck des Macquarie Square. Hier ist es still, ich kann Atem schöpfen. Ich verweile nicht lange. Mit einem Male fühle mich beobachtet und breche hastig auf.

Es kostete mich Mühe, ein paar Zeilen zu Papier zu bringen. Dann strich ich sie wieder. Las die Texte über die australischen Entdecker, die ich bisher verfaßt hatte, wieder von vorne: Sturt, Bourke, Giles, Stuart, Gregory, Leichhardt. Ich krallte mich an Ludwig Leichhardt fest: Wenn es mir gelänge, den Schleier seines Geheimnisses ein wenig zu lüften! In den ersten elf Tagen hatte er mit seinen Gefährten eine Strecke von über 400 km zurückgelegt. Sein letztes Lebenszeichen war datiert am 3.April 1848. An seinen Freund Lynd in Sydney, einen englischen Offizier, schrieb er einen Brief von McPherson's Station aus, des letzten westlichen Vorpostens der Zivilisation. Leichhardt schien guter Dinge: *Obgleich das Land mitunter bedeutende Schwierigkeiten darbot, so ging doch alles gut vonstatten. Myriaden von Fliegen sind unsere einzige Plage.* Von da an lag der unerschlossene, wüstenähnliche Kontinent vor ihm, mit seinen unendlich fernen Horizonten, spärlich besiedelt von steinzeitlichen Nomaden. Die Reise sollte nicht länger als drei Jahre dauern. Innerhalb dieser Zeit war nicht mit Nachrichten zu rechnen. Leichhardt besaß reichlich Buscherfahrung für die gefährliche Expedition. Zu verfrühter Unruhe gab es keinen handfesten Grund. Die Zeit verging aber, und man hörte nichts mehr. Nie mehr auch nur das geringste von faktischem Wert. Bestenfalls kursierten ein paar spärliche Gerüchte, von Eingeborenen aufgeschnappt, die in ganz anderen räumlichen und zeitlichen Dimensionen dachten.

Hovenden Hely hatte Ludwig Leichhardt auf seiner zweiten, vorzeitig abgebrochenen Expedition begleitet. Er war einer der wenigen, die ihm zugetan waren. Obwohl ihm die Qualitäten eines erstrangigen Forschungsreisenden fehlten, brach er 1852 auf, um nach Leichhard zu suchen. Er folgte der angenommenen Route der Verschollenen, fand auch zwei Lagerplätze und

Bäume, markiert mit dem Buchstaben L. Er traf auf Aborigines, die von einer Gruppe von weißen Männern erzählten. Sie seien von anderen Eingeborenen erschlagen worden. Hely Hovenden suchte noch für einige Wochen in der Gegend nach Spuren der Expedition, gab aber schließlich auf. 1855 machte sich ein renommierter britischer Entdeckungsreisender, August Charles Gregory, auf die Suche. Er wurde begleitet von dem deutschen Botaniker Baron Ferdinand von Mueller. Dessen Ausbeute waren dreitausend bisher nicht registrierte Pflanzen. Von Leichhardt und seinen Leuten fand sich keine Spur. Zwei weitere Suchexpeditionen Gregorys blieben ebenso erfolglos. Hartnäckig hielt sich die Legende, daß ein weißer Teilnehmer der Expedition, vermutlich der Schwager Claasen, von Eingeborenen gerettet wurde und bei ihnen blieb. Falls dieses Gerücht der Wahrheit entspräche, wäre es ohne Belang für die Nachwelt.

Hundert Jahre lang gingen die australischen Behörden, trotz der zur Schau getragenen Aversion gegen den Preußen, jedem Hinweis nach, der der Aufklärung von Leichhardt's Schicksal hätte dienen können. Zuletzt, im Jahre 1953, ging es um eine eiserne Kiste, aufgefunden in der westaustralischen Wüste, die vielleicht aus dem Gepäck der Expedition stammte. Doch wie wäre sie an ihren Fundort gelangt? Leichhart oder seine Gefährten sind niemals so weit nach Westen vorgestoßen. Die Menschen waren betroffen. Sie haderten mit ihrem Kontinent. Dieser war, wie sie nun ahnten, fernab des üppigen Graslands in Küstennähe in seinem Innern eine ungeheuerliche Illusion. Freilich überstieg es das Fassungsvermögen: Eine Expedition von sieben Mann löst sich in Nichts auf. Ludwig Leichhardt ist noch immer verschollen. Die unerforschte Tragödie seiner letzten Entdeckungsreise gehört zum Mythos Australiens.

Vor mich hinträumen, das ist eine seelische Befindlichkeit, die mir früher fremd war. Vielleicht hatte ich mit vierzig Jahren einfach das Alter erreicht, in dem aus der schier unerschöpflichen Fülle von Sinnenreizen weniger wahrgenommen, dafür häufiger über Erlebtes reflektiert wird. Ich hatte auf meine Schritte nicht geachtet und lief nun in beschleunigtem Tempo durch den *Royal Botanical Garden*. Es war mir nicht bewußt, wie ich von der ANZAC-Parade auf der George Street hierher kam. Vermutlich in die Circular Quay eingebogen, die Macquarie Street überquert und dann durch das *Palace Garden Gate* den Botanischen Garten betreten. *Rose Garden* und *Palm Grove* hatte ich schon passiert. Es war der übliche Weg, wenn ich von der City aus nach Wooloomooloo wollte, wo Freunde von mir wohnten. Am Hafen gab es ein exzellentes Lokal für *seafood*.

Jetzt stand ich vor dem Büro-Gebäude der Parkverwaltung. Was wollte ich hier? Ich ging einfach hinein. Alle Türen standen offen, nichts rührte sich. Draußen hatte ich einen jungen Mann gesichtet, der Setzlinge eingrub. Ich ging die Zimmer entlang, klopfte, horchte, ging weiter. Einmal blieb ich stehen und stutzte: In einem Raum hing das fotografische Porträt eines älteren Mannes mit Nickelbrille und einer roten Samtkappe. Büschel von eisgrauem Haar quollen hervor. Die Ähnlichkeit mit dem Trödler Mr.Anderson war frappant.

Ich erschrak, als eine Stimme die Stille zerriß: «Kann ich etwas für Sie tun, Madam?» Es war der junge Mann, der die Setzlinge vor dem Haus pflanzte. Was sollte ich ihm sagen?
«Sind Sie mit der Geschichte des *Royal Botanical Garden* vertraut?» Der junge Mann bemerkte meine Verlegenheit und schmunzelte:

«Ich habe Ihre Frage nicht erwartet, sonst hätte ich mich sicher besser vorbereitet.» Es ist offenbar ein Student, der sich in den Ferien etwas Geld in dem Botanischen Garten verdient. Nun mußte auch ich lachen:
«Nein, es ist kein Examen. Sagen Sie: Wer ist dieser Mann auf dem Bild?» Ich deutete auf das Porträt an der Wand.
«Das weiß ich nicht. Ich bin hier nicht fest angestellt. Vermutlich ist es ein früherer Mitarbeiter des Botanischen Gartens.»
«Zu welcher Zeit könnte das gewesen sein?»
«Sehen Sie sich das Foto an, es ist schon alt. Aufgenommen vielleicht um 1870.»
«Läßt sich herausfinden, wie der Mann hieß, wann er hier tätig war und was er für eine Funktion hatte? Vielleicht noch, ob er mit Ludwig Leichhardt bekannt war? Und wo er begraben ist?»
«Am besten, Sie wenden sich an das Sekretariat. Die können den Direktor fragen. Jetzt ist allerdings niemand am Platz. Wir haben ANZAC-Day.»
«Wann könnte ich jemanden erreichen?»
«Hören Sie! Lassen Sie mir Ihre Nummer da, ich finde das für Sie heraus. Frühestens morgen nachmittag.»
«Das ist lieb von Ihnen.» Ich gab dem jungen Mann meine Karte. «Was studieren Sie denn?"
«Nun ja, Gartenbau. Über Pflanzen könnte ich Ihnen mehr erzählen als über den alten Herrn auf dem Foto.»

Die Neugier auf die Auskunft des *Royal Botanical Garden* beflügelte meine lahm liegenden Geister. Ich verspürte überfallartig auch einen Heißhunger auf Schalentiere. In knapp einer Viertelstunde war ich in Wolloomooloo und saß in dem Restaurant an der Cowper Wharf. Ich bestellte zwölf frische *rock oysters* als Vorspeise, danach sechs gebackene Austern *Kilpa-*

trick als Hauptspeise. Mit einem Anflug von Mißmut verzichtete ich auf die *Jakobsmuscheln*. Die hätte ich unmöglich noch geschafft. Dazu gönnte ich mir einen Weißwein vom *Chateau Yaldara* im Barossa Valley. Schon liebäugelte ich mit einer *Mousse au Chocolat* als Dessert. Von Käse hielt ich weniger. Ich hatte durchaus meine erprobte Methode, mit mir selbst wieder ins Reine zu kommen. Der freundliche Student aus dem Botanischen Garten rief am Spätnachmittag des folgenden Tages zurück. Sieh mal an: Das Foto stellte einen gewissen David Anderson dar, ehrenamtlicher Konservator des *Royal Botanical Garden* um die Zeit von 1870. Ob er mit Ludwig Leichhardt näher bekannt war, ließ sich vermuten, ist aber nicht belegt. Über sein Grab ist nichts bekannt. Dazu bedürfte es einiger Recherchen bei den Friedhofsverwaltungen.

5

Mein Besuch im Haus des Trödlers David Anderson lag jetzt sechs Wochen zurück. Ich war ihm noch immer die zehn Sovereigns schuldig. Bei dem Münzenhändler hatte ich mich nicht mehr blicken lassen. Ich wußte nicht weiter. Wenn mir meine brach liegende Arbeit einfiel, schlug die Welt über mir zusammen. Ich mußte mich schließlich ernähren, kleiden, Miete zahlen – und dafür auch etwas arbeiten. Ich stand ganz allein. Warum vertraute ich mich nicht einfach meinen Freunden an? Sie waren fürsorgliche, gastfreie Menschen – aber würden sie begreifen? Nein, unmöglich. Kopfschütteln, dann die zögernde Empfehlung eines Facharztes für Neurologie. Mehr konnten sie nicht für mich tun. Alles andere bewegte sich jenseits ihres Horizonts. Ich mußte selbst aktiv werden: Der geheimnisvollen Spur des David Anderson folgen, sollte ich auch letztlich in der Klapsmühle enden. Ich entschied mich, zwei Freundinnen einzuweihen, Sue und Rosemary O'Brien in Marrickville. Für sie zählte einzig, daß ich mich ihnen anvertraute. Ich hätte ihnen einen Mord gestehen können – sie hätten mir zugehört und sich dem Problem gewidmet, diagnostisch und therapeutisch. Gespenster freilich stellten die Vernunft auf eine weit härtere Probe als ein trivialer Mord, der immerhin vorstellbar und sozusagen menschlich war.

Die beiden Schwestern umarmten mich so herzlich, daß ich meine Tränen kaum zurückhalten konnte. Sue war die ältere und führte das Wort, Rosemary, um zehn Jahre jünger, hörte angestrengt zu. Sie war die Köchin. Sie hatte die Tafel wie für eine festliche Geburtstagsfeier gedeckt. Hinter dem Vorhang wartete Peter auf mich, der geliebte Bruder mit viel Pech im Immobiliengewerbe. Dann wackelten auch Vater Joe und Mutter Patricia herbei, über das ganze Gesicht strahlend, weil ich endlich gekommen war. Schließlich hatte der Hund Ben seine Chance: Er nahm Anlauf, sprang an mir hoch, wollte mich ablecken. Als ich mich am nächsten Tag verabschiedete, stellte Sue fest: Der Hund hat dich immer gemocht. Aber dieses Mal ist er keinen Schritt von deiner Seite gewichen. Als hätte er alles verstanden. Für ein paar Stunden war Marrickville mein ruhender Pol. Recht selten suchten mich Schübe von depressiver Einsamkeit heim. Mir wurde dann leichter, wenn ich darin auch ein Heimweh nach Marrickville diagnostizierte. Eigentlich bräuchte ich nur anzurufen und hinzufahren. Das war im Konjunktiv gedacht, und ich war weise genug, es selten zu tun. Im Grunde waren mir die O'Briens ein Rätsel: Der Sohn Peter und die beiden Schwestern, durchaus von attraktivem Äußeren, waren unverheiratet. Sie hatten ein harmonisches Verhältnis untereinander und zu ihren Eltern, ganz wie in einem erbaulichen Märchen. Über Jahre änderte sich nicht das geringste, stauten sich keine Aggressionen auf.

Ich hörte den Korken knallen, als Rosemary in der Küche den Champagner öffnete. Sue führte mich in den Patio hinaus. Der Springbrunnen war angestellt, das gleichmäßig plätschernde Wasser tat meinem erhitzten Gemüt gut. Auf dem Gartentisch standen drei Gläser. Ben rannte hin und her, dann legte er sich zu meinen Füßen.
«Du warst lange weg, Margret. Und seitdem du von London zurück bist, haben wir nur telefoniert miteinander.» Sue sah mich an und wartete, ob ich dazu etwas zu sagen hätte. Sie ist zwei, drei Jahre jünger als ich. Sie hat ein hübsches Gesicht mit einem verträumten Lächeln, sanften Haselnußaugen und ein paar Sommersprossen auf der Nase. Das braune Haar trägt sie kurz geschnitten.

«Jetzt bin ich zurück, Sue. So scheint es jedenfalls.»
«Ich bin ein wenig besorgt. Ist etwas passiert? Du hast am Telefon mysteriöse Andeutungen gemacht, die ich nicht verstanden habe.»
«Es ist einfach eine verrückte Sache.»
«Wenn du dich aussprechen willst – nur Rosemary und ich hören jetzt zu. Sag mir später, was unter uns bleiben soll. Für Dad, Mum und Peter werden wir uns etwas Plausibles ausdenken. Ich möchte sie nicht geradewegs anlügen.»
«Du kannst alles erzählen. Sie werden nur den Kopf schütteln.» Rosemary goß die Gläser voll:
«Willkommen daheim!»

Als ich geendet hatte, griffen beide Mädchen nach meinen Händen: «Wir müssen jetzt erst einmal nach Luft schnappen. Deine Geschichte ist nicht gerade alltäglich.» Dann lachten sie beide, und mir blieb nichts anderes übrig, als mitzulachen.
«Wenn ihr euch genügend amüsiert habt, dann sagt mir, was ich tun soll.»
«Du tust gar nichts Besonderes», sagte Sue. «Du nimmst ein paar Aufmunterungspillen, damit du wieder an deinen australischen Entdeckern arbeiten kannst.»
«Ich kann mir doch nicht einreden, es sei nichts geschehen?»
«Natürlich führst du zur Zeit ein Doppelleben. Du darfst aber nicht durchdrehen – hast du das kapiert?»
«Ja. Und weiter?»
«Du folgst der Spur dieses David Anderson. Vielleicht findest du bei der Recherche auch etwas Interessantes über deinen Ludwig Leichhardt.»
«Wo soll ich da noch suchen?» Sue warf Rosemary einen triumphierenden Blick zu:

«Du fährst zunächst zu Helen McCarthy nach Katoomba. Sie ist entfernt mit uns verwandt. Ihre Mutter war eine O'Brien, hat aber einen Schotten geheiratet. Sie ist etwas schrullig...»
«...und sie trinkt», warf Rosemary ein.
«Margret, wenn dir irgend jemand eine konkrete Auskunft geben kann über das geheimnisvolle Haus und David Anderson, dann ist es Helen McCarthy. Sie hat viele Geschichten aus der Gegend zusammengetragen und ist verblichenen Spuren nachgegangen. Gelegentlich liest man von ihr auch einen Artikel in der Zeitung. Wir rufen sie morgen an, und du machst mit ihr einen Besuch in Katoomba aus.» Ich atmete auf:
«Wie soll ich euch für den Tip nur danken?»
«Vorsicht: Es nicht sicher, daß sie etwas weiß. Aber wenn selbst Helen dir nichts erzählen kann, dann darfst du getrost deine Recherchen einstellen.»
«Könnt ihr mir noch einen Rat geben, wie ich an die zehn Sovereigns komme?»
«Sei nicht töricht, Margret. Da hast du gar keine Chance, wie du ja selbst herausgefunden hast.»
«Ich besitze eine wertvolle Antiquität, die mir nicht gehört: Lord Nelson's Teleskop.»
«Willst du es behalten?»
«Es wäre klüger, ich trennte mich von ihm und hätte meine Ruhe.»
«Dann gib im *Sydney Morning Herald* eine Annonce auf unter *Verloren – Gefunden*. Oder setze einen an David Anderson gerichteten Brief in die Zeitung: Du möchtest das Teleskop vor Ablauf der Dreimonatsfrist zurückgeben.» Wollte ich das wirklich? Hier in Marrickville, mit wieder ausgeruhten Nerven, war ich mir gar nicht mehr so sicher. Sue fuhr fort: «Du mußt jedoch auf der Hut sein: Es könnte sich auch ein Schwindler melden.»

«Wie sollte sich der rechtmäßige Bote ausweisen?»
«Er müßte imstande sein, das Haus an der Weggabelung...» – Sue unterbrach sich, sah mich an –
«... genau zu beschreiben», ergänzte ich. Wir drehten uns im Kreise.

«Der Trödler hat mir eine Warnung mit auf den Weg gegeben: Nicht durch das Teleskop zu schauen, bevor ich nicht bezahlt hätte. Was könnte passieren, wenn ich es doch täte?» Pete Newman hatte durchgeschaut, und nichts war passiert. Aber für ihn war es ein gewöhnliches Fernrohr ohne Magie, es ging ihn nichts an. Es war still in dem Patio, nur das Wasser des Springbrunnens plätscherte. Ben, der Hund, sah mich durchdringend an, seine Augen reflektierten einen grünen Schimmer. Endlich seufzte Sue:
«Wir können dir keinen Rat geben, Margret. Du probierst es aus oder läßt es sein.»
Sie war also nicht so sicher, daß ich wirklich verrückt war. Der Familie erzählten sie nach dem Dinner, ein skurriler Trödler in Katoomba wolle mir ein antikes Fernrohr für Sovereigns statt australischen Dollars verkaufen. Solch ein Tauschhandel werfe natürlich gewisse Probleme auf. Ob Dad da Rat wüßte? Ob er sich an Helen McCarthy erinnere? Ob er selbst alte Geschichten kenne? Joe hatte nie viel Zeit zum Lesen gehabt. Sein Lieblingsbuch war *Robbery under Arms* von Boldrewood. Die Geschicke eines Räubers, der sich zur Goldgräberzeit im damals noch unzugänglichen Hidden Valley südlich von Sydney versteckt hielt. Ich kannte den Roman, er ist die Pflichtlektüre eines jeden Australiers. Aber Joe hörte mir nicht zu. Zäh und zielstrebig suchte er nach dem abgegriffenen Band und steckte ihn mir beim Abschied zu.

Ich gab bei Helen McCarthy zunächst vor, ich hätte von einem alten Haus gehört und wollte gerne etwas mehr über seine Geschichte erfahren:
«Dieses Haus liegt – oder lag – an einer Weggabelung etwa zehn Meilen südlich von Katoomba in Richtung Megalong. Es mußte schon ziemlich alt sein und war offenbar aus grob behauenen Ballaststeinen gebaut. Können Sie sich daran erinnern?» Helen McCarthy nippte an ihrem Glas:
«Ich kann mich gut daran erinnern, Miss Margret. An dieser Stelle gab es nur dieses eine Haus.»
«Und wem gehörte es?»
«Einem gewissen Mr.Pritchard. Wollen Sie nicht doch ein Gläschen Whiskey mit mir trinken? Es plaudert sich leichter.» Ich stimmte zögernd zu. Ich mußte einen klaren Kopf behalten. Ich sagte:
«Das Haus wurde abgerissen. Das sagte mir die Frau eines Münzenhändlers, die in Katoomba aufgewachsen war.»
«Es wurde abgerissen, ja, etwa um 1920 herum. Es stand lange leer, nachdem Mr.Pritchard mit neunzig Jahren an einem Schlangenbiß gestorben war. Er hatte keine Erben. Das Haus verkam, es war ja mit Holzschindeln gedeckt, die nicht ersetzt wurden. Am Ende stand da nur noch eine Ruine.»
«Wie alt war das Haus?».
«Es dürfte zwischen 1820 und 1830 errichtet worden sein, und zwar als Unterkunft für Holzfäller. Auch Buschräuber suchten hier Zuflucht. Es gehörte der Gemeinde Megalong, die das Haus später verkaufte.».
«Könnten Sie das Haus beschreiben?»
«Es hatte nichts Auffälliges an sich.» Helen McCarthy stand auf und holte einen Karton aus einem Schrank im Flur, bis an den Rand gefüllt mit Fotos. «Erbe meines Vaters. Er war Amateurfotograf. Er hat alle Bauwerke dokumentiert und Fotos

geknipst, wenn an ihnen etwas verändert wurde oder bevor sie verschwanden. Vielleicht haben wir Glück.»

Ich half Mrs.McCarthy suchen, bis sie erstaunt aufblickte: «Kennen Sie das Haus denn? Das wäre seltsam.» Ich hielt ein Foto in der Hand:
«Ist dieses das Haus, Mrs.McCarthy?" Ich hatte es sofort erkannt.
«In der Tat. Wollen Sie mir nicht erklären, Miss Margret...»
«Doch, selbstverständlich. Lassen Sie mich nur meine Fragen noch zuende bringen: Kennen Sie den Namen des ersten Besitzers?»
«Es soll ein entlaufener Sträfling gewesen sein. Vermutlich hatte er sich von einem Bautrupp abgesetzt und wollte in die Blue Mountains entkommen. Man hat ihn aber wieder eingefangen. Nach seiner Begnadigung verdingte er sich als Gärtner, später betrieb er einen kleinen Handel – ich habe keine Ahnung, womit – und kaufte das Haus an der Weggabelung. Die letzten zwei, drei Jahre verbrachte er in Sydney, wo er auch starb.» Mrs. McCarthy schüttelte nachdenklich den Kopf: «Der Name will mir im Augenblick nicht einfallen.»
«David...»
«David Anderson – ja. Ich bin ganz sicher. Wollten Sie auch sagen: David Anderson?»
«Ja, wollte ich. Wer wohnte nach ihm in dem Haus?»
«So viel ich weiß, war es ein gewisser Mr.Pennicott, ein schrulliger Eigenbrötler. Er lebte zurückgezogen, und bei den seltenen Gelegenheiten, wo man ihn in Megalong oder Katoomba zu Gesicht bekam, war er wie ein Seemann gekleidet und trug einen verschlissenen Zweispitz. Meistens redete er mit sich selbst. Begegnete ihm jemand, so drohte er diesem mit der Faust und schalt ihn einen Dieb. Über seine Vorgeschichte

gingen Gerüchte um: Er sei Matrose gewesen, und das traumatische Erlebnis eines Schiffbruchs in der Timor-See habe seinen Geist verwirrt. Den Leuten war der Mann nicht ganz geheuer. Passanten berichteten, daß in dem Haus manchmal ein schreckliches Gebrüll zu hören sei, als stritten zwei Männer heftig miteinander. Dabei galt es doch als gewiß, daß Mr.Pennicott in dem Hause mutterseelenallein wohnte. Er starb gegen Ende des letzten Jahrhunderts, das Datum kennt man nicht. Er wurde zufällig gefunden, schon fast zur Mumie vertrocknet.»

«Mrs.McCarthy, verzeihen Sie, daß ich Sie so lange mit meiner Geschichte warten ließ. Ich wollte sicher sein, daß ich mich Ihnen anvertrauen kann, ohne daß Sie mich für verrückt halten.»

Dann erzählte ich von meinem Besuch bei dem alten Trödler David Anderson. Ich sagte: Er litt zeitweise offensichtlich an geistiger Verwirrung, denn er gab sich als guter Bekannter des seit langem verschollenen Forschungsreisenden Ludwig Leichhardt aus. Ich war jedoch selbst nicht ganz Herr meiner Sinne, als ich den sonderbaren Handel mit ihm abschloß: Lord Nelsons Teleskop gegen zehn alte Sovereigns. Ich gab aber auch zu, daß es sich um eine Täuschung handeln könnte. Daß eine illusionäre Parallelwelt meine Wirklichkeit durchdrang. Daß es sich möglicherweise um ein noch unerforschtes Phänomen von Autosuggestion handele. Ich sagte: Ich hatte mich einigen psychologischen Tests unterzogen, aber man schickte mich als völlig normal wieder nach Hause. Schließlich hatte ich den historischen David Anderson ausfindig gemacht, wenn mich nicht alle Sinne täuschten: im *Royal Botanical Garden*. Helen McCarthy horchte auf:

«Das ist doch eine heiße Spur. Haben Sie einmal versucht, sein Grab zu finden?»
«Ja, eher halbherzig. Die Recherchen sind mühselig. Auf Sydneys Friedhöfen wurde ich nicht fündig.» Helen McCarthy sah mich nachdenklich an.
«Sydney ist womöglich nicht der richtige Ort. In Katoomba brauchen Sie auch nicht zu suchen, da kenne ich mich aus.»
«Wenn ein solches Grab noch existiert...»
«Die Register darüber bleiben erhalten – es sei denn, sie fallen einem Brand zum Opfer.»
«Wo soll ich noch suchen?»
«Auf dem St.Johns Friedhof in Parramatta.»
«Wissen Sie etwas Bestimmtes oder ist es nur so ein Gespür?»
«Nennen Sie es Ahnung. Vielleicht bin ich an einem Grab mit diesem Namen vorbeigekommen, vor langer Zeit. Ich kann mich täuschen. Auch einen David Anderson kann es mehr als einmal gegeben haben.» Ich verabschiedete mich von Helen McCarthy:
«Ich frage Sie nicht, ob Sie mir glauben, Mrs. McCarthy.» Sie lachte mich freundlich an:
«Ich antworte Ihnen trotzdem: Ich kenne die Wahrheit nicht und maße mir kein Urteil an, was Wahrheit ist. Sie haben mich ganz gewiß nicht belogen – wozu auch?»
«Ich danke Ihnen. Sie haben mir geholfen.» Sie griff nach meinem Arm:
«Miss Margret, ich will Ihnen noch verraten, daß das Haus an der Weggabelung nicht wegen Baufälligkeit abgetragen wurde. Dessen Zustand da draußen in der Wildnis hätte niemanden interessiert. Aber der heute völlig verwilderte Weg von Katoomba nach Megalong führte damals dicht an dem Haus vorbei, und sogar beherzten Reisenden war auf dieser Route nicht recht geheuer. Ganz ungeniert redeten die Leute von

einem Spukhaus. Was natürlich nie auszuschließen war: daß sich entsprungene Sträflinge in der Gegend versteckten. Die Furcht konnte ganz reale Gründe haben – so wie unlängst, als der Mörder aus dem Gefängnis von Grafton in die Blue Mountains floh.» Ja, ich erinnerte mich. Ich hatte keine Ahnung, was aus ihm geworden war. Las ich denn keine Zeitungen?

Auf dem Wege zurück nach Sydney zuckte es wie ein Blitz durch mein Hirn: Wer war dieser Seemann Mr.Pennicott mit dem altmodischen Zweispitz? Warum hielt er alle Menschen für Diebe? Mit welcher imaginären Person stritt er so heftig, daß sich Passanten vor dem Haus an der Weggabelung fürchteten? Parramatta lag auf dem Weg von den Blue Mountains nach Sydney. Ich hatte es plötzlich eilig, mich auf dem St.Johns Friedhof umzusehen. Ich nahm mir aber noch Zeit für einen kleinen Umweg: Ich bog in Katoomba in die Sandstraße ein, die ich vor ein paar Wochen in Richtung Megalong eingeschlagen hatte, als ich den Trödler besuchte. Ich war ganz sicher, ich hatte mich nicht in der Abzweigung geirrt. Ich fuhr sehr langsam, den Blick angestrengt auf das Buschwerk am rechten Straßenrand gerichtet. Nach einer halben Stunde mündete die Straße wieder in die Route nach Sydney. Ein Weg, der hier nach Süden in Richtung Megalong abbog, hätte mir nicht entgehen können. Wohl bemerkte ich einige Male eine Ausbuchtung, wie für einen abzweigenden Pfad angelegt, der weitere Verlauf indessen war durch dichtes Gestrüpp blockiert.

Parramatta erschien mir in anderem Lichte als sonst. Als hätte ich die Stadt lange nicht gesehen und müßte mich von Neuem an sie gewöhnen. Das *Old Government House* hatte mich nie interessiert, heute jedoch kam es mir vertraut vor in einer Weise, als knüpfte sich an seinen Anblick eine verblaßte Erinnerung. Ich fuhr langsam durch die Straßen, und manchmal war mir, als sei da und dort ein älteres Haus verschwunden. Das *déja-vu* Erlebnis währte nur immer den Bruchteil eines Augenblicks, ich bekam das Phänomen nicht zu fassen. Pränatales Erinnern – gab es so etwas? Mehr zufällig stieß ich auf den St.Johns Friedhof. Die meisten Gräber stammten aus dem letzten Jahrhundert, darunter viele von ehemaligen Sträflingen, die es in einem bürgerlichen Leben noch zu Ansehen gebracht hatten. Nicht in der etablierten Gesellschaft der Siedler, doch unter ihresgleichen. Der Friedhof wurde nicht mehr benutzt und verwilderte zusehends. Weit und breit war kein Mensch zu sehen. Es kostete mich Mühe, das schmiedeeiserne Tor anzuheben und aufzustoßen, als sollte mir der Zugang verwehrt werden. Die Anzahl der Gräber war überschaubar, für meine Suche benötigte ich allenfalls eine gute Stunde. Nachdem ich die ersten zwei unregelmäßig angelegten Reihen entlang gewandert war, stand ich auch schon vor dem Grab, das ich suchte: David Anderson, geboren 1810, gestorben 1878, Königlicher Gärtner. Das war alles, was ich wissen wollte. Ich schlenderte zurück zum Ausgang, stieß das kreischende Tor zu, als mein Blick die Friedhofsmauer streifte: Da stand ein Seemann mit einem verschlissenen Zweispitz und streckte seine Hand nach mir aus. Eine heisere Stimme flüsterte: «Zehn Sovereigns, Madam.» Dann löste sich der Spuk in Nichts auf.

6

Ich träumte, ich saß auf dem Kutschbock eines Planwagens, voll bepackt mit Kisten, Stoffballen, Fässern. Ein träges Ochsengespann zog das Gefährt knirschend und schwankend eine Sandpiste entlang. Ich war ganz allein, trug nach der Mode des vorigen Jahrhunderts einen langen Rock, eine Bluse mit Rüschen und ein Häubchen. Ganz offenbar nahm ich an einer Expedition teil und befand mich tief im Innern Australiens. Da rutschte ein mit Messing beschlagenes Kästchen vom Wagen und fiel in den Sand. Der Deckel flog auf, zehn Goldmünzen rollten heraus. Ich hielt die Ochsen an, sprang zu Boden. Als ich jedoch die Münzen aufsammeln wollte, verwandelten sie sich vor meinen Augen in Kieselsteine. Am Tag gelang es mir ganz gut, mich zu disziplinieren. Ich folgte dem Rat von Sue O'Brien und wollte mir keine Schwäche erlauben. Die Nacht freilich gehörte den Gespenstern. Sie meldeten sich in allen möglichen Gestalten, für die es keine Vorbilder in der Wirklichkeit gab. Ich fühlte jedoch: Sie waren da, sie waren um mich herum, sie ließen mich nicht aus den Augen.

Als die Frist von drei Monaten für die zehn Sovereigns fast um war, hielt ich es in Sydney nicht mehr aus. Ich überlegte, wo ich mich verkriechen könnte. Meine Wahl fiel auf Magnetic Island, einer Insel vor der Küste Queenslands. Ich packte und flog nach Townsville, der nächst gelegenen Hafenstadt. Ungeduldig wartete ich dort in der trägen Mittagsruhe auf die altersschwache Fähre. Als sie angelegt hatte, wurde gemächlich das Gepäck an Deck gestapelt und lose festgezurrt. Die wenigen Passagiere verteilten sich über die Bänke. Es waren außer mir alles Inselbewohner – Pendler, Shopper, Müßiggänger, Schulkinder. Sie sahen anders aus als die Festländer: knorriger, faltiger, geformt durch Inzucht und das Inselklima. Die Festländer fuhren nicht hinüber, und Touristen gab es auf Magnetic Island kaum.

Die Wellen schlugen hoch während der Überfahrt. Das Boot stampfte und schlingerte, die Brecher spritzten bis zu den Fenstern. Ich bangte um mein Gepäck, es möchte unter der Reling hindurchrutschen und in die Südsee plumpsen. Dann wäre ich Lord Nelsons Teleskop auf Nimmerwiedersehen los. Vielleicht – sicher bin ich freilich nicht. Ich mußte mir eingestehen, ich wollte mich auch nicht mehr von ihm trennen. Meine Neugier darauf, was wohl kommen würde, war unbezähmbar. Die Angst fiel von mir ab. Ich war sogar glücklich. Ich stieg an Deck und ließ mir den salzigen Wind ins Gesicht blasen. Die Insel kam in Sicht: In der Mitte der Mount Cook, ein plumper, ebenmäßiger Berg unter einem dunkelgrünen Laubdach, vom Meer getrennt durch einen schmalen Ufersaum. Als James Cook hier vorbeisegelte, spielte sein Kompaß verrückt. Er war defekt. Der Kapitän vermutete jedoch, ungewöhnlich starke magnetische Kräfte seien an der Mißweisung seines Instruments schuld. Ein Berg aus purem Eisen! Er taufte die Insel daher Magnetic Island. Ein verlockender, rätselhafter Name. Geographisch gehört Magnetic Island zum Great Barrier Reef, es ist jedoch kein Korallenriff. Hier hat sich das Meer in das Land geschoben und eine Insel abgetrennt, die sich geologisch kaum vom Festland unterscheidet.

Das Boot legte in Picnic Bay an, am Ende des Landungsstegs, der zweihundert Meter weit ins Meer hineinreicht. Ein kleiner Laster transportiert das Gepäck ans Ufer, die Passagiere laufen zu Fuß, für Alte und Schwache steht ein Taxi bereit. Die Inselbewohner haben in Townsville alles eingekauft, was sie auf

Magnetic Island nicht bekommen. Am Pier drängten sich die Müßiggänger. Kein Mensch schien auf der Insel einer geregelten Arbeit nachzugehen. Ein Paradies für Pensionäre. Die Erwartungen richten sich auf die Ankunft des Boots aus Townsville. Das Tempo auf der Insel ist selbst für australische Verhältnisse gemächlich. Das Bier in der *Magnetic Bar* auf der Esplanade gluckert langsamer die Kehlen hinunter als auf dem Festland. Die Insel erscheint wie ein ewiger Sommer. Wie eine beleibte Matrone hockt der dunkelgrüne Mount Cook in der Mitte und blinzelt schläfrig auf das friedliche Gestade hinab. Tropische Regenschauer prasseln des Nachts auf die Insel. Am Morgen lacht die Sonne. Magnetic Island reizt die Neugier wie eine Antiquität von unbestimmter Herkunft. Etwas Originelles, schon abgenutzt, wie durch mehrere Hände gegangen. Einbildung oder nicht: die Insel ist von einer geheimnisvollen Aura umgeben. Magnetic Island hat seine offizielle, wenig aufregende Geschichte. Das spannendste Kapitel ist der Zweite Weltkrieg, der zwar fern von der Insel tobte, aber man konnte ja nicht wissen. So wurde im Dickicht des Dschungels auf einem Hügel im Osten der Insel ein martialisches Fort errichtet, das mit einem weitreichenden Geschütz den Japanern den Weg nach Sydney versperren sollte. Im Ernstfall jedoch hätte der Feind mit seinen Schiffen den Aktionsradius des Geschützes einfach umfahren können.

Meine Eltern besaßen auf Magnetic Island einen Streifen braches Land mit einer *cottage*, und so verbrachte ich als Kind hier einige Male meine Ferien. Das Grundstück wurde später verkauft. Es ist lange her, daß ich das letzte Mal auf der Insel war. Es ist ein Eiland, ganz im altväterlichen Sprachgebrauch: ein jungfräuliches Terrain für phantastische Geschichten, ein Ort für sehnsuchtsvolle Träume. Nur unumgängliche Kulissen sind aufgebaut: Der liebliche Küstensaum mit der sanften Brandung, die üppigen Palmen mit den kreischenden Kakadus, die stechende Nachmittagshitze, der behäbige Mount Cook. Mit der Brise von der See weht ein Hauch maritimer Romantik über die Insel, die sich in der Imagination als idealer Unterschlupf für Freibeuter und Schatzräuber präsentiert. Oder als möglicher Schauplatz von Robinson Crusoe's oder Sigismund Rüstig's Abenteuern. Für mich freilich war Magnetic Island immer identisch mit Long John Silver's *Treasure Island,* mit dem tropischem Buschwald, den bunten Papageien, dem ausgebleichten Treibholz am Strand, dem Mount Cook als dem *Spyglass Hill,* und am dunstigen Horizont die Illusion von der Silhouette eines Großmastseglers.

Es waren nüchterne Häuser ohne Stil. Vorzeitig fängt der Putz an zu bröckeln in der feuchten Seeluft, die Wände zeigen Muster von Rissen und Flecken, in den Türen lockern sich die Schlösser. Das *Hotel Magnetic,* in dem ich wohnte, hatte das Flair eines ältlichen Tropenhotels: ein weißes, flaches Gebäude mit frühen Spuren des Welkens, geduckt im Schatten von wucherndem Blattgrün. Ich beobachtete einen Strom emsiger Ameisen, die in straffer Organisation ein totes Insekt an den Fühlern die Hauswand hochzogen. Die Beute verschwand in einer Ritze. Die im ersten Stock gelegenen Zimmer erreichte man von einem außen liegenden Gang aus über Treppen an beiden Enden. Vor meinem Fenster wuchs üppiges Gras, zwei kräftige Palmen reckten sich empor, ihr Blattwerk umrahmte den Blick auf die Küste. Von der Esplanade führte der weiß getünchte Landungssteg ins Meer hinaus.

Niemand auf Magnetic Island trägt Tropenhelm und Khaki. Das koloniale Flair ist Illusion. Die Versatzstücke muß man sich hinzudenken. Ein paar winzige Läden und Imbißstuben zogen sich die Strandpromenade entlang. Es gab kaum etwas, das sich mit ansehnlichem Gewinn auf der Insel losschlagen ließ. Fokus der Esplanade war eine dustere Bar, nur mit Männern besetzt. Einer spielte ganz allein für sich am Billardtisch. Die Leute am Tresen, in ihrer anspruchslosen, farblosen Kleidung, mit den trägen Stimmen und Gebärden des Müßiggangs, warteten darauf, daß die Sonne wieder ins Meer sank. Das Zeitmaß war der Abstand zwischen zwei Schlucken aus dem Glas. Das Bier war erfrischend, belebte ein wenig die Schläfrigkeit des Lokals. Man unterhielt sich über Ereignisse, die noch kommen würden. Die Gegenwart gab wenig Neues her. Das romantische Flair der Insel scheint außer mir noch niemand entdeckt zu haben. Das ist gut so, und auch wieder nicht. Meine Freundin Nadja Romanski lebt auf der Insel und hat ihre Gründe.

Der riesige Speisesaal im Hotel Magnetic war von feierlicher Leere. Die alte Frau, die das Frühstück brachte, war häßlich und geistig offenbar nicht auf der Höhe. Sie grinste dümmlich und krümmte sich vor Beflissenheit. Ich sollte mich mit dem Frühstück beeilen. Das Küchenpersonal, von robuster Gemütsart, schickte die Alte immer wieder an meinen Tisch, um abzuräumen. Es war schon später Vormittag. Das Personal möchte seine Ruhe haben. Ich trainierte meine Nerven, indem ich mit eiserner Disziplin zuende aß und jedes Krümel aufpickte. Ungeniert studierte ich die Physiognomie der Alten. Sie lebt hier, ist hier gar geboren, ist ein elementarer Bestandteil dieser Insel. Ihr fleckiges, runzeliges Gesicht fügt sich in das Ensemble der bizarren Bäume entlang der Esplanade.

Weshalb bin ich hierher gekommen? Ich schaue in den Spiegel, vielleicht gibt mir mein Konterfei Auskunft. Falls mich ein fremdes Gesicht anstarrte, könnte ich fragen, ob es mehr wüßte als ich. Ich zucke mit den Schultern, die Frau im Spiegel macht es mir nach. Ich sage zu ihr: Ich miete mir jetzt ein Auto, ich werde die Insel entlang fahren. Bevor es dunkel wird, bin ich wieder zurück. Ich schaue unterwegs am *Marine Museum* vorbei, dann klettere ich auf das Fort hinauf, um überschüssige Kräfte loszuwerden, zum Schluß besuche ich Nadja Romanski, die Malerin.

Hinter dem Hotel sind eine Menge Mokes geparkt. Das sind verbeulte, viersitzige, sportliche Wagen, nach allen Seiten offen. Sie brausen mit röhrendem Motor los, aber außer viel Geräusch und Fahrtwind steckt keine Kraft dahinter, es sind nicht einmal richtige Geländewagen. Trotzdem: Die luftige Fahrt gaukelt einem etwas Prickelndes, Abenteuerliches vor, wo in Wirklichkeit nur dichtes, immer gleiches Buschwerk wächst. Um die Illusion dieses Inselparadieses zu erkunden, ist der ungeschminkte Moke das passende Vehikel.

Am *Marine Museum* las ich eine Bekanntmachung von letzter Woche: *In der Nacht zum … wurde eingebrochen und ein Hai getötet, nachdem man das Tier mit dem Kadaver eines Känguruhs an den Rand des Bassins gelockt hatte.* Sonderbar, das sah nicht nach Bubenstreich aus. Eher nach Rache, nach ritueller Hinrichtung, nach Paranoia. Der Hai, ein Feind der Menschheit. Vielleicht war durch einen Hai ein Mensch zu Schaden gekommen. Die Tat wurde nicht aufgeklärt. Vermutungen behielten die verschlossenen Inselbewohner für sich. Ich war schockiert. Hatte ich an das Märchen vom Inselparadies geglaubt? Daß die Freibeuter aus *Treasure Island* in Wirklichkeit harmlose Filmschauspieler waren – oder wenigstens nur Figuren einer spannenden Seeräuber-Novelle? Der massakrierte Hai war Wirklichkeit. Ebenso wie die echten Piraten weit grausamer waren als die spaßigen Typen aus *Treasure Island.* Was ich eben gelesen habe, will ich verdrängen.

Ich knatterte in meinem Moke die engen Windungen der einzigen, löcherigen Asphaltstraße entlang. Die Strecke ist kurz, vielleicht zehn Meilen. Die Südküste ist mit hübschen Buchten gesäumt: Nelly Bay, Arcadia Bay, Arthur Bay, Florence Bay, Radical Bay, Horseshoe Bay. Die Bilder gleichen sich: Sanft plätschernde Wellen, eine steile, heiße Sonne, undurchdringliches Buschwerk, hohe, majestätische Palmen. Eine litorale Postkartenlandschaft in gesättigten Blau- und Grüntönen. Wie ich es mir vorgenommen hatte, stieg ich schwitzend und keuchend über einen fast zugewachsenen Weg zu dem kriegerischen Fort hinauf. Das Betonfundament für das riesige Geschütz, der Ausguck mit den leeren Fensterhöhlen, die im Dschungel versteckte Munitionskammer der Anlage sind noch vorhanden. Sonst ist der Krieg längst abgezogen, hat ein paar leere Hüllen zurückgelassen. Der Tropenwald wird darüber wuchern. In ein paar Jahren kommt niemand mehr hier vorbei, das Fort verschwindet als Punkt von der Landkarte.

Nadja Romanski hat früher in Öl gemalt, jetzt hält sie sich mit Batikarbeiten über Wasser. Sie ist ein paar Jahre älter als ich. Sie wohnte früher südlich von Sydney, erst in Ingleburn, später in Picton, dann in Mittagong. Schließlich hat es sie nach einer unglücklichen Liebesaffäre mit einem *Trucky* nach Magnetic Island verschlagen.
«Hierher kann er mir mit seinem Lastwagen nicht folgen», sagte sie.

«Also Endstation?»
«Möglich. Woher soll ich das wissen, ich habe von meinem Leben keine Ahnung», meinte sie. «Man macht irgendwann einen einzigen unglücklichen Schritt, von da an läuft alles schief. Nicht immer ganz schief, aber doch krumm, wenn man das Lineal anlegt. Man kann sein Leben nicht einreißen wie ein altes Haus und ein Neues hinsetzen, man flickt nur an dem alten herum, so wird es immer häßlicher, und älter sowieso.»
Ich hörte zu. Um wie vieles gravierender waren doch Nadja's Nöte im Vergleich zu meinen. Ich sagte:
«Du hast recht, deine Flucht auf diese Insel war kein Ausstieg aus deinem Leben, kein neues Haus. Man trägt sein Haus auf dem Rücken wie eine Schnecke. Was war dein falscher Schritt?»
«Ist doch egal, ich weiß es nicht, es ist nicht mehr zu ändern.»

Die Batiken verkauften sich ganz gut. Nadja hat inzwischen einen Namen in Australien. In einer Siedlung namens *Utopia*, östlich von Alice Springs im North Territory, durfte sie auf Staatskosten die Aborigines Seidenmalerei lehren. Sie hat ein philanthropisches Gehabe an sich, das ans Lächerliche grenzt: Sie sitzt mit den Eingeborenen am Boden und verzehrt Maden und fingerdicke Raupen, die sich in den Ästen der Mulga-Bäume mästen. Früher hat sie geraucht, jetzt haßt sie Raucher. Sie trank eine Flasche Wein am Tag, heute will sie mir weismachen, reines Wasser sei ein berauschendes Elixier, wenn es aus einem bestimmten Tümpel geschöpft werde, der den Aborigines als heilig gilt. Ich beneidete Nadja um ihre Macke: Sie spinnt, aber ganze Volksscharen würden ihr zujubeln – mir niemand. Meine Macke ist nicht populär. Ich leide an Halluzinationen. Mich würde man in einer Anstalt wegsperren. Eigentlich wollte ich mich bei Nadja Romanski aussprechen.

Früher erschien mir Nadja unendlich weise. Jetzt erzählte sie mir, daß Ameisen niedliche Tiere seien. Solche netten Kerlchen. Schau nur! Tritt nicht auf sie! Während sie wie geistesabwesend törichtes Zeug plapperte, entwickelten sich unter ihren Händen wunderschöne Batiken. Es sind ja immer Unikate, klagte sie, und ich muß sie alle weggeben um zu leben, das tut schon ein wenig weh. Etwas tut ihr weh, etwas von früher. Da ist noch ein winziges Schlupfloch in der Schale, in die sie sich verkapselt. Seit wann ist sie so komisch? Es ist schon ein paar Jahre her, da saßen wir am Strand von Kiama in der Nähe von Wollongong, jede mit einer Tüte frischer Langusten. Bevor ich eine aß, schnitt ich den Darm heraus. Nadja aß ihn mit und wunderte sich über meine Empfindlichkeit: Ob mich der Sand störe? Nein, sagte ich grob, ich will nur nicht den Kot der Langusten mitessen. Nadja erteilte mir eine ernste Rüge: Es sei doch alles Natur.

Sie fährt selten nach Sydney, gelegentlich zu einer Ausstellung ihrer Batiken in den Rocks. Oder wenn sie Medikamente von ihrem chinesischen Arzt braucht. Alle anderen Ärzte taugen nichts. Nur der Chinese hilft ihr gegen Blähungen. Sie hat sichtlich Gewicht verloren. Von Körnern wird man nicht fett, vermutlich kommen auch die Blähungen von daher. Der chinesische Arzt hat eine ganz andere Funktion in ihrem Leben als eine medizinische. In Nadjas gewandeltem, nun wieder fugendichtem Weltbild paßt alles zusammen. Unverzichtbar gehören dazu die sogenannten asiatischen Werte. Ich denke an einen völlig geschlossenen Raum, in dem Fenster und Türen an die Wände gepinselt sind, täuschend ähnlich wirklichen Fenstern und Türen. Sie halten die Hoffnung aufrecht, sie suggerieren die Chance der Flucht – solange man sie nicht ernsthaft versucht.

«Nadja, warum malst du nicht wieder, wenigstens ab und zu», fragte ich lustlos und ein wenig müde. Sie setzte sich neben mich und versuchte nachzudenken. «Erzähle mir nicht irgendeinen Scheiß, sondern sage, wie es wirklich ist!»
Ein Dutzend Bilder hat sie ungerahmt aufgehängt, ihr Blick wanderte die Wände entlang, als sähe sie sie zum ersten Mal. «Das war noch in Ingleburn, als ich malte. Es ist so lange her.»
Nadja's Gemälde hatten mich vom ersten Anblick an fasziniert. Einmal hatte ich irgendwo den Begriff *mystischer Realismus* aufgeschnappt, das scheint mir zu ihrem Stil zu passen. Ich hielt ich mich mit Kommentaren zu Nadja Romanski's Gemälden zurück. Zuviel Gerede ist dem Staunen abträglich, dem eigentlichen Kunsterlebnis. Es mag sich ein jeder seine eigene Vorstellung vom *mystischen Realismus* machen. Ich habe Nadja's Bilder fotografiert, auf Papierformat vergrößert und verwahre sie in einer Mappe wie einen Schatz.

Nadja Romanski ist in Polen geboren, hat Deutsch gelernt und ist in den 50er Jahren nach Australien ausgewandert. Sie malte in ihren Gemälden Australien, wie sie es damals empfunden hatte – intensiver, luzider als wir Einheimischen, die wir blind sind und stumpf gegen die sinnliche Empfindung von Landschaft. Und doch habe ich in ihren Bildern Australien sogleich erkannt – als etwas, das mir abhanden gekommen war, das ich womöglich auch vermißt habe.
«Wenn du mich so fragst, Margret, warum ich nicht mehr male: nun gut, das war's eben. Damit war meine Kreativität erschöpft.»
Vielleicht war das die ehrliche Antwort. Vielleicht war es das auch, woran sie litt, woran sie einmal zerbrechen würde. Die schillernde Kunst des Batikdrucks war für sie kein Ersatz für

kreatives Malen. Farbige Tücher um die Hüften gewunden, um den Hals geschlungen...

Die Sonne war verschwunden, ich warf meinen Moke an und versuchte Nadja Romanski zu vergessen. Für immer. Unsere Welten klafften zu weit auseinander. Seltsam, daß ich trotz meiner Hirngespinste zu dem Schluß kam, ich sei der Realität näher als Nadja. Die physikalisch darstellbare Welt war für mich noch immer die Meßlatte für alles, was mir widerfuhr, was um mich herum geschah, und wenn ich nur definitiv feststellte: Ich kann dies und jenes mir nicht erklären, hier weiß ich nicht weiter – dann hatte ich doch zumindest eine Grenze zwischen Sein und Schein deutlich rekognosziert. Was anders war es, sich in einer neuen, fiktiven Steinzeit einzurichten: Engerlinge schmatzend zu essen, aus Tümpeln mit fauligem Wasser zu trinken, Ameisen nicht zu zertreten – lächerliche, quasi-religiöse Rituale mit einer bigotten Inbrunst zelebriert: Das war für mich die irreale Welt in einem Kokon, in dem sich Nadja Romanski einspann. So gibt man sich auf, dachte ich bitter. Was ging es mich an?

Ich hatte nicht auf den Himmel geachtet. Nun aber fiel mir auf, daß es mit einem Male finster wurde. Es war nicht die Nacht, die sich ankündigte. Der Himmel nahm eine dunkelgrüne Farbe an und senkte sich mit bleierner Schwere auf die Insel. Ich lauschte: Das Kreischen der Papageien war verstummt. Die Wipfel der Palmen standen in eiserner Ruhe. Die leichte Brise von der See her hatte sich gelegt, die drückende Schwüle nahm einem den Atem. Ich schaltete die Scheinwerfer an und konzentrierte mich auf die Straße, während mir der Schweiß über das Gesicht rann. Ich drückte auf das Gaspedal. Nur so viel, daß ich den leichtgewichtigen, hüpfenden Wagen noch unter Kontrolle hatte. Die Sicht war miserabel. Irgendein Phantom hetzte hinter mir her. Eine albtraumartige Angst packte mich. Etwas Böses war um mich herum, unsichtbar, unhörbar, nicht greifbar, jedoch das Wissen um seine Existenz in dichter Nähe war absolut gewiß.

Das Böse wird nur dann erfahrbar, wenn es zuschlägt und keine Rettung mehr möglich ist. War diese verfluchte Insel eine Falle, in die mich jemand gelockt hatte? Oder wurde ich mir selbst zur tödlichen Falle – wo war da der Unterschied? Endlich tauchte Arcadia Bay auf, kein Mensch ließ sich auf der Straße blicken. Ich raste durch den Ort, und nach ein paar Meilen in fast nächtlicher Finsternis bog ich von der Strandpromenade rechts ab und steuerte auf mein Hotel zu. Ich wußte, ein Taifun stand bevor. Ich warf einen Blick auf das Meer, dorthin, wo der Landungssteg endete. Da lag ein großes Frachtschiff. Aus Gründen der Sicherheit hatte es vermutlich den Hafen von Townsville verlassen, um auf freier See zu ankern und den Orkan so durchzustehen. Meine Kleider klebten ekelhaft am Körper, ich kam mir plötzlich widerwärtig vor. Ich duschte kurz, ließ mich auf das Bett fallen, schlug ein Taschenbuch auf: *Gordon Pym* von E.A.Poe.

Mir war elend zumute, als hätte ich einen Kater. Ich konnte mich nicht konzentrieren, das Licht war schwach, die Buchstaben verschwammen vor meinen Augen. Ich bekam Kopfweh. Dann begann die Deckenlampe zu flackern, das Licht ging aus. Das kommt auf der Insel häufiger vor. Eine halb abgebrannte Kerze in einem Porzellan-Halter stand auf dem Nachttisch, daneben lag eine Schachtel Streichhölzer. Ein greller Blitz zuckte am Fenster vorbei und warf einen fahlen Schein in das Zimmer. Gleich darauf schlug es in der Nähe ein, ich hielt ich mir die Ohren zu. Dann ging ein Wolkenbruch nieder und brachte ein wenig Entspannung. Das gleichmäßige, prasselnde Geräusch am Fenster beruhigte mich. Ein Naturtheater wie im Bilderbuch, dachte ich. Ich legte das Buch aufgeschlagen auf den Nachttisch.

War ich eingenickt? Träumte ich? Mein Hirn fieberte. Angespannt horchte ich auf Schritte auf dem nassen Gang. Schwere Schuhe, die durch Wasserlachen stapfen. Die Wucht des Regens hat nachgelassen, es trommelt aber noch immer auf das Dach. Mir ist, als hörte ich zwischen den aufprallenden Tropfen fremde Stimmen, aber es ist nur das pochende Blut. Die stockenden, röchelnden Atemzüge vor meiner Tür – Einbildung. Ich springe auf und schiebe den Riegel vor, pralle zurück, als sich der Türknopf dreht: «Zehn Sovereigns, Madam».

Ich muß wahnsinnig geworden sein. Ein Moment zermürbender Spannung, dann entfernen sich die Schritte, das schlurfende Geräusch wird leiser, nur der Regen fällt noch immer gleichmäßig und dicht. Das Gewitter scheint sich zurückzuziehen. Es blitzt heftig und fast ohne Unterlaß, aber der Donner grollt in der Ferne. Ich stelle mich an das Fenster, mein Blick fällt zwischen den beiden Palmen auf den Landungssteg und das Meer dahinter. Ein Blitz, der für einen Augenblick die ganze Szene erhellt: Da liegt nicht mehr das Frachtschiff.

An dieser Stelle setzt meine chronologische Erinnerung aus. Es sind Fetzen von Bildern, die ohne Zeitabfolge durcheinander wirbeln. Das Hirn mit seiner beharrlichen Logik versucht Wirres zu ordnen, Fehlendes zu ergänzen, Überflüssiges zu verwerfen: Das Produkt ist ein Falsifikat. Ich kann mich nicht verbürgen für die Version des Geschehens, wie ich sie hier wiedergebe. So kann es wohl gewesen sein: Ich griff blindlings nach dem Teleskop und richtete es gegen das Ende des Landungsstegs. Es hatte ja ein starkes Objektiv, und die Einstellung auf meine Sehschärfe war seit meinem Besuch bei dem Trödler nicht verändert worden. Ich hatte sofort den Viermastsegler im Fokus – und an der Bordwand las ich deutlich: *Endeavour*. War das der gleiche Zauber wie damals? Nein, das Schiff, das ich bei David Anderson durch das Teleskop erblickte, hieß *Perseverance*. Dann senkte ich das Glas und schaute auf das Gras unter den Palmen: Da stand der Seemann mit dem verschlissenen Zweispitz, blickte zu mir hoch und streckte die Hand aus. Er schien etwas zu murmeln, ich sah es an der Bewegung seiner Lippen: Zehn Sovereigns, Madam. Ich schrie aus lauter Verzweiflung: Nein. Im selben Augenblick schlug mir jemand das Teleskop aus der Hand, ich wurde in einen lichtlosen Trichter geschleudert, herumgewirbelt, irre Muster tanzten vor meinen Augen, ein starker Orkan brach los, ich fiel und fiel und muß wohl am Ende ohnmächtig geworden sein. Ich habe kein Gefühl dafür, wie lange der rasende Sturz anhielt. Mein letzter Gedanke war: Das ist der Tod.

Sydney Cove

Zeittunnel

Parramatta Female Factory

1

Ein blendendes Licht fiel in die dämmerige Landschaft und schreckte mich auf. Ich schien in einer Art Ohnmacht befangen, die sich nach und nach verflüchtigte. Meine Glieder, taub und starr, lockerten sich mühsam. Ich spürte, daß die Hände etwas Hartes, Rundes, Glattes umfaßten. Ich bewegte die noch klammen Finger und tastete: ein Geländer. Ich beugte mich darüber und schaute nach unten. In der Tiefe nahm ich glitzernde, tanzende Lichtreflexe wahr. In der Ferne hörte ich ein diffuses Rauschen, das stetig näher kam. Das Meer, sagte ich zu mir. Es ist das Meer, sieh doch! Die turbulenten Muster, die an meinem Auge vorbei wirbelten, lösten sich in gekräuselten Wellen und Schaumkronen auf. In der Höhe über mir knarrte und ächzte es rhythmisch: Ein Mastbaum unter der Last der Segel, die ein starker Wind füllte. Ich war auf einem Schiff. Ich hob den Kopf und staunte über die riesige Takelage, über vier Masten verteilt, die Segel straff gebläht. Wir flogen über das Meer unter einem Himmel von intensiver Bläue. Meine schmerzenden Augen gewöhnten sich an das Licht. Wie war ich auf das Schiff gekommen? Ich versuchte, den letzten Gespinsten meiner Traumwelt nachzujagen. Umsonst. Mein Gedächtnis ließ mich im Stich. Eine neue Realität nahm Besitz von mir. Das Schiff trieb eine kräftige Brise einer noch im Dunst verschleierten Küste zu.

«Wir liegen gut im Wind», hörte ich eine Stimme. Ein junger Mann stand neben mir und lehnte sich über die Reling.
«Wie lange dauert die Reise noch?», fragte ich unbefangen.
«In zwei Stunden legen wir in Sydney an. Ich habe gezählt: 101 Tage seit London. Das ist schon fast ein Rekord. Trotz der Cholera in Rio de Janeiro. Was sagen Sie dazu, Miss Margret?»

Ich war also Miss Margret. Mein Nachbar an der Reling kam mir bekannt vor. Ein netter Kerl, leider viel zu jung für mich. Um fünf Jahre schätzte ich und seufzte. War sein Name Charles? Mal probieren. Ich warf ihm einen belustigten Blick zu:

«Ich bin kein Seemann, Charles... »

«James, Miss Margret.»

«Verzeihen Sie! Wie kam ich nur auf Charles?»

«Charles ist mein Freund, Sie Ungetreue. Er ist nach Sydney vorausgereist.»

«Also James: Was für eine Antwort erwarten Sie von mir? Soll ich Neptun ein Opfer bringen, daß er uns günstige Winde gesandt hat, oder das Geschick des Kapitäns preisen, weil er das Schiff rasch und wohlbehalten ans Ziel steuert?»

«Sie haben recht: ich erwarte keine Antwort. Ich wollte mit Ihnen nur ein Schwätzchen machen.»

Wer ist dieser James? Woher kennt er mich? Wer ist meine Familie? Was habe ich in Sydney zu suchen? Was für ein Jahr haben wir? Wie heißt das Schiff? Der junge Mann ist mein einziger Anker. Verzweifelt hoffe ich, daß mein Gedächtnis zurückkehrt.

«Vermutlich wollten Sie mich fragen, ob ich mich nach London zurücksehne oder mich auf Sydney freue.»

«Ganz recht: ob Sie sich freuen, Sydney wiederzusehen. Dort sind Sie doch geboren, Miss Margret.» So, so. Ich bin in Sydney geboren. Weiter fragen, aushorchen.

«Was heißt das schon!»

«Ich gebe zu, als Kind von – wie lange ist es her? – nun von sechs oder sieben Jahren verblassen Erinnerungen an eine ländliche Umgebung wie Parramatta, wenn man sich unvermittelt in einer Metropole wie London wiederfindet.»

«Wie sollte ich mich also auf Sydney freuen, James. Ich werde dort nichts mehr entdecken, das mir einst vertraut war. Auch an das Kind Margret wird sich niemand erinnern. Allerdings: an London habe ich kaum während der Reise gedacht.»
«Kein Wunder. Sie verdrängen die Erinnerung. Wie konnten Sie die Zeit überhaupt durchstehen? Verlorene, eintönige Jahre als Lehrerin in einem Waisenhaus – Sie! Und noch dazu in Whitechapel – was für eine üble Gegend! Mit Verlaub: Ich verstehe den Lord Milford nicht. Fiel ihm für Sie keine interessantere Beschäftigung ein? Verzeihen Sie, das geht mich natürlich nichts an.» Wirklich ein netter Kerl, dieser James. Das Aushorchen läuft ganz prima.
«James – einem Lord stellt man ungern Fragen.»
«Aber er ist Ihr Onkel – hatten Sie kein Vertrauen zu ihm? Nicht einmal zu der Tante Mildred?»
Das also war meine Verwandtschaft: Lord Milford und seine Frau Mildred.
«James, es ist rührend, wie Sie sich um mich bemühen – warum tun Sie das?» Er sah mich erstaunt an.
«Wäre es unhöflich zu sagen: Eine gewisse Fürsorglichkeit Ihnen gegenüber bin ich Lord Milford und seiner Frau schuldig. Daß es noch andere Gründe geben könnte ….»
«James, Sie fühlen sich den Milfords zu Dank verpflichtet. Ich entbinde Sie von allen Verpflichtungen. Reisen Sie mit leichtem Gepäck!»
«Miss Margret, diese Seereise war mir ein Vergnügen. Wie wäre ich jemals nach Australien gelangt mit all seinen Chancen für einen jungen Mann, hätte mich Lord Milford nicht gebeten, Sie bis Sydney zu begleiten?»

Was für ein Aufwand für eine unlustige Lehrerin in einem Waisenhaus in Whitechapel. Am Ende des Tunnels sehe ich jetzt Licht. Es muß eine Gegend in London sein: Ein trüber Himmel über einer Hausfassade aus grauen, regennassen Steinen. Durch zwei Torbogen betrete ich einen ungepflasterten Hof mit schwärzlichen Pfützen. Kinder mit geschorenen Köpfen drängen sich in einer Ecke zusammen. Es stinkt nach Urin und Spülicht. Ratten recken ihre Schnauzen aus einem Stapel Bretter und huschen wieder weg. Unter den Lumpen, die die Kinder bedecken, kriechen Läuse. Es sind alles Mädchen. Sie kratzen sich unter den Armen und zwischen den Schenkeln. Nie sind wir der Läuse richtig Herr geworden, wir konnten nur die Köpfe scheren. Läuse und Kakerlaken. Allmählich gibt man den Kampf gegen das Ungeziefer auf. Schließlich auch gegen den Stumpfsinn. ABC und kleines Einmaleins. Die Kinder juckt es, das ist ihr Alltag, ihre Welt. In dem Gebäude riecht es dumpf nach Armut als unheilbarem Gebrechen, das ganze Jahr über. Jetzt bin ich den Geruch los. Ich liebe die feuchte, salzige Luft über dem schäumenden Meer.

Unser Schiff ist die *Endeavour*, in Portsmouth in See gestochen. Allmählich bekomme ich alles heraus. «Morgen werden wir uns trennen, James. Ich will ganz offen sein: Es macht mich ein wenig traurig.»
«Aber ich bitte Sie, Miss Margret: Noch ist die Reise nicht zuende. Sie verbringen die Nacht im Hause meiner Tante in den Rocks, so war es ausgemacht. Morgen lasse ich Sie zur Farm der Bramleys in Parramatta bringen.»
Bramleys? Wer war das nun wieder. Es wird Zeit, daß mein Gedächtnis sich meldet. Was ist überhaupt mit mir los? Welcher Puppenspieler zieht da meine Fäden?
«Und noch eines: Ich möchte nicht indiskret sein – aber sollten Sie Hilfe benötigen, verstehen Sie, ich könnte Ihnen zur Hand

gehen. Schließlich hat mich das Marineamt hierher geschickt. Das bringt auch gewisse Verbindungen mit sich.» James schaute mich erwartungsvoll an. Ich warf ihm einen strengen Blick zu. Vertraulichkeiten ließ ich mir nicht gefallen.

«Woran denken Sie, James?» Er gab meinen Blick zurück. Es schien ihm ernst zu sein.

«Ich denke an das Schicksal Ihres Vaters. Die Umstände seines Todes wurden nie aufgeklärt.»

«Es scheint, Sie wissen über meine Familie besser Bescheid als ich selbst. Darf ich Ihnen sagen, daß mich meine Verwandten völlig im Unklaren ließen, was das Schicksal meiner Eltern und möglichen Geschwister betrifft?» Nun sah mich James betroffen an. Dann sagte er:

«Was möchten Sie wissen?» Ich klopfte auf den Busch, ich konnte nicht verlieren.

«Man hat mir die Existenz meines Bruders verheimlicht. Warum?»

«Miss Margret, entsinnen Sie sich der Umstände, unter denen Ihre Mutter in London verstarb?»

«Man wollte mich glauben machen, sie starb an einem tropischen Fieber. Das leuchtete mir nicht ein.»

«Das war auch Unsinn. Als Ihre Mutter mit Ihnen Australien verließ – auf der *Adelaide*, einem uralten Segler – war sie schwanger. Sie kam in London nieder, überlebte aber die Geburt nicht. Das Kind, ein Knabe, war gesund. Das Gericht entschied, daß Sie bei den Milfords bleiben sollten, das Neugeborene jedoch wurde den Nelsons zugesprochen, der Verwandtschaft Ihres Vaters. Dieser war in direkter Folge der letzte Nachfahre des Admirals Nelson. Es ging hierbei wohl auch darum, den Fortbestand des Namens zu sichern.» So nach und nach erfuhr ich, wer ich war. Wie hingen die Bramleys mit den Milfords zusammen?

«Das klingt nicht unvernünftig. Warum aber hörte ich nie etwas von der Existenz meines Bruders? Sind die Sippen der Milfords und der Nelsons miteinander verfeindet?»
«Es war so: Ihre Mutter, Ihre Tante Mildred, und der Onkel Edward in Parramatta sind alle Bramley-Geschwister. Die Mädchen waren hübsch und kamen unter die Haube. Der Sohn aber, der nach Australien auswanderte, hatte keine glückliche Hand als Unternehmer. Die Nelsons behaupten, Edward Bramley habe William Nelson, Ihren Vater, nach Australien gelockt, um dort sein Glück zu machen – wo er doch selbst immer in Schwierigkeiten steckte.» James war offenbar gut instruiert.
«Warum verließ meine Mutter mit mir Australien?»
«Ihr Vater schaffte es nicht, die kleine Schaffarm zu erhalten. Also schickte er Sie und Ihre Mutter weg, wollte das Anwesen dann verkaufen und sehen, ob er anderweitig im Land Fuß fassen konnte. Sie sollten in London eine gute Ausbildung erhalten. Eines Tages wurde die Farm von Eingeborenen überfallen – seitdem fehlt von William Nelson jede Spur.»
«Ein ungelöster Fall also. Was fand die Polizei heraus?»
«In Australien laufen die Dinge anders als in England. So sagte man mir: Wenn es zwischen Weißen und Schwarzen Probleme gibt, so bedeutet das Krieg. Ein Individuum ist hier niemals Täter. Es wird nicht gegen Personen ermittelt, sondern eine Strafaktion gegen die verdächtige Stammesgruppe durchgeführt. Wenn man sie erwischt! Wer aber wollte ihnen tief in ihre Wüsten folgen!»

Allmählich wurde es lichter in meinem Kopf. Ich war zu Lord Milford gegangen und hatte ihn mit meiner festen Absicht konfrontiert, es für ein paar Jahre mit Australien zu versuchen. Meine Tante Mildred unterstützte mich dabei, wenn auch mit sorgenvoller Miene: ach Gott, Australien. Sie war eine fromme Frau. Sie begrüßte es, daß ich mich einer philanthropischen Gesellschaft zum Schutz der eingeborenen Völker in den britischen Kolonien anschließen wollte. Es gab Gerüchte, daß in Australien die Aborigines – das war der übliche, ursprünglich wissenschaftliche Name für die Eingeborenen – wie Hasen abgeknallt oder massenweise vergiftet wurden. Ich hatte es satt, den grindigen, sich ständig kratzenden Waisenkindern von Whitechapel das Lesen, Schreiben, Rechnen beizubringen. Ohne Ansporn, ohne Erfolg, ohne jeden Sinn. Das sah mein Onkel endlich ein. Er wurde mich gleich zweimal los: als glücklose Lehrerin und als überzählige Jungfer. Ein Verlöbnis stand meiner Flucht nach Australien offenbar nicht im Wege. Ich entsinne mich nicht mehr, wie ich aussehe. Ein Blick in den Spiegel täte not, dann würde ich mir vielleicht kecke Reden mit James verkneifen.

Als ich schied, hatte mein Onkel Milford, dieser harte, von starkem Willen durchdrungene Mann der britischen Marine Tränen in den Augen. Was ging ihm durch den Kopf? Und über was hatte ich hundert Tage lang auf dem Schiff mit James geredet? In Bruchstücken kam es zu mir zurück.
«James, sehen Sie mir in die Augen: Seit wann kennen Sie mich?» Er war völlig verdattert.
«Ich denke, ich hatte Ihnen alles erklärt.»
«Hatte ich richtig zugehört?»
«Ich nehme an.»
«Ihnen ist doch wohl kaum entgangen, daß mich zuweilen mein Gedächtnis im Stich läßt. Bitte wiederholen Sie noch einmal, was Sie mir gestanden haben.» Sein Gesicht lief rot an:
«Muß ich das? Habe ich mich nicht entschuldigt bei Ihnen?»
«Tun Sie bitte, was ich Ihnen sage: es ist wichtig für mich!»

«Ich möchte nicht, daß ein schiefes Licht auf Lord Milford fällt.»
«Seien Sie ohne Sorge, James. Er ist mein Onkel, nicht Ihrer.»
«Ich kann nichts dem hinzufügen, was ich Ihnen schon gesagt habe: Ich sollte mich Ihnen gegenüber erst zu erkennen geben kurz vor der Ankunft in Sydney. Das war Lord Milford's Bedingung – nun», er suchte nach Worten, «er hat mir die Schiffspassage bezahlt. Ich gebe ja zu...ach, hätte ich mich doch auf solch ein Geschäft nicht eingelassen!»
«Hat Ihnen der Lord gesagt, warum Sie so lange inkognito bleiben sollten?»
«Nichts hat er gesagt. Er ist ein wortkarger Mann. Es war wie der Befehl eines hochrangigen Offiziers der Marine.» Ich war ja gar nicht aufgebracht, ich hatte herausgefunden, was ich wollte. Ich wurde wieder freundlich:
«Nun James, die Szene kann ich mir gut vorstellen: Sie machen den Mund auf, wollen etwas fragen, und der Minister, schon wieder in seine Akten vertieft, winkt ab: Sie können gehen, James.»
«So ähnlich, Miss Margret. Ihren Spürsinn möchte ich haben.»
«Ich kenne den Lord, und ich sage Ihnen, was ihm zu schaffen machte: Er hätte mich niemals mutterseelenallein nach Australien reisen lassen. Meine Mutter hatte mich seiner Obhut anvertraut. Das nahm er ernst. Er ist ein Mann, aus hartem Holz geschnitzt. Aus den unteren Rängen in der Marine hochgedient. Sein Wort ist wie ein eichener Stamm. Da legt niemand die Axt an. Gleichzeitig wußte er, einen Aufpasser würde ich strikt ablehnen. Es wäre zu einem unheilvollen Zwist in der Familie gekommen.»
«Jetzt bin ich richtig froh, Miss Margret. Wir mußten uns aussprechen.»

«Gleichzeitig wollte der Lord Ihnen gegenüber den Eindruck vermeiden, er suche einen Mann für mich. Klar?»
«Ja, ich bewundere Ihren Onkel.»
«Ich nicht mehr. Zwanzig Jahre haben gereicht.» Nun lachten wir beide.
«Miss Margret, im übrigen können Sie sich nicht über mich beklagen: Waren unsere Plaudereien über Kunst und Literatur nicht eine nette Abwechslung, um die öden Tage auf dem Schiffsdeck hinter sich zu bringen?» Alles klar!

Das Land kam näher. Im Westen zogen graue Wolkenbänder über den Himmel. Dann und wann rissen sie auf, und ein Strahl grellen Sonnenlichts schoß durch. Eine steife Brise wehte stur von Nordost. Ich hörte Kommandos der Matrosen, die ich nicht verstand. Es flatterte, scharrte, kreischte in der Takelage. Sie refften die Segel, das Schiff verlor an Fahrt. In einer eleganten Rechtskurve schwenkte es in die Bucht von Port Jackson ein. Das war Sydneys erster Name: *Port Jackson.* Heute heißt die Bucht noch so, an der Sydney liegt. Sie verjüngt sich im Westen zum Parramatta River. In Palm Beach, nördlich von Sydney, hatten wir einen Lotsen an Bord genommen. In der Bucht ist starker Betrieb, auch gibt es tückische Riffe, und das Anlaufen von Sydney Cove, des Hafens, erfordert navigatorisches Geschick, besonders bei steifem Wind. Die Einfahrt in die Bucht ist auf beiden Seiten eingefaßt von hohen, rauhen Klippen, die allmählich in flaches, liebliches Weideland übergehen. Die Uferlinie ist zerklüftet und bildet ihrerseits wieder zahlreiche kleine Buchten. Bin ich wieder zu Hause, oder empfängt mich ein wildfremdes Land?

Nach über einem halben Jahrhundert Besiedlung wirkt die Umgebung von Sydney noch immer wie jungfräulicher Boden.

Die Wildnis beginnt vor der Haustür. Nun liegt die Stadt vor uns. Als erstes wird der Blick von der riesigen Windmühle gefangen, die auf der Höhe nahe der St.Phillips Church in der Brise ihre Flügel dreht. Ich versuchte, einige markante Straßen auszumachen, aber mir bot sich nur ein ungeordnetes Konglomerat von Häusern hügelan, hügelab. Irgendwo mußte es eine Art Zentrum geben, nicht von der Art des Piccadilly Circus in London, gewiß viel bescheidener, vermutlich unmittelbar hinter dem Hafen gelegen. Mir war keine Erinnerung an Sydney geblieben. Ich hatte auf einer Farm bei Parramatta meine frühe Kindheit verbracht, und so war Parramatta für mich der Nabel der Welt, nicht Sydney. Ich streifte jedoch, angesichts der Ankunft, alle Ängste und Befangenheit ab, denn es waren die Menschen, auf die ich neugierig war. Ihnen wollte ich mich widmen. Ich war einsichtig genug, mir nichts vorzumachen: sie standen gewiß noch eine Stufe tiefer als die Ärmsten und Verworfensten von Whitechapel. Australien war der Schlund, in den die britische Regierung das vermeintlich Böse kippte.

«Sie sollten sich dazu beglückwünschen, Miss Margret, daß Sie in ein freies Land kommen», meint James. Er hatte eine Zeit lang geschwiegen, damit ich die Einfahrt in die Bucht von Port Jackson genießen konnte.
«Ich bin im Begriffe, mich in einer Strafkolonie auszuschiffen – und Sie reden von Freiheit, James. Klingt das nicht ein wenig deplaziert?»
«Nicht, wenn man darüber nachdenkt. Wonach sehnt sich der Mensch am innigsten?»
«Nun, ich würde sagen: nach Liebe.»
«Vielleicht. Von der Liebe aber gibt es niemals genug in der Welt. Vielleicht ist das sogar im Sinne des Schöpfers. Es gehört

zu seinem Plan: der Mangel an Liebe. Er selbst ist nicht der Liebenswürdigste. Ich spreche vom Gott des Alten Testaments, nicht von Jesus Christus.»

«Ich kann Ihrer Argumentation nicht ganz folgen. Nun, als Frau muß ich das wohl nicht.»

«Aber nein! Sprechen Sie nicht so», erregte sich mein Begleiter, «Sie werden mich gleich verstehen. Liebe ist etwas Passives. Der Mensch legt die Hände in den Schoß und wartet, daß er geliebt wird. Er verharrt in Trägheit. Gott aber braucht fleißige Arbeiter in seinem Weinberg.» Er war in seinem Eifer recht sympathisch. Ich wünschte, er möchte nicht enttäuscht werden. Ich hatte alles Mögliche über Australien erfahren, nur nicht, daß man dort Narren schätzte, die an den – im Prinzip – guten Menschen glaubten.

«James, ich bin neugierig, wie Ihre Argumentation endet.»

«Nun, dann sagen Sie mir, Miss Margret: Wessen bedarf der Mensch am nötigsten, um in seinem Leben Erfüllung und Harmonie zu finden?»

«Er muß Glück haben. Besser noch: einen reichen Onkel.» Ich wollte James ein wenig necken, aber er blieb todernst, und meine leichtherzige Antwort verdroß ihn.

«Ach, ich hätte das Gespräch nicht beginnen sollen. Verzeihen Sie mir…»

«Nun, James, nehmen Sie einen kleinen Scherz nicht gleich krumm. Vermutlich werden Sie in Australien noch weit Deftigeres zu hören bekommen. Neulinge sind immer eine Zielscheibe für Spaßmacher – überall in der Welt. Also, vielleicht hätte ich sagen sollen: Am nötigsten bedarf der Mensch der Hoffnung.»

«So ist es, Margret. Und nun urteilen Sie selbst: Wo kann einer, der sich mit dem Gesetz angelegt hat, eher auf günstigere Lebensumstände hoffen: In Londons Old Bailey, vollgestopft mit Ganoven, die ihm alle Tricks des Bösen beibringen, so daß er immer tiefer in den moralischen Morast sinkt – oder hat er es nicht besser in Australien, wo er, so er kein schweres Kaliber ist, auch als Sträfling in relativer Freiheit lebt. Er hat die Chance, unter seinesgleichen zu einem geachteten Bürger aufzusteigen. Das ist die Regel.»

«Wenn man die Sache so sieht, muß ich Ihnen wohl recht geben, allerdings....»

«Verzeihen Sie, Miss Margret, wenn ich Sie unterbreche und Ihren vermuteten Einwand vorwegnehme: Australien ist kein Land der Liebe. Hier werden die Gefangenen ausgepeitscht, in Ketten gelegt, auf Hungerrationen gesetzt. Die Prostitution blüht, die Behörden sind korrupt, es gibt Überfälle von Buschräubern, Attacken von Eingeborenen. Das ist alles wahr. Bedenken Sie aber, aus welchem Milieu die Menschen kommen. Nicht nur die Sträflinge. Auch die Soldaten sind nicht das Gelbe vom Ei. Wer geht schon freiwillig nach Australien? Sie und ich! Zwei Narren. Aber eines gilt immer: Die Hoffnung auf eine Zukunft kann einem niemand rauben.»

«Ich gebe mich geschlagen, James. Sie haben recht.» Ja, er hatte recht. Natürlich hatte er recht. Wir beide waren nicht so verschieden voneinander: Wir glaubten an den Menschen. Wie lange wohl noch? Ich horchte auf das rasselnde Geräusch einer Kette.

«Das ist der Schleppanker, um die Fahrt zu bremsen. Ich kümmere mich um das Gepäck.»

James' Tante empfing uns in herzerfrischender Laune. Sie zog die Stirn in Falten und gab mir eine Menge Ratschläge. Alle endeten mit dem Refrain: niemals aufgeben, Miss Margret! Dieses Land mit all seinen verlotterten, prächtigen Menschen bezwingst du, oder es frißt dich auf. Die Briten schaffen sich ihre Sträflinge vom Hals und bringen sie uns. Sie bilden sich ein, sie hätten sich mit ihren Transporten auch des Bösen entledigt. Das Leben scheint hier unbequemer, komplizierter als in den aristokratischen Häusern Englands – aber mehr Böses? Nein, das existiert überall. Möglich, in Australien sind die Soldaten bösartiger als anderswo in der Welt. Das würde ich nicht rundweg abstreiten. Die Rede der Tante wurde spitz: Solltest du dieses Land je wieder verlassen, dann sage in London niemandem, du kämst aus Australien. Wenn du Glück hast, halten sie dich nur für beschränkt. Eher aber behandeln sie dich so, als hättest du einmal etwas ausgefressen. Wie alle Australier. Und als Frau? Na, das kannst du dir wohl denken!

Es ist schade, daß ich nach dem Abendessen schon bald einschlief, während die wackere Tante noch immer plauderte. Am nächsten Morgen stand Pat Kelley mit einem zweirädrigen Karren vor der Tür, von den Bramleys geschickt, um mich abzuholen. Ich versprach James und der Tante, wieder von mir hören zu lassen. James Cockburne war der Sohn des Admirals Cockburne, das hatte ich noch mit List herausgefunden. Der Admiral war ein Untergebener meines Onkels Lord Milford im Marineamt in London.

2

James Cockburne's Porträt entglitt meinem Gedächtnis. Ich blickte einer Eisscholle nach, wie sie in turbulentes Gewässer treibt und schmilzt. Ich empfand Sympathie für ihn, mehr wohl nicht. Auch er hielt die gleiche Distanz zu mir. Gemeinsam gehörte uns der Zaun, der uns trennte. Ich würde mich seiner als Freund erinnern, es kam auf die Situation an. Im Augenblick mußte ich mich allein durchboxen. Da konnte mir niemand beistehen. Zum ersten Mal in meinem Leben. Mein Fluß ist jetzt der Parramatta River, nicht die Themse. Wenn die Sonne über den Horizont blinzelt, vielleicht vermisse ich dann den Frühnebel, der über dem Wasser kauert und sich allmählich verzieht. Die Nächte sind hier nicht so kühl und so feucht wie in London. Will ich das Leben hautnah spüren, so führt der Weg nicht zum Picadilly Circus, sondern in die Rocks. Dort, im Zentrum Sydneys, schlägt Australiens narbiges Herz. Aber welche englische Jungfer, gleich mir, rechnet damit, daß das biblische Sündenbabel ausgerechnet in Sydney liegt? Gereifte Hetären halten sich jugendliche Galans, wie überall in der zivilisierten Welt. Nur wurde in den Rocks die Schande nicht unter Verschluß gehalten. Laut hallte ihr wilder, brünstiger Schrei in den krummen, düsteren Gassen. Wer ohne Sünde ist, der lebt in Schande – so hält es das Volk mit der Bibel. Das *convict cockney* besaß einen beschränkten Wortschatz mit kräftigen Flüchen. Bewachte wie Bewacher verstanden und nutzten es. Wer fluchte, fand kurzzeitige Erleichterung und Labsal, ja eine Art Erlösung. Es war keine Auflehnung gegen Gott, sondern gegen ein erbärmliches System und seine üblen Schergen. Oder Auflehnung an sich. Da alle Diebe waren, so bestahl der Dieb den Dieb. Da alle Betrüger waren, so betrog der Betrüger den Betrüger. Da alle Lügner waren, so belog der

Lügner den Lügner. In diesem Unrat gedieh ein Pflänzchen, eine Art von Freiheit, die das etablierte Bürgertum für Unkraut hielt. Allmählich begriff ich, warum Sydney so war, und warum es so sein mußte, daß die Menschen hier besessen waren von einer schier verzweifelten, unersättlichen Gier nach dem Leben in seinen vulgärsten Formen, da ihnen doch keinerlei Privilegien einer gesitteten Gesellschaft zustanden.

James' Tante wohnte am Tank Stream in einem für hiesige Verhältnisse vornehmen Haus aus rotem Klinker, mit weiß getünchten Fensterrahmen und einem Messingring mit Löwenkopf als Türklopfer. Unser Karren rumpelte über die Brücke der New Bridge Street in Richtung der Rocks. Das Pferd schnaubte, es mußte schon recht alt sein. Auf vierzig Jahre, schätzt man, könne es ein Pferd bringen. Ich hatte viel Gepäck dabei, praktisch meine ganze Habe, vor allem die Bücher wogen schwer. Es schien, als wollte ich auswandern. Ich fragte Pat Kelley, was ihm durch den Kopf ging, als er hörte, eine Verwandte aus England käme zu Besuch zu den Bramleys. Pat schrak auf, als ich ihn so plötzlich ansprach.
«Um ehrlich zu sein, Miss Nelson: Ich dachte, nun kommt endlich mal jemand, dem ich alle meine Geschichten erzählen kann. Jemand, der nicht sagt: die kenne ich schon.» Er verzog keine Miene. Er machte Spaß oder er war bekümmert. Es war ihm nicht anzusehen.
«Na, dann bin ich gespannt.»
Wie ich später herausfand, war Pat Kelley das Faktotum des Hauses Bramley, eine selbstverständliche Institution, die gleichwohl nichts tat. *Sein* bedeutet mehr als *Tun*. Für das *Tun* gibt es die Sträflinge, die einem auf Anforderung die Regierung schickte – nicht mehr so üppig wie früher, und es war schon nützlich, wenn man jetzt ein paar Leute von Einfluß

und mit einem offenen Händchen kannte. *Sein* dagegen war eine Begabung. Pat Kelley besaß die Gabe des minimalen Aufwands: Ruhe, Behagen, gemessene Gesten, ein blinzelnder Blick in die Sonne, eine Pfeife, aus der bläuliche Wölkchen empor kräuselten, eine magere Sprache, die dennoch nichts im Unklaren ließ. Das ist *Sein*.
«Na, Sie wissen ja, Miss Nelson: Alle, die in New South Wales leben, haben im Grunde das gleiche Schicksal. Da braucht man nicht darüber zu reden. Aber nicht jeder hat eine Emily gekannt.»
«Hast du sie geliebt, Pat?» Er dachte lange nach, dann zuckte er mit den Schultern.

Wir waren rechts in die George Street eingebogen. Meiner Orientierung nach ging es jedoch nach Parramatta in der Gegenrichtung weiter. Ich schaute Pat fragend an:
«Es ist schon in Ordnung, Miss Nelson. Ich zeige Ihnen, wo ich Emily kennen gelernt habe.»
Vor uns lagen die Rocks. Das Viertel westlich vom Hafen war das Territorium der *convicts* und der *emancipists*. Ich meinte, ein Besuch der Rocks hätte noch eine Weile Zeit. Aber Pat war störrisch und tat so, als hätte er meinen Einwand nicht gehört. Wie um den Umweg zu rechtfertigen, fing er an, wie ein Fremdenführer die Gegend zu erklären. Wir hatten gerade das *Sydney Hotel* passiert:
«Miss Nelson, zur Linken sehen Sie das Gefängnis, ein prächtiger Bau – habe ich recht? Seit 1820 werden die Hinrichtungen nicht mehr öffentlich ausgeführt, sondern hinter der Mauer im Hof. Als sei das wichtig, ob jemand zuguckt oder nicht. Der arme Kerl hängt so oder so, und wenn er vorher noch mit dem lieben Gott ins Reine gekommen ist, hängt er vielleicht ganz bequem. Sie verstehen, Miss Nelson, ich bin Katholik. Ire und

Katholik – das ist noch besser. Nun, die Leute ließen sich vom Gouverneur nicht austricksen. Sie wußten, von der Höhe der Cambridge Street konnte man ganz gut den Hof des Gefängnisses einsehen. War eine Hinrichtung angekündigt, liefen die Leute also in der Cambridge Street zusammen, um von fern zuzuschauen. Wollen Sie die Stelle sehen, Miss Nelson?»
«Nicht nötig. Wir sollten unserem lahmen Pferd nicht zu viel zumuten.»
Schräg gegenüber stand ein stattliches Gebäude, das das Gefängnis noch in den Schatten stellte. Pat Kelley erklärte, das Haus gehöre einem der reichsten Männer Sydneys, dem Schiffsbauer James Underwood. Auch ein ehemaliger Sträfling? Alberne Frage. Was sonst. Und der Komplex der mehrstöckigen Häuser gegenüber der Kings Wharf?
«Die gehören Isaac Nichols, Mary Reibey, Sarah Wills. Prosperierende Handelsunternehmen.»
«Du hast früher in den Rocks gearbeitet, Pat?»
«Sozusagen. Bis mich die Bramleys anheuerten.»
«Und immer wieder zieht es dich in die Rocks?»
«Gelegentlich. Schauen Sie: An einem schwülen Tag, wenn die George Street wie ein Ofen glüht, sind die Anhöhen über den Rocks der beste Platz weit und breit. Dort, wo die Windmühle steht, weht immer eine leichte Brise. Und dann werfen Sie einen Blick nach unten: Rundum rauscht das Meer. Man horcht auf die Brandung, wie sie gegen die Felsen klatscht. Das ist eine Art von Freiheit, die ein Insasse von Old Bailey in London niemals zu spüren bekommt.» Er wies mit der Hand zur Rechten auf ein flaches, weitläufiges Gebäude: «Eine Schule für Waisenkinder. Wollen Sie sich diese anschauen?»
«Nein, Pat. Ich war Lehrerin in einem Waisenhaus. Ein paar Jahre bis kurz vor meiner Abreise nach Australien. Der Geruch hängt mir noch in der Nase.»

Es waren kleinwüchsige, verängstigte Mädchen. Nicht vor mir hatten sie Angst. Sie zitterten vor der Aufseherin, einem finsteren Ungeheuer, das ihre schmächtigen Körper wie ein Turm überragte. Wann immer sie auftauchte, warf sie einen drohenden Schatten voraus. Sie packte die zarten Glieder mit groben Fäusten und hielt sie wie in einer Schraubzwinge umklammert. Sie waren flink, aber manchmal wurden sie eben erwischt. Was stiehlt man so als kleines Mädchen in Whitechapel: Einen Apfel, einen Schal, einen Wollknäuel, eine Puppe, eine Schere, ein billiges Halskettchen – oh ja, auch eine Mausefalle hatte eine meiner Schülerinnen entwendet. Sie gehörte dem Waisenhaus. Der Stock zerbrach, als die Aufseherin das Kind windelweich schlug. Am nächsten Tag kündigte ich die Stelle und ging zu meinem Onkel: Ich will nach Australien. Ausgerechnet Australien? Ganz recht: Australien. Wäre Lord Milford Indien lieber gewesen, wo mir weiß gekleidete Diener mit Turban mit einem Palmwedel Kühlung zufächelten? Ich erzählte ihm die Geschichte von dem geprügelten Kind, die ihn nicht besonders beeindruckte. Er wunderte sich vermutlich, daß ich so patzig war, hielt es aber für die bessere Diplomatie, mich gewähren zu lassen. Das hätte keiner Ihrer Admirale geschafft, Lord Milford!

Pat Kelley schwenkte links in den Charlotte's Place ein. Wir waren mitten in den Rocks. Das Pferd, zwar lahm, war aber nicht dumm. Es blieb stehen, als es sah, es ging hügelan. Pat Kelley sprang ab und half den Wagen schieben. Nach etwa hundert Fuß bogen wir rechts in die Gloucester Street ein. Ich hielt mich krampfhaft an dem eisernen Griff des Sitzbretts fest, um nicht aus dem wackeligen Gefährt zu stürzen. Die Rocks waren kein planvoll angelegtes Viertel. Eigenwillig standen die Häuser schief und quer, es gab keine Ausrichtung in einer Fluchtlinie, und immer wieder schoben sich Mauern in die Straße. Manche Häuser bildeten zusammen eine Front, waren mehrere Stockwerke hoch, hatten gediegene Fassaden aus Quadern mit hellen Fenstern und geschnitzten Türen. Abseits der stärker befahrenen Straßen erstreckte sich jedoch ein Schattenreich aus geduckten, schmucklosen Hütten, zu denen Trittpfade zwischen wuchernden Gräsern und Büschen führten. Mit Schindeln oder Stroh gedeckt, erinnerten sie an die dörflichen Behausungen auf den britischen Inseln. Gewiß bildete ich mir nur ein, die Häuser hier blickten düster vor sich hin, und den mit Spinnweben überzogenen Fenstern haftete etwas Gespenstisches an. Ansehnlichere Gebäude in den Rocks waren einige Hotels – *The Hero of Waterloo, Australian, Oriental* – die Druckerei der *Gazette,* Sydneys meist gelesener Zeitung, schließlich das Theater. Überall auch hatten sich Handwerker und Händler in winzigen Läden niedergelassen. Die Kneipen, die wir passierten, trugen anzügliche Namen: *Loophole, Jolly Roger, Bushrangers Hideout, Last Anchorage, Deadmans Chest, Hangmans Chapel.*

In der Gloucester Street vibrierte das Leben. Karren mit haarsträubend aufgehäufter Ladung schoben sich in beiden Richtungen knapp aneinander vorbei. Manchmal hielten sie auch mitten auf der Straße, wenn sich die Kutscher kannten und zu einem Schwatz aufgelegt waren. Streit mochte es zwischen zwei Hitzköpfen geben, wenn deren Karren aneinander gerieten. Die Menschen, die an Ecken zu zweit, zu dritt beisammen standen, hielten einen gemütlichen Plausch, rauchten Pfeife, spuckten auf den Boden, lachten über ordinäre Witze. Eine englische Jungfer, ich bin ganz ehrlich, kann sich nicht vorstellen, daß Männer über etwas anderes lachen. Was mir auffiel:

Jedermann hatte Zeit. Zeit schien es im Überfluß zu geben. Ich entdeckte niemanden, der es eilig hatte, der mit raschen Schritten einem Ziel zustrebte. Die Menschen waren äußerlich kaum voneinander zu unterscheiden, sie waren alle gleich gekleidet, in ländlicher Einfachheit, in den Farben grau, braun, schwarz. Ich warf einen verstohlenen Blick auf Pat Kelley: Er sah genauso aus. Wenn er vom Kutschbock herunter stieg und sich unter die Menge mischte, konnte ich ihn nicht mehr ausmachen. Es entging mir nicht, daß die Menschen ihr Gespräch unterbrachen, wenn unser Pferd an ihnen vorbei trabte. Manch einer winkte Pat Kelley zu. Ich dagegen war neu in den Rocks. Ich spürte, wie mir mißtrauische Blicke folgten.
«Muß man in dieser Gegend als Fremder, und gar als Frau, nicht ein wenig Bange haben?» frage ich naiv Pat Kelley.
«Das gilt immer und überall in der Welt, wenn Sie mich fragen, Miss Nelson. Um Angst zu haben, muß man nicht in den Rocks spazieren gehen.»
«Es ist nicht wirklich Angst. Eher eine Beklemmung vor dem Fremden – daß ich nämlich nicht dazu gehöre.»
«Das werden Sie nicht ändern können und wollen, Miss Nelson. Ich versichere Ihnen aber: Hier ist für jedermann Platz. So ist eben Australien.»
«Was soll ich tun? Ich habe mir das Leben hier viel einfacher vorgestellt.»
«Sie dachten an Gefangene in Ketten, und an Bewacher im roten Waffenrock mit geladenem Gewehr.»

Eine geordnete Welt von Bewachten und Bewachern, wo jedem sein Platz zugewiesen war. So ähnlich, ja. Was wußte man in England von Australien? Pat Kelley lachte unlustig: daß man immer den Neulingen erklären muß, Australien funktioniert anders als der Old Bailey in London. Das hatte

James Cockburne schon behauptet. Was sich hier auf der Straße frei herumtrieb, das waren zur Hälfte *convicts,* die noch eine Weile ihre Zeit abbüßten – die meisten hatten sieben Jahre aufgebrummt bekommen – die andere Hälfte waren die *emancipists,* sie hatten ihre Strafe hinter sich gebracht und gliederten sich allmählich in die Gesellschaft ein. Gemeinsam war ihnen eine deutliche Arroganz gegenüber den wenigen Abenteurern und Narren, die ohne Strafe nach Australien kamen. New South Wales und Van Diemens Land waren Strafkolonien, und andere als Sträflinge, ausgenommen das Wachpersonal, hatten auf diesem Kontinent nichts zu suchen. Was für eine verkehrte Welt! Klar, hier schien auch mittags die Sonne im Norden – nicht im Süden, wie in England. Pat Kelley zügelte das Pferd vor einer Kneipe, über deren Fenster der Name *Sleepy Bullseye* in krummen Lettern prangte.

«Hier drinnen habe ich Emily zum ersten Mal gesehen», sagte Pat. Es ist eine Pub, in die man nur mit einem Gewährsmann hinein gelassen wird. Dieser klopft, der Wirt macht die Tür einen Spalt breit auf, vergewissert sich, dann dürfen die beiden eintreten. Hinter Ihnen wird die Tür wieder mit Bolzen verriegelt.

«Machen wir eine Pause, gehen wir hinein», schlug ich vor. «Frauen dürfen sich wohl in den Pubs sehen lassen.»

«Einige schon. Sie müssen wissen, Miss Nelson, das hier ist eine Pinte, die ohne Konzession Grog ausschenkt. Der Wirt ist der alte Dooley, ein schlauer Fuchs, bei dem jeder Gast eine Menge Federn läßt, ehe er überhaupt merkt, wie ihm geschieht.»

«Wie war das mit Emily?»

«Nun, sie saß allein an einem Tisch. Nicht daß Sie denken, sie war betrunken. Sie trank nur Tee. Der alte Dooley schenkt keinen Tee aus. Aber bei Emily machte er eine Ausnahme. Sie sehen, selbst ein so hart gesottener Sünder wie der alte Dooley hat irgendwo noch ein Herz.»

«Warum saß sie da? Fehlte ihr etwas? Hatte sie Kummer?»

«Ich deutete mit der Hand an, daß ich mich zu ihr setzen wollte, und sie schenkte mir ein schwaches, aber doch feines Lächeln. Sie war damals schon todkrank. Ihre Stimme klang rauh vom vielen Husten, manchmal mußte sie ausspucken, dann kam Blut. Es war ihr peinlich, und sie sah mich verzweifelt an. Als sei sie eine Hausdame, die sich einem Gast gegenüber unziemlich benommen hat. Oft saßen wir zusammen, aber lange konnte ich nicht bleiben. Ich mußte zur fest gesetzten Stunde in meinem Quartier zurück sein, in den Hyde Park Barracks. Wer zu spät kam, auf den wartete die neunschwänzige Katze.»

«Wer?»

«Nun, die Auspeitschung.»

«Du hattest Emily gern, Pat. Krank und hinfällig, wie sie war...»

«Ihr Atem roch nach Tod. Sie versuchte es zu verbergen und wandte sich ab, wenn sie redete. Sie schämte sich für den Tod, wie er einfach so daher kam. So vornehm war Emily. Das geht einem ans Herz.»

«Aber da war etwas an ihr, das dich besonders ansprach.»

«Ja, sie hatte feingliedrige, schmale, weiße Hände. Wie Alabaster. Die Hände sprachen zu mir, wenn ihr Mund schwieg. Ihr fiel auf, daß ich oft ihre Hände sinnend betrachtete, und sie sagte mir, sie habe früher viel Klavier gespielt. Und dann kamen wir auf die Poesie zu sprechen. Es waren nicht viele Worte, denn das Reden erschöpfte sie, und manchmal blieb ihr die Stimme weg. Ich vertraute ihr an, daß ich in meiner Jugend Gedichte schrieb. Sie hörte mir dankbar zu, wenn ich einige Verse rezitierte.»

Ich wandte mich dem Treiben auf der Gloucester Street zu. Ich mußte meine Gedanken für eine Weile von der traurigen Geschichte ablenken. Das Pferd zog behutsam das Gefährt hinter sich her und ließ den Kopf hängen, als hätte es Pat Kelley's Erzählung mitangehört. Es war ein sanftes Rollen, ich spürte kaum die leichten Erschütterungen. Die Häuser, die Karren, die Menschen, den ganzen Trubel auf der Straße nahm ich wahr wie durch einen Schleier. Ich wollte nicht, daß mir Tränen über das Gesicht liefen und schalt mich eine Närrin. Pat Kelley zügelte das Pferd vor einer Gasse, die steil aufwärts zur Cumberland Street führte:

«Dort oben wohnte sie – wenn ich das so nennen darf: wohnen. Es war nicht mehr als ein Verschlag aus Brettern. Feuchtheiß im Sommer, naßkühl im Winter.»

«Hatte sie keine anderen Freunde?»

«Gute Nachbarn hatte sie. Sie muß schon lange an Bleichsucht gelitten haben. Sie besaß keinen Penny. Aber glauben Sie nicht, Miss Nelson, die Menschen hätten Emily im Stich gelassen. Sie waren fast genau so arm, aber eben nicht sterbenskrank. Sie bezahlten die paar Pennies Miete, sie bekam genug zu essen, bis sie zu schwach war, den Löffel zu halten. Man fütterte sie eine Weile, dann wollte sie nichts mehr zu sich nehmen. Man ließ sie nicht allein. Ich hatte sie drei Tage lang nicht gesehen, immer nur vergeblich gewartet. Dann sprach mich eines Abends einer ihrer Nachbarn im *Sleepy Bullseye* an: ich möge doch bitte kommen. Emily ginge es nicht gut. Nun...» Pat unterbricht sich, schaut verlegen von mir weg. Er geniert sich, daß seine Augen glasig werden. Ich lege meine Hand auf seinen Arm. «Vor allem mußte ich mich diese Nacht aus der Baracke stehlen. Also bestach ich einen *constable* vom Wachpersonal. Das funktionierte nicht immer, ich hatte aber Glück.» Er knallt mit der Peitsche, das Pferd zieht los. Am Ende der Gloucester Street biegen wir rechts in die Argyle Street ein und traben hügelab, bis wir auf die George Street stoßen. Jetzt waren wir auf dem Weg nach Parramatta.

«Als ich kam», sagt Pat, «war sie noch kaum bei Bewußtsein. Das heißt, ihr Leben pendelte zwischen Wachsein und Ohnmacht, aber sie hatte mich noch erkannt und lächelte. Sie griff nach meiner Hand und ließ sie nicht mehr los, auch als sie wieder ins Koma sank. Während ich an ihrem Lager saß, mit der flackernden Kerze als einzigem Symbol der Hoffung auf Leben, meldete sich die Natur, die sich nicht übertölpeln läßt: Ich nickte ein. Wie lange ich, von diffusen Träumen genarrt, schlief, kann ich nicht sagen. Ich wachte auf, als Emily meine Hand losließ.»

Sand-Hills, trotz seines prosaischen Namens, war ein ungewöhnlicher Friedhof. Vielleicht sei das ja nur seine persönliche Meinung, sagte Pat Kelley bescheiden. Gott sei Dank, er läge südlich von Sydney, das stetig über seine Grenzen hinaus wachse. Solange er lebe, freilich, werde die gefräßige Front der Häuser den Friedhof nicht erreichen. Möge ihn Gott doch bitte vorher zu sich nehmen, falls er sich in seiner Vorhersage täuschte, anstatt ihn zum Zeugen eines solchen Frevels zu bestellen: daß nämlich Emilys Grab von einem Trupp von Kettensträflingen geschändet werde, indem diese für den Bau ein neues Stadtviertels den Gottesacker einfach einebneten und ihre Knochen in ein anonymes Beinhaus warfen. Es dauerte eine Weile, bis er Emilys Ruhestätte gefunden hatte. Oh, mein Gedächtnis, jammerte er. Ich betrachtete sein hageres, kummervoll faltiges Gesicht: Pat Kelley war kaum über vierzig, berücksichtigte man, daß Sträflinge rascher altern. Was war er doch für ein liebenswerter Alter! Manchmal fragte ich mich, ob er sich nicht ein wenig selbst inszenierte – wohl wissend, welchen sympathischen Eindruck er bei empfänglichen Menschen hinterließ. Und wenn schon: Wie scharf ist die Grenze zwischen Sein und Schein, hier in dieser sonderbaren Strafkolonie? Kann man ohne Träume auf diesem harten, kargen Boden überhaupt überleben?

«Wenn Sie nichts dagegen haben, Miss Nelson: Ich möchte ein kurzes Gebet für Emily sprechen.» Er kniete nieder und machte das Kreuzzeichen. Emily's Tod schmerzt nicht mehr, geblieben ist ein Ritual. Das gehört nun zu seinem Leben. Was wie echter, tiefer Schmerz erscheint, ist in Wirklichkeit sein virtuelles Abbild. Könnten wir unser tränenschwangeres Dasein überhaupt bewältigen, ließe der Schmerz niemals nach?

«Du hast sie nicht lange gekannt.»

«Ein paar Monate.»

An dem niedrigen Holzkreuz mit den vom Wetter gegerbten Brettchen war nur *Emily* zu lesen und ihr Todesjahr. Auf dem Grabhügel wuchs zaghaft ein wenig Unkraut. Sie hat vielleicht schon viele Jahre heimlich bittend auf den Tod gewartet.

«Du weißt nichts über sie?»

«Nur das wenige, das sie preisgab. Wer Emily war, wie sie mit Familiennamen hieß, woher sie kam – das weiß ich nicht. Ihrer Sprache nach mußte sie aus der Gegend von Galway stammen. Und warum sie nach Australien kam, ob freiwillig oder als Gefangene – da habe ich mir aus Bruchstücken etwas zusammengereimt. Sie log bestimmt nicht. Der Lügner erzählt immer viel mehr als der Wahrhaftige, der lieber schweigt, weil eben die Wahrheit bitter sein kann, und sich oft das rechte Wort nicht findet. Emily sprach nicht viel.» Pat suchte nach Worten: «Nun, ob Emily verheiratet war oder nicht, das spielt keine Rolle. Sie hatte einen Geliebten, den ich verehre, ohne ihn gekannt zu haben, ja ohne seiner Existenz völlig sicher zu sein. Er war ein irischer Rebell, den sie bei einer Aktion gegen die Briten erwischt hatten. Er erhielt Lebenslänglich und Deportation nach New South Wales. Daß sie ihn nicht nach Van Diemens Land schickten, zusammen mit den Schwerkriminellen, ja daß sie ihn nicht gleich aufhängten – daraus schließe ich, daß er ein adeliger Sproß war. Vornehme hängen sich nicht gerne untereinander auf, das ist eine alte Weisheit. Emily tat, was durchaus üblich ist: Sie begleitete als freie Auswanderin ihren Geliebten nach Sydney. Auch sie stammte sicher aus vornehmem Hause – wenn sie nicht gar zur Sippe der Lynchs gehörte, die ja in Galway zu Hause war. Aber das ist Spekulation. Wir Iren lügen zwar nicht, aber Dichter sind wir schon. Uraltes keltisches Erbe. Den tief wurzelnden Stolz der Iren werden die Briten nie begreifen. Ich bitte um Verzeihung, Miss Nelson.»

«Du brauchst mich nicht um Verzeihung zu bitten, Pat. Ich weiß tatsächlich beschämend wenig über Irland. Glaubst du, Lord Milford oder meine Lehrer hätten mich in irischer Geschichte unterrichtet?»

«Ihr Geliebter war ein stolzer Mann. Genau der Typ, der den Zorn und die Rachsucht der kleinkarierten Zuchtmeister herausforderte. In Australien war niemand, der ihm Protektion gewährte. Der Stolze ist in seiner Seele verwundbar, gleich welche Qualen sein Körper stoisch erdulden mag. Wegen einer Lappalie bekam er die neunschwänzige Katze. Während der Tortur gab er keinen Laut von sich. Ein paar Tage später jedoch schlug er den *constable*, der die Strafe befohlen hatte, mit seinen Ketten tot. Er muß unter dem Wachpersonal einen Sympathisanten gehabt haben, der ihm die Ketten löste und zur Flucht verhalf. Er hat sich zu den Blue Mountains durchgeschlagen, vermutlich wurde er *bushranger*. Emily hat nie wieder von ihm gehört.»

«Es war mir nicht vergönnt, sie auf ihrer letzten Reise zu begleiten», fuhr Pat fort. «Ich stand noch unter Strafe und durfte Sydney ohne Bewachung nicht verlassen. Aus privatem Anlaß schon gar nicht. Emily's Nachbarn, sofern sie schon ihr *ticket-of-leave* hatten, folgten dem Sarg. Als ich zum ersten Mal ihr Grab besuchte, war es auch das erste Mal, daß ich diesen Friedhof hier sah. Es war ein Erlebnis, das mich stark beeindruckt hat. Können Sie das nachempfinden, Miss Nelson?»
Ich betrachtete den Friedhof näher. Es war ein weitläufiges Gelände, und jedermann durfte ohne Ansehen von Herkunft und Religion hier seine letzte Ruhe finden: Protestanten, Anglikaner, Presbyterianer, Methodisten, Juden, Katholiken – alle Glaubensrichtungen hatten ihre Parzellen hier. Ebensowenig spielte es eine Rolle, wegen welchen Delikts einer nach Australien deportiert worden war. Der Mörder ruhte friedlich neben dem Dieb.
«Es scheint mir ein Ort der Versöhnung», sagte ich.
«Das stimmt, es ist aber nicht alles, Miss Nelson.»
Die verstreuten Gräber fielen kaum stärker auf als gealterte Maulwurfhaufen. Sie paßten sich dem Land an. Es war nicht völlig flach, doch ohne größere Erhebungen. Ich sah nicht einen einzigen Baum, nur Grasbüschel und dürres Strauchwerk, dazwischen große Flächen gelblich-grauen Sandes.
«Mir scheint, als habe Gott diesen Flecken Land als Friedhof bestimmt, als noch lange keine Toten begraben wurden. Es wirkt auch ohne Gräber düster und traurig.»
«So ist es, Miss Nelson. An diesem Ort kommen einem nur schlichte, ernste Gedanken. Hier ist nichts zu sehen von der Aristokratie des St.Johns Friedhofs in London oder den pompösen Grabmälern italienischer Friedhöfe. Hier heißt es nur: *...et in pulverem reverteris*. Nichts bleibt von dir, nur Staub. Das ganze Leben ein mühseliger Kreislauf von Staub zu Staub.

Aber in den Mausoleen der einst Mächtigen und Reichen liegt auch nur ein Häufchen Staub. Das beruhigt unsereinen. Es ist gerecht.»

Man konnte auch mit dem Schiff von der Kings Wharf in Sydney Cove den Fluß hinauf nach Parramatta fahren. In früheren Jahren waren es schlanke Jollen von etwa zwanzig Fuß mit Gaffelsegel und drei Ruderpaaren, die die Strecke bewältigten. Die Gezeiten und die Winde mußten günstig stehen. Ein geregelter Fahrplan ließ sich daher schwer einhalten. Der Frachtraum war begrenzt. Lastkähne ins Schlepptau zu nehmen, überforderte die Kräfte der Männer am Ruder, außerdem war die Passage mit einem Shilling recht teuer bezahlt. Die nächste Generation von Schiffen, wesentlich geräumiger und preiswerter, wurde durch Schaufelräder bewegt. Die Antriebskraft lieferten zunächst vier Pferde nebeneinander im Tretrad auf dem Deck. Die Haltung der Tiere war umständlich, und so wurden sie durch Dampfkraft ersetzt. Das war vor fünfzehn Jahren.

«Warum sind wir dann nicht mit dem bequemen Schiff gefahren?» fragte ich Pat Kelly.

«Nun, hat Ihnen der kurze Umweg über die Rocks nicht gefallen, Miss Nelson?»

«Doch, Pat. Ich denke aber daran, daß ich auch mal alleine nach Sydney fahre.»

«Dann nehmen Sie das Boot. Sie werden ja nicht einen Haufen Gepäck mitschleppen.»

Es gab auch die Kutsche, aber Pat Kelley winkte verächtlich ab. Sie verkehrte mehrmals täglich, war für vier Passagiere gebaut, sechs stopfte man hinein. Man mußte mit einer Fahrzeit von zwei bis drei Stunden rechnen. Es gab scharfe Konkurrenz unter den Fuhrunternehmern. Pat Kelley erzählte die typische Karriere eines Betreibers: Da war James Watsford, er kam 1812 nach New South Wales mit Lebenslänglich auf dem Buckel, 1817 wurde er Kutscher bei John Macarthur, der Galionsfigur des Rum-Skandals, 1826 begnadigt, und im selben Jahr schon richtete er den Liniendienst zwischen Parramatta und Sydney ein. Watsford's Kutsche fährt pünktlich um 7.30 am Postamt von Parramatta ab und erreicht Sydney um 10.00 Uhr. Sollte er sich einmal verspäten – tut ihm sehr leid: Ein Trupp von *bushrangers* hat die Kutsche aufgehalten. Es kam selten vor. Watsford starb vor zwei Jahren. Pat meinte: leider zu früh.

Die Straße war schon immer so miserabel wie jetzt, voller Löcher und loser Steine. Die Kutscher waren Eingeborene, denen der Begriff der Zeit fremd war, und am Ende der Fahrt waren sie betrunken. Wer es eilig hatte und kein Geld für das Boot, marschierte die fünfzehn Meilen lieber zu Fuß. Mit Beklemmung betrachtete ich rechts und links den Busch, dessen dichtes Unterholz majestätische Eukalyptusbäume überragten. Der Verkehr war mäßig. Einmal marschierte eine Rotte Sträflinge mit klirrenden Ketten vorbei, auf dem Wege zu einer Baustelle.
«Kommt es noch zu Überfällen durch Buschräuber, Pat?»
«Selten. Vor zehn Jahren konnte ein Reisender eins zu zehn wetten, daß er zwischen Parramatta und Sydney oder Parramatta und Liverpool angehalten wurde.»
«Wie lief solch eine Begegnung ab?»
«Ohne viele Worte. Man ließ sich in aller Ruhe ausrauben. Ladies wurde mit großer Höflichkeit behandelt, nur den Schmuck mußten sie herausrücken.»
«Ich habe eine Menge Bücher bei mir.»

«Die dürften Sie vermutlich behalten. Der *bushranger* hat wenig Zeit zum Lesen.»
«Sehen sie so aus, wie man sich Buschräuber gemeinhin vorstellt?»
«Ja, genau so sehen sie aus, Miss Nelson.»
«Also sie sind schlecht rasiert und stinken.»
«Richtig. Die *bushrangers* wissen aber, daß die Überfallenen ihren Geruch nicht mögen. Deshalb sind sie höflich und halten etwas Abstand.»
«Sie haben gewiß auch schlechte Zähne, deshalb grinsen sie lieber, als daß sie reden.»
«*Bushrangers* sind nicht sehr gesprächig. Manchmal fällt bei einem Überfall kein Wort. Den Hut tief in die Stirn gezogen, die rechte Faust mit der Pistole in Brusthöhe, die Linke winkt *her mit dem Zaster* – es ist eine Situation des gegenseitigen Verstehens, wie man es sich im Parlament und zwischen Protestanten und Katholiken wünschte.»
«Deine Kenntnisse, Pat, müssen aus erster Quelle stammen. Ich frage mich nur, ob du derjenige warst, der die Kutsche gefahren, oder der sie angehalten hat.»
«Manche Dinge vergißt man im Laufe der Zeit, Miss Nelson.»
«Warum reden wir so albernes Zeug?»
«Ich beobachte, wie Sie immer wieder ängstlich in das Buschwerk starren. Ich möchte Ihnen mit ein wenig Spaß die Angst nehmen.»
«Jedenfalls werde ich aufatmen, wenn wir erst in Parramatta sind. Gibt es in der Gegend noch gefährliche Strecken, die man lieber meidet?»
«North Rocks, fünf Meilen nördlich von Parramatta gilt als Buschräubernest. In der Gegend liegt übrigens die Außenstation von Mr.Bramley's Farm. Dort weiden seine Schafe.»
«Was tut die Polizei gegen die Buschräuber?»

«Sie tut ihr Bestes.»
«Also sie tut gar nichts. Sie sperrt Unschuldige ein. Zunächst jedenfalls. Das macht sich immer gut in einem Polizeibericht, wenn es gelungen ist, wenigstens irgend jemanden zu arretieren.»
«Sie wissen schon viel über unsere Polizei, Miss Nelson. Aber Sie werden noch mehr erfahren. Überall gilt doch das Prinzip: Eine Hand wäscht die andere. So ist eben Australien.»
«So ist die ganze Welt, Pat.»
«Bei Ihnen nicht, Miss Nelson.»
«Wer weiß? Es hat ja noch niemand probiert, mich zu bestechen. Leider. Mein Onkel, Lord Milford, hat mich nämlich mit Taschengeld immer recht kurz gehalten. Er war natürlich unbestechlich. Ein strammes, aufrechtes Vorbild für die Admiralität.» Ich zögerte, dann faßte ich mir ein Herz: «Pat – du willst mir nicht sagen, warum sie dich hierher geschickt haben? Du hast nichts von einem Kriminellen an dir. Und für einen kleinen Dieb, der aus Hunger eine Dose Schweineschmalz klaut, bist du zu gebildet. Du hast Gedichte geschrieben, vielleicht auch Dramen oder Novellen.»
«Nur Gedichte.»
«Laß mich weiter bohren, jetzt wird es richtig spannend. Ich habe gar keine Angst mehr vor den Buschräubern. Du hast ein edles Verbrechen begangen: Du hast in Irland einen britischen Soldaten getötet, der mit seinen Kameraden ein Rebellennest ausheben wollte.»
«Miss Nelson, ich wäre vielleicht stolz gewesen auf solch eine Heldentat. Damals – jetzt nicht mehr. Aber glauben Sie, ich wäre dann mit sieben Jahren davon gekommen?»
«Nein. Aber ich liege doch mit der Art des sogenannten Verbrechens nicht ganz falsch – oder?»

«Sie liegen richtig, Miss Nelson. Und wie haben Sie das wieder herausgefunden?»
«Es war eine simple Schlußfolgerung: Emily's Geliebter war dein Chef. Nicht wirklich vielleicht, aber als – nun: dichterische – Imagination. Und daß sie dir nur sieben Jahre aufgebrummt haben – ja, das ist für mich freilich ein Rätsel. Du kommst aus einer bürgerlichen Familie, auf eine besondere Protektion konntest du nicht rechnen. Vielleicht hast du nur Briefchen transportiert. Dafür geben sie einem vielleicht nicht Lebenslänglich – oder?» Ich wartete, und Pat Kelley blieb still.
«Pat, was ist? Habe ich dich traurig gemacht?»
«Wir sind beim Kern der Sache angelangt. Intelligentes Raten führt jetzt nur noch im Kreis herum. Geben Sie mir ein wenig Zeit, damit ich die rechten Worte finde. Ich redete mir ein, jener Abschnitt meines Lebens sei nur – wenn überhaupt – für einen Historiker von Interesse. Jetzt spüre ich: Das Schicksal kennt nicht den Begriff der Zeit. Das Leben bleibt immer Gegenwart. Ich habe alle Brücken zu Irland abgebrochen – Politik, Kirche, Familie. Aber es ist nicht in unserer Hand zu bestimmen, was vergänglich ist und was beständig bleibt.»
«Sollen wir ein andermal weiterreden, wenn dich das Thema zu sehr mitnimmt?»
«Nein, reden wir jetzt. Es ist keine lange Geschichte. Ich trage hier eine Maske vor dem Gesicht. Das haben Sie längst erkannt: der gute australische Kumpel mit der Pfeife im Mund. Also: Der Rebellenchef war mein ältester Bruder. Unsere Gruppe war in Dublin im Gefängnis von *Mountjoy – nomen est omen* – eingekerkert. Mein Bruder wurde standesgemäß gehenkt. Das hat die Familie kaum verkleinert, wir waren neun Geschwister – einige werden vielleicht bald verhungern, denn auf unserer Insel ist die Kartoffelernte mager ausgefallen. Die Propheten, die uns Iren immer unsere Liederlichkeit vorwer-

fen, haben Jahre der Mißernten als göttliche Strafe vorausgesagt. Unser Volk wird nach Amerika auswandern oder auch sterben, ein billiger Sieg für die Briten über die rebellische Insel. Königin Victoria hat für nächstes Jahr ihren Besuch in Cork angekündigt. Wird sie einen Sack Kartoffeln mitbringen? Ich will nicht abschweifen. Mein Bruder hatte die Rechte studiert, ich war für den Beruf des Priesters auserwählt. Ich schaffte es bis zu den niederen Weihen, dem Diakonat, dann sprang ich ab und schloß mich den Rebellen an. Es vergingen nur ein paar Monate bis zu unserer Festnahme. Man konnte mir eigentlich nichts nachweisen, außer daß ich der Bruder eines steckbrieflich gesuchten Rebellen war. Das ist meine Geschichte, Miss Nelson.»

Als wir die Stadtgrenze von Parramatta erreichten, wurden wir am Schlagbaum angehalten und von der Polizei gefilzt. Es war mir einerlei, ob sie sich wichtig machten oder tatsächlich nach Hehlerware suchten. Mit Mühe bezähmte ich meine aufsteigende Wut. Über eine Stunde warteten wir in der prallen Sonne. Gesetz ist Gesetz, und es galt, den Buschräubern das Handwerk zu legen. Pat Kelley grüßte den *constable* mit seinem Vornamen, da er ihn wohl kannte – aber dieser würdigte ihn keiner Antwort. Obrigkeit ist Obrigkeit. Man tauscht mit der Obrigkeit keine Grüße aus. Der *constable* war noch Sträfling im Dienste der Regierung und genoß seine Macht über jedweden, frei oder unfrei, der sich dem Schlagbaum näherte. Pat stopfte sich eine neue Pfeife, zündete sie umständlich an und paffte gemächlich vor sich hin.
«Sie dürfen wetten, Miss Nelson, ob ich eher mit meiner Pfeife fertig bin als der Typ mit der Kuh vor uns.» Der Typ schien verzweifelt, die Kuh hatte offenbar ein verdächtiges Brandzeichen am Ohr und war als gestohlen gemeldet. Immer wieder

schwenkte er ein Papier, das den Kaufvertrag bescheinigte. Man wollte aber die Kuh partout von ihm trennen und ihn vorläufig arretieren.

«Pat, der Mann mit der Kuh – ist er deiner Meinung nach unschuldig?»

«Möglich ist, daß er unwissentlich eine als gestohlen gemeldete Kuh gekauft hat.»

«Wie geht es weiter?»

«Sie müssen den vormaligen Besitzer ausfindig machen um festzustellen, ob das Papier echt ist.»

«Du wirst vermutlich noch mehrere Pfeifen stopfen.»

«Miss Nelson, am Picadilly Circus geht es sicher hektisch zu, könnte ich mir vorstellen. Hier in Parramatta ist das Ende der Welt. Die Erde ist eine Kugel. Wir sind die Antipoden. Für die Londoner stehen wir am Kopf. An Weihnachten herrscht hier brütende Hitze. Wundern Sie sich nicht, wenn auch in den Köpfen nicht alles aufrecht steht.»

3

Die Bramleys ließen mir Zeit, mich in Australien einzugewöhnen. Freilich, was wollte ich hier? Sie warteten in Ruhe, wann ich mich endlich zu meinen Plänen äußern würde. Ich hatte aber keine Pläne. Ich hatte kaum eine Ahnung von Australien. Es war mir geglückt, meinem eingeschnürten Dasein in London zu entrinnen. Das genoß ich erst einmal. Meine Verwandten wußten nicht recht, was sie mit mir anfangen sollten. Sie erinnerten sich kaum an mich, als ich noch ein Kind war. Sie waren großzügige, herzliche Gastgeber. Eine Geldsumme, die mir Lord Milford für die erste Zeit meines Aufenthalts zugesteckt hatte, wollten sie nicht annehmen. Es gibt ja tatsächlich Menschen, die reisen einfach nach Australien, weil sie eben diese verrückte Idee haben. Was zog sie in diese abenteuerliche, gottverlassene Ferne? Zum Beispiel James Cockburne, den Sohn des Admirals, der mich auf der Reise begleitete. Vielleicht gehörte ich zu jenem Typ ruheloser Menschen.

Da war John Galbraight, der Aufseher von Bramley's Farm. Er kam als freier Mann. Er stammte aus den Highlands von Schottland und machte in New South Wales gutes Geld mit seinen Künsten als Handwerker: Er war Holzfäller, Zimmermann, Mauerer, Tischler, Wasseringenieur, jetzt auch Viehzüchter. Wollte er hier wieder weg? Er zog an seiner Pfeife, und sagte:
«Nein. Aber das heißt nicht, mir gefällt hier alles. Ist man ein sogenannter freier Mann, hat man in Australien Probleme. Da hält mich doch so ein Armleuchter von *constable* auf der Straße zwischen Sydney und Parramatta an und verlangt, ich solle mich ausweisen. Ein Sträfling hat immer seine Papiere bei sich, er kann beweisen, wer er ist und darf seiner Wege ziehen.

Ich aber, ein freier Mann, soll ein Dokument vorzeigen, ein Empfehlungsschreiben. Ich habe keines bei mir, bin auch nicht verpflichtet dazu, aber der *constable,* selbst noch Sträfling, grinst unverschämt: Klar, wie soll sich ein *bushranger* eine Referenz beschaffen. Auf, marsch, marsch! In den *Hyde Park Barracks* in Sydney kannst du deine Geschichte erzählen....»
«Hättest du damals in Schottland etwas ausgefressen....», unterbrach ihn Pat Kelly.
«Ach, du ewiger Witzbold. Laß mich ausreden! Der Halunke treibt mich also nach Sydney zurück, zu den *Hyde Park Barracks.* Ich lasse nach dem Reverend J.B.Clarke schicken, der mich kopfschüttelnd aus der Zelle herausholt. Hat sich der *constable* bei mir entschuldigt? Von wegen! Frech rief er mir nach: Da hast du nochmals Glück gehabt.» Kein Grund, nach Schottland zurückzugehen. Wohin denn auch! "Wer eine Weile im Busch gelebt hat, der ist für die Heimat verloren. Es ist eine Frage, wie weit der Blick reicht. Wie fern der Horizont ist. In England stößt man stets nach ein paar Meilen an die Küste. Dann entscheidet man sich: Insel oder Meer."

Ich bin einfach von England abgehauen. Wie einst meine Mutter. Onkel Edward nahm mich eines Tages ins Gebet. In der Hand hielt der das Schreiben, mit dem Lord Milford den Bramleys meinen Besuch angekündigt hatte.
«Weißt du, was in dem Brief steht, Margret?»
«Nein, Seine Lordschaft haben mir das Schreiben nicht gezeigt.»
«Du bist uns als nahe Verwandte herzlich willkommen, und du wirst dich kaum über mangelnde Gastfreundschaft beklagen können. Indessen, es würde uns schon interessieren, was für Pläne du hast. Willst du dir hier einen Mann suchen und heiraten?»

Vielleicht mutmaßten sie, ich litte unter einem heimlichen Kummer. Ich saß oft lange still und grübelte. Als wartete ich immerzu, daß die Zeit einfach eine neue Runde tickte, bis ich alterte, mich nicht mehr grämte, da ich doch eine sitzen gebliebene Jungfer war, die als ihrem einzigen Geliebten schließlich vom Tod umarmt wurde. Ich fühlte mich aber nicht einsam. Mir war nicht traurig zumute, ich sah eine lockende Zukunft vor mir in diesem Land ohne Grenzen. Freilich, ich tat nichts. Ich war mein Leben lang gewohnt, daß andere für mich sorgten. Ich saß in einem Korbsessel in Bramley's Salon, bequem zurückgelehnt, meine Hände auf den Armlehnen ruhend, und blickte durch die halb geschlossenen Lider in ein Kaleidoskop sehnsüchtiger, bunter Wachträume zwischen fernen Horizonten. Was für eine kontrastreiche Szenerie zu jener in London, wenn ich am Picadilly Circus stand und das Leben der Metropole um mich herumwirbelte. An diesem hektischen Tanz um den Nabel des British Empire hatte ich kaum Anteil. Ich gaffte nur voller Neugier und heimlicher Lüsternheit. Ich lebte brav und häuslich im Zustand einer permanenten Langeweile im Hause des Lords hinter den hohen Zäunen gesellschaftlicher Konventionen. Als Lehrerin gehörte ich schon zu den Privilegierten, denen das Volk mißtraute. Australien hingegen war ein Mysterium, das die Phantasie in Erregung versetzte. Wie soll ich dies erklären? Die Bramleys mußten es doch verstehen!
«Onkel Edward, was ich hier suche, darüber muß ich mir noch klar werden. Nur so viel weiß ich: Was immer es ist, ich würde es nicht in England finden. Aber dazu muß ich Australien besser kennen lernen. Warum ging mein Vater nach Australien, warum meine Mutter – und warum du? Und jetzt bin ich hier.»

«Über deine Eltern sprechen wir ein andermal, Margret. Heute will ich nur wissen, was der Lord Milford meint mit dem Satz: *Margret will sich vor allem mit der betrüblichen Lage der australischen Eingeborenen auseinandersetzen.* Das hört sich ein wenig mysteriös an. Könntest du dich hierzu erklären?»

Mein Onkel sah mich aus seinen hellen, etwas glasigen Augen an und zog schweigend an seiner Havanna. Die Ruhe war nicht echt. Viel lieber wäre der Choleriker explodiert, das spürte ich in den Fingerspitzen. Um seinen Zorn zu bändigen, mußte er sich sagen, daß eine dumme Gans aus England offenbar einer Belehrung bedurfte, bevor man sie herunterputzte. Es ging um ein prekäres Thema: die Aborigines. Ich mochte Onkel Edward, und ich hoffte, er würde meine Zuneigung auf seine erdverbundene Art erwidern. Er war eine bullige Erscheinung, die laut nieste, schneuzte, sich mit endlosem Grollen räusperte. Er geriet rasch in Zorn, dann wurde sein Gesicht puterrot und die Halsadern schwollen an. Die steife, ritualisierte Würde der britischen Salons ließ ihn kalt. Er nahm sich kein Blatt vor den Mund. Er setzte sich mit Heftigkeit und Starrsinn und zuweilen mit einem galligen Sarkasmus gegen seine Feinde zur Wehr, aber sie waren ihm an Raffinesse überlegen. Nicht immer waren seine Feinde diejenigen, die er dafür hielt – sie wurden es dann freilich. Onkel Edward hatte ein gutes Herz, aber eine ungeschickte Hand in geschäftlichen Manipulationen. Er galt als gutgläubig, ein wenig einfältig, und seine Menschenkenntnis war eher durch Neigung als durch Vernunft bestimmt. Tante Catherine seufzte wohl unter seinem aufbrausenden Temperament, litt unter seinen Grobheiten, und sein mangelnder Takt gegenüber Fremden brachte sie in Harnisch. An der oftmals gereizten Stimmung war sie nicht ganz unschuldig. Ihre Eltern waren schlichte, gottesfürchtige Leute gewesen – so vermute ich, und Frömmigkeit war Tante Catherine's einzige Mitgift. Ein paar Pfunde mehr auf der Bank wären mir lieber gewesen, meinte Bramley trokken. Er haßte Bigotterie, fluchte herzhaft. Die Tante jedoch versuchte unverdrossen, ihrem grob geschnitzten Ehemann christliche Manieren beizubringen. Da lag bei meinem Onkel ein Nerv bloß.

«Ich will dir nichts vormachen, Onkel Edward: Es war meine Idee. Ich habe die Eingeborenen mehr als Vorwand benutzt. Lord Milford ist ein Mann von strengen Prinzipien. Er hätte mir die Erlaubnis und die Finanzierung einer Reise nach Australien ohne stichhaltige Gründe verweigert. Die Eingeborenen des Empires sind heute die Hätschelkinder der englischen Philanthropen. Ich hatte bei Onkel Milford und Tante Mildred den richtigen Nerv getroffen mit dem Thema: die australischen Aborigines.»

«Es war das falsche Thema, Margret. Nun bist du ein wenig zwischen die Mühlsteine geraten. Warum wolltest du unbedingt nach Australien zu reisen?»

«Ich hatte London satt. Jetzt weißt du es.»

«Du hast dich da auf ein Abenteuer eingelassen, Margret.»

«Na und? Wenn man vor jedem nächsten Schritt zögert, kommt man niemals vorwärts.»

«Oder rückwärts. Aber, ich will dir auch sagen: Ich verstehe dich. Wenn man schon redet, muß auch alles gesagt werden. Diese Freiheit haben wir hier – Gott sei Dank!»

Ich verspürte kein Heimweh nach England. Selbst wenn ich mir schwor, niemals zu den Läusen in der Waisenhausschule zurückzukehren, so empfand ich doch auch das steife Regiment meines Onkels Lord Milford als eine Last, die ich nun abgeworfen hatte. Meine Schultern hatten sich über die

Jahre gekrümmt, aus Respekt für Seine Lordschaft. Die Admiräle mußten sich womöglich noch tiefer bücken. Erst jetzt, fern von London, stellt sich bei mir ein körperliches Gefühl der Freiheit ein. Eine Streckung des Rückgrats. Onkel Milford traktierte mich in seiner lehrhaften Art mit seinem nautischen Wissen. Er besaß ja diese wunderschöne, wertvolle Sammlung maritimer Objekte. Was er wirklich für Aufgaben an seinem Schreibtisch erledigte, darüber schwieg er sich jedoch aus. Indiskretionen aus dem Marineamt drangen nicht an meine Ohren. Wenn ich tiefer in unseren Beziehungen schürfe, dann ist es eine Frostigkeit, die mir zu schaffen macht. Onkel und Tante fanden es ganz in Ordnung, daß ich sie nicht mit persönlichen Problemen behelligte. Sie schlossen wohl daraus, ich hätte keine. Ich fühlte mich jedoch allein gelassen, und in dem sorgsam gepflegten Zeremoniell der Salons fand ich keine intime Freundin für vertrauliche Gespräche. Das konventionelle Getue der Ladies langweilte mich unendlich. Was sich da zierte, den tänzelnden Gecken andiente, waren hirnlose, schnatternde Enten. Nichts für mich – mochten sie mich für arrogant halten! Gott sei Dank, die ritualisierte Suche nach einem passenden Mann für mich hatten die Milfords wohl aufgegeben. Ich war nicht vermittelbar. Ich war ein Ladenhüter. Tante Mildred umarmte mich bei passenden Gelegenheiten, wenn schon flüchtig. Onkel Milford tat es nie. Er war nicht streng, nur förmlich. Er richtete nicht über menschliche Schwächen. Er war rechtschaffen und auf seine Art auch gütig. Unzweifelhaft liebte er meine Tante, die nur eine spärliche Mitgift in die Ehe eingebracht hatte. Mein Onkel war lange Jahre zur See gefahren, ein Praktiker, dem man schließlich die Leitung des Marineamts übertragen hatte. Er schien oft in abgründige Grübeleien versunken, blickte blaß und ernst durch das Fenster seines Arbeitszimmers über die Dächer von London, tätschelte dabei wie gedankenlos die Köpfe seiner beiden Windhunde. Ich galt ihm nichts, so mutmaßte ich. Ich gehörte zu seinen verwandtschaftlichen Verpflichtungen. Da waren die beiden Windhunde besser dran. Im Grunde hatte ich die britische Seefahrt gegen mich: das Empire.

«Bin ich Lord Milford Rechenschaft schuldig? Wofür? Was habe ich denn getan? Gegen Welche Regeln verstoßen? Es war eine Flucht, ja. Und ich habe eine List gebraucht. Man benutzt die Waffen, die man hat. Schließlich lag es an ihm, mir in London ein Leben zu gestatten, das nicht nur mit Konventionen im Einklang war, sondern auch mir ein wenig Glück bescherte. So etwas kam ihm wohl gar nicht in den Sinn.»

«Er erwartet von dir gewiß, daß du ihm von deinen Erfahrungen mit den Aborigines und ihrer Mißhandlung durch die Weißen berichtest. Das bist du ihm schuldig, damit die Rechnung aufgeht. Dir selbst – und uns – bist du schuldig, daß du die Wahrheit sprichst. Was glaubst du wohl, wie viel Ahnung ein Lord in London von unseren Problemen hat? Von den Problemen, mit denen wir uns hier, in der verachteten Strafkolonie, herumschlagen müssen. Auch mit dem Problem der Aborigines. Sie sind eben nicht so simpel, wie sich die Philanthropen am anderen Ende der Welt das vorstellen. Mitreden, dreinreden, uns aberwitzige Dinge vorschreiben. Als seien wir Deppen.»

Heimlich hatte ich mich in Sydney mit einem Philanthropen getroffen. Es kam nichts heraus bei dem Gespräch, außer daß der Mann, ein frommer Reverend, mir gestand: Wir stehen hier auf verlorenem Posten. Werden Sie glücklich in diesem aberwitzigen Land, Miss Nelson. Onkel Edward griff nach einem Blatt aus den *Parliamentary Papers,* betreffend Aborigines der Kolonie Australien, 9.August 1844, und reichte es mir: «Lies das bitte!» Ich las:

Liste von Übergriffen Eingeborener in der Nachbarschaft von Port Fairy:

– Ein Mann getötet, hundert Schafe mitgenommen, Hütte vollständig ausgeraubt, einschließlich eines doppelläufigen Gewehrs mit Munition.

– 300 Schafe weggetrieben und 100 Tonnen Kartoffeln gestohlen.

– Fünf Pferde weggetrieben, sieben Stück Rinder getötet. Von den 56 Kälbern wurden 33 weggetrieben, und zwei Männer verwundet. Die Station wurde insgesamt viermal angegriffen.

– 600 Schafe weggetrieben, von denen 130 wieder zurückgebracht werden konnten. Die Hütte wurde ausgeraubt, zwei doppelläufige Gewehre gestohlen. 10 Kühe und 40 Kälber wurden getötet. Die Hütte wurde mehrere Male angegriffen, dabei ein Mann schwer verwundet... So ging es weiter, endlos... Ich blickte auf:

«Muß ich alles lesen, Onkel Edward?»

«Genügt es, was du nun weißt?»

«Ja. Aber es ist nicht die ganze Wahrheit.» Ich hörte, wie mein Onkel tief Atem schöpfte:

«Was heißt da Wahrheit? Natürlich ist das Problem der Aborigines nicht mit ein paar Worten abgetan. Aber schließlich bin ich Viehzüchter, kein Anthropologe.»

«Warum taten die Eingeborenen solches Übel? Was geht in ihren Hirnen vor, wenn sie weiße Siedler attackieren? »

«Was weiß ich», knurrte mein Onkel. «Es fing damit an, daß die Aborigines erkannten, die Ochsen der weißen Farmer ließen sich leichter erlegen als Känguruhs. Sie handelten in aller Unschuld: Die Rinder grasten auf ihrem Land, das ihnen heilig war, also durften sie sie mit ihren Speeren jagen. Der Europäer hingegen sieht nur den Verlust seines Eigentums – wahrlich sauer der Natur abgetrotzt – und verkennt, daß er sich nicht in herrenlosem Land bewegt. Es ist ihr Land, das Land der Aborigines. Ich streite das ja gar nicht ab. Aber wir sind auch da. Das ist ein Faktum. Was unser Recht ist, das lernen die Wilden nur, indem man ein paar von ihnen abknallt. Oder einen ganzen Haufen, bis sie endlich kapieren. Das ist überall so in der Welt, denk an die Indianer in Amerika. Dort geht es noch weit rauher zu als bei uns.»

«Was hat es gebracht? Jetzt überfallen die Aborigines die Außenstationen der Farmen.»

«Es ist eine lange Liste, wie du siehst. Allein für Port Fairy.»

«Was hat das Problem mit den Philanthropen zu tun? Sind sie deiner Ansicht nach nicht einfach harmlose Spinner?»

«Eben nicht. Sie haben ihre Repräsentanten im britischen Parlament. Ihre Apostel waren ausgeschwärmt, hatten den Schwarzen Flöhe ins Ohr gesetzt: was für Rechte sie auf ihrer Seite hätten, und der englische König sei ihr Freund und Beschützer. Sie nannten sich selbst *protectors* und die ganze Aktion *proctectorate* zum Schutz der Eingeborenen. Uns, den Farmern, hat man den Gebrauch von Schußwaffen gegen Aborigines untersagt.»

«Und warum ist die Sache so schief gelaufen?»

«Weil du dich mit einem Eingeborenen gar nicht verständigen kannst. Das ist doch nicht so, als wenn ein Engländer einem Franzosen etwas übersetzt. Wie willst du einem Schwarzen denn klar machen, was unter *Recht* zu verstehen ist? Sein *Recht* bedeutet für ihn, daß er sich von den Weißen alles nehmen darf, was ihm gefällt, notfalls mit Gewalt. Es ist ja verboten, auf ihn zu schießen. Wenn es um offensichtliche Vorteile für sie geht, sind sie keineswegs dumm. Sie denken nur in sehr einfachen Schablonen. Man kann nicht mit ihnen auf unserem Niveau diskutieren. Untereinander können sich die Eingeborenen dagegen gut verständigen. Es war wie eine gelenkte

militärische Operation, als die Stämme alle auf einmal gleichzeitig losschlugen.»
«Ist jetzt wieder Ruhe?»
«Eine trügerische Ruhe, würde ich sagen. Die Behörden sahen den Unfug des *protectorate* ein und gaben das Projekt auf. Außerdem nahmen die Farmer das Recht in ihre eigenen Hände.»
«Wie wehrten sie sich, wenn ihnen doch Schußwaffen verboten waren?»
«Sie vergifteten sie. Sie verteilten an die Stämme *damper,* dem Arsen beigemischt war.»
«Warum glaubst du, die augenblickliche Ruhe sei trügerisch?»
«Gestern wurde eine Außenstation bei Glenorie, nördlich von Parramatta, überfallen. Jetzt haben wir wieder den Schlamassel.»
«Was soll ich tun, Onkel Edward? Gib mir einen Rat!»

In der letzten Zeit lag ich nachts öfters wach und grübelte, wie ich ein paar Pfunde verdienen könnte. Ich wollte meinen Verwandten nicht auf der Tasche liegen. Von mir würden sie eher Geld annehmen, was ihnen gegenüber Lord Milford der Stolz verbot. Inzwischen hatte ich auch mitbekommen, daß ihre finanzielle Lage keineswegs rosig war. Sie beklagten nicht ihre mißliche Lage, und ich bewunderte ihre guten Nerven, mit denen sie den Tagesgeschäften nachgingen.
«Laß dich nicht mit den Philanthropen ein. Deshalb habe ich dir den Bericht über die Überfälle gezeigt. Die Farmer haben viel Lehrgeld bezahlt. Und wir sind noch nicht am Ende, fürchte ich.»

Onkel Edward zündete sich eine neue Havanna an und blies nachdenklich den Rauch von sich. Er kam auf meine Frage zurück.: «Ja, was du tun könntest, Margret?»

Er stand auf, stapfte zum Fenster und blickte auf den Rasen hinaus, durch den der breite Kiesweg zu einem eisernen Tor und von dort aus in gerader Linie zur Pitt Street führte, neben der Einmündung der Macquarie Street. Das Grundstück war von einer Mauer eingefriedet und auf der Frontseite mit Rosenhecken gepflanzt. Der Gärtner Arthur Flynn war gerade mit dem Beschneiden der Hecken beschäftigt. Zur Rechten und zur Linken führte ein schmaler Weg zum rückwärtigen Bau des Hauses und zu einem parkähnlichen Gelände, dem Busch abgerungen. Es war eingezäunt, und nachts wachten zwei scharfe Hunde, die tagsüber angekettet in ihren Hütten lagen. Die Hunde schlugen auch an, wenn sich Schlangen in den Park eingeschlichen hatten. Man riet mir zur Vorsicht: Manche Schlangenarten reagieren aggressiv, wenn sie sich gestört fühlen, und ihr Biß ist immer tödlich. Das Gelände an der Rückseite des Hauses hieß auch *der Park*. Einige verschlungene Sandwege waren zwischen Grasflächen und Blumenbeeten angelegt. Ein Springbrunnen plätscherte und brachte Kühlung an heißen Tagen. In einer schattigen Laube saßen manches Mal Pat Kelley und John Galbraight, wenn der von der Farm herunterkam. Für eine Stunde oder so klönten sie miteinander, schmauchten ihre Pfeifen, schwiegen in langen Pausen. Gelegentlich setzte ich mich ungeniert zu den beiden, was der Aufseher zunächst mit einem Stirnrunzeln quittierte. Aber Pat Kelley knuffte ihn mit dem Ellbogen:
«He, sei froh, daß Miss Nelson uns Gesellschaft leistet. Wer will denn sonst unserem Getratsche noch zuhören – habe ich recht, Miss Nelson?» Das sah John Galbraight ein und grunzte Zustimmung. Seitdem behandelte mich dieser knorrige Typ aus den Highlands freundlicher, hielt aber auf Distanz. Ein britischer Aristokrat hätte über Bramley's Park die Nase gerümpft und näselnd Verschönerungen vorgeschlagen: Zum

Beispiel dieser – äh – häßliche Schuppen, muß der da stehen? In ihm sind die Gartengeräte untergebracht, aber viel mehr noch altes Gerümpel, verrostet und zu nichts mehr zu gebrauchen. Was hat es dann noch immer in dem Schuppen zu suchen? Gar nichts, aber wen geht es etwas an? Australien ist ein Land mit sehr junger Geschichte, und das rostige Gerümpel hier in dem Schuppen, das sind seine ersten Antiquitäten. Gelegentlich rumorte Bramley in dem Schuppen, warf Bleche, Rohre, kaputte Schaufeln und Harken durcheinander. Der Schuppen war wie ein tiefes Loch, in dem er seinen Zorn versenkte. Vor dem Schuppen hatte man einen Brunnen gegraben, das Trinkwasser wird mittels einer Handpumpe mit einem langen, gebogenen Schwengel nach oben gefördert.

Als wir am Fenster standen und über den Rasen schauten, sagte mein Onkel: «Sieh ihn dir an, Arthur Flynn. Er macht alles richtig mit seiner Heckenschere. Aber zu jedem Handgriff nimmt er sich unendlich viel Zeit. Darin sind die Sträflinge Meister: in der Streckung der Zeit. Der hier ist ein Lebenslänglicher, hat im Suff einen Wirt totgeschlagen. Angeblich in Notwehr. Er hat nicht viel im Kopf, oder er verstellt sich. Läuft für mich auf dasselbe hinaus.»
«Wie lange hast du ihn schon?»
«Drei Monate. Sein Vorgänger und unser Hausmädchen heirateten, nachdem sie ihre *tickets-of-leave* hatten. Einen Gärtner habe ich wieder gefunden, nun fehlt mir noch das Hausmädchen.»
«Was willst du unternehmen?» Da legt mir mein Onkel vertraulich seinen Arm um die Schulter:
«Dabei wirst du mir helfen, Margret.» Ich mußte lachen:
«Wie hast du dir das denn vorgestellt, Onkel Edward?» Er zog behaglich an seiner Havanna.

«Du besuchst die *Female Factory* und guckst dir dort die Mädchen an. Sie sind es gewohnt, daß sie besichtigt werden. Es gibt einen Raum für Besucher, da werden sie im Dutzend vorgeführt. Du erfährst ihre Namen, wie alt sie sind, aus welcher Gegend der Britischen Inseln sie stammen – aus Wales, Scotland, Ulster, London, Liverpool – was sie ausgefressen und dafür als Strafe bekommen haben, und wieviel Zeit sie noch absitzen müssen.»

«Und dann soll ich entscheiden, welche dir, meinem Onkel, gefällt?»

«Noch nicht, du suchst ein paar aus, die in die engere Wahl kommen.» Onkel Edward zwinkerte mir vertraulich zu: «Es müssen ja nicht unbedingt die Ältesten und Häßlichsten sein.»

«Und weiter? Auf welche Kriterien muß ich achten?»

«Wenn du dir ein paar ausgesucht hast, die in Frage kämen – nicht mehr als ein halbes Dutzend – dann wird dir die Oberaufseherin die Typen näher beschreiben. Du mußt nur vorsichtig sein: Manche werden nur deshalb gut beurteilt, weil die *Female Factory* sie loswerden will.»

«Worauf muß ich achten?»

«Du mußt herausbekommen, ob sie ungepflegt sind, diebisch, faul, aufsässig, kränklich, lügnerisch, streitsüchtig, launisch, unzuverlässig. Im allgemeinen sind die Auskünfte des Personals verläßlich. Es ist nämlich peinlich für die *Female Factory*, wenn ein Mädchen zurückgeschickt wird. Das ist möglich, wenn sie etwas anstellen oder nichts taugen.»

«Es gibt keine perfekten Sträflinge, sonst wären sie nicht hier. Bei der Auswahl läuft es darauf hinaus, mit welchen negativen Eigenschaften man sich am ehesten abfinden kann. Ich möchte vor allem herausfinden, warum ein Mädchen straffällig geworden ist. Ist es nicht viel öfters Armut als Bosheit?»

«Margret, laß die Philanthropie aus dem Spiel. Du sollst mir ein brauchbares Hausmädchen besorgen. Das ist dein Auftrag.»

«Du stellst dir das recht einfach vor. Es ist doch nicht ein Geschäft, als kaufte ich eine Ladung Holz? Wenn ich dir die Falsche bringe, wirst du mich mit Vorwürfen überschütten.»

«Ausgeschlossen, Margret. Sieh, du bist eine Frau. Ich halte ja nicht viel von gewissen Frauen. Ehefrauen, meine ich. Aber du besitzt Menschenkenntnis und eine kühle Beobachtungsgabe.»

«Trotzdem: Ich muß mit den Mädchen vorher reden.»

«Natürlich. Du hast die Möglichkeit, dich mit ihnen unter vier Augen zu unterhalten. Jede von ihnen hat eine rührselige Geschichte für dich bereit. Ich warne dich nur davor, alles für bare Münze zu nehmen. Du mußt sie einem Kreuzverhör unterziehen, mußt sie bei Ungereimtheiten, bei Widersprüchen ertappen. Ach, Margret, laß uns endlich zur Tat schreiten...»

Die Bramleys hatten zwei Söhne, Thomas und Steve. Ein paarmal hatte ich versucht, sie in ein Gespräch zu ziehen. Es war schon schwer, überhaupt ein Thema zu finden, denn noch war mein Kopf voll von den Bildern, den Stimmen, den Lichtern Londons – was einen Australier in Parramatta nicht im geringsten interessierte. Steve arbeitete und lebte auf der Farm außerhalb der Stadt. Von Viehzucht verstand ich rein gar nichts. Was hätte ich fragen sollen? Versuchte ich es dennoch, so druckste Steve herum, er war kein großes Licht, kein eloquenter Meister der Sprache wie sein Vater. Es war ein Tip von Mr.Galbraight, ich sollte mich doch einmal auf der Farm sehen lassen. Steve würde mir den Farmbetrieb zeigen, und er könnte mich auch das Reiten lehren. So geschah es, und Steve taute ein wenig auf. Ich lag wohl richtig in der Annahme, daß er unter der harten Hand seines Vaters litt und sehr wohl erkannte, daß dieser kein Agrargenie war. Tom hielt betont Distanz zu mir, jedenfalls in den ersten Wochen nach meiner Ankunft. Er arbeitete auf dem Katasteramt in Parramatta. Es gab öfter mal einen Wortwechsel mit Onkel Edward, wenn Tom, der ältere Sohn, eine geschäftliche Manipulation seines Vaters als kapitale Dummheit enttarnt hatte. Er mußte sich dann vorwerfen lassen, er sei ein kleinkarierter Beamter, was Australien jedoch brauche, das seien Männer mit Ideen. Gewiß, antwortete Tom: Ideen aber keine Phantastereien, und verließ den Salon. Beiden Brüdern war gemeinsam, daß sie mich als Cousine nicht akzeptierten. Vielleicht lag das weniger an meiner Person als an der riesigen Entfernung zwischen London und Parramatta. In jeder Hinsicht.

4

Die Bramleys konnten sich eines prominenten Hausfreunds rühmen, des Dr.Ludwig Leichhardt, eines Forschungsreisenden aus Preußen. Kam die Rede auf ihn, verzog Tante Catherine ihr Gesicht in einer Weise, die zu sagen schien: Nun ja, ich weiß nicht recht. Und dabei sah sie mich bedeutungsvoll an. Offenbar wollte sie mir etwas mitteilen, was sie dann doch lieber für sich behielt. Aus ihren Grimassen wurde ich nicht schlau. Sie weckten jedoch meine Neugier und ich wollte den Doktor Leichhardt näher kennen lernen. Er wurde stets respektvoll im Hause empfangen, etwa wie ein Verwandter, der es bis zum Bischof gebracht hat. Ebenso üppig wie ein Bischof wurde auch der Doktor Leichhardt verköstigt. Die Küche hatte Hochbetrieb, wenn er überraschend auftauchte. Er war in guter körperlicher Verfassung und kam öfters zu Fuß von Sydney. Ich gewann nicht den Eindruck, daß ihm am Essen viel lag. Vielleicht war die preußische Küche ja schmackhafter als die australische Gefängniskost, so daß alle kulinarischen Anstrengungen der Bramleys bei Leichhardt ins Leere liefen. Ich erinnere mich, daß er einmal erwähnte, er vermisse im Ausland die sauren Gurken seiner Heimat – sie waren bekannt unter dem Namen *Spreewald-Gurken.* Er aß sie zu Hause jeden Tag, sagte er, sie seien wohlschmeckend, bekömmlich und billig. Er sei in der Gegend, im Spreewald, zur Schule gegangen, in einem Ort mit dem Namen Cottbus, der sich aus einer slawischen, dem Polnischen ähnlichen Sprache herleite. Wir hörten nur mit halbem Ohr zu, da wir ohnedies nichts verstanden. Wir wußten nur über das British Empire Bescheid. Was mußte der gelehrte Mann von uns Banausen denken! Im übrigen erzählte er von der Ernährung im Busch, die sich aus Knollen, Maden, Echsen und Beuteltieren zusammensetzte.

Beliebt waren Warane und Goannas, eine Art von Eidechsen, vor allem aber die *whichetty grubs*, daumendicke Maden, die sich vom Mark der Mulga-Bäume ernährten. Sie wurden lebend oder geröstet in Holzkohlenasche verspeist und galten bei den Aborigines als Leckerbissen. Verzehrte man sie lebend, schob man sie mit dem Kopf voran in den Mund, da sie an den hinteren Gliedmaßen Widerhaken besaßen, die die Zunge verletzten. In Küstennähe bereicherten Krustentiere und Fische, zum Beispiel der *Baramundi*, den Speisezettel. Die Aborigines verzehrten auch Menschenfleisch, wobei sie Chinesen gegenüber Europäern den Vorzug gaben. Der Grund war nicht bekannt, man vermutete jedoch, die Eingeborenen aßen lieber das magere Fleisch der Chinesen, als das fettere der Europäer, das womöglich einen etwas ranzigen Geschmack hatte. Der Mensch hatte den Vorteil, daß er Frischfleisch lieferte. Man fing ihn lebendig, band ihn an einen Baum und hackte oder schnitt sich den Tagesbedarf ab. Bei den Aborigines gehörte das Anbringen von tiefen Schnittwunden im Körper zu den Riten der Initiation mannbarer Halbwüchsiger. Die natürliche Frischhaltung von Menschenfleisch dürfte ihnen kaum als schlimme Grausamkeit bewußt gewesen sein. Was die Chinesen betraf, so war in ihrer Heimat die rituelle, langsame Zerstückelung bei lebendigem Leibe eine gängige Todesstrafe. Prominente Todeskandidaten des kaiserlichen Gerichts wurden sogar gezwungen, sich während einer Zeitspanne von mehreren Jahren selbst aufzuessen. Es war kaum anzunehmen, daß die Chinesen die Frischfleischhaltung der Aborigines schockierte. Doktor Leichhardt sprach ruhig, während er wohlerzogen mit dem Messer in der Rechten das Fleisch schnitt, es in kleinen Happen auf die Gabel lud und diese dann mit der Linken zum Munde führte. Als er ziemlich ausführlich von den Speisegewohnheiten der Aborigines erzählte, wurde mir kotzübel und ich rannte eilends ins Freie. Als ich nach einer Erholungspause in das Eßzimmer zurückkam, war es dort sehr still, nur Doktor Leichhardt's Stimme war zu hören. Offenbar war auch meinen Verwandten das Steak im Halse stecken geblieben. Die Gesichter waren starr und blaß.

Bevor sich Ludwig Leichhardt mit Onkel Edward zu einem Gespräch in den Salon zurückzog, pflegte er im Park hinter dem Haus spazieren zu gehen. Wenn er auftauchte, machten sich Pat Kelley und John Galbraight mit ihren Pfeifen hurtig aus der Laube davon. Leichhardt's Rundgänge konnten ein bis zwei Stunden dauern. Manchmal las er in einem Buch, wenn er so dahin schlenderte, meistens jedoch schien er über etwas nachzusinnen. Er war ja ein gebildeter Mann, dem es an Themen nicht mangelte. Hatte er doch Naturkunde studiert, kannte sich hervorragend aus in Flora, Fauna und den Mineralien, in Geographie ebenso wie in der Landvermessung, in der Himmelskunde, in der Arithmetik. Außerdem beherrschte er mehrere Sprachen. Sein Gedächtnis ließ ihn nie im Stich. Wer ihn zum Gast hat, braucht nicht in der *Encyclopedia Britannica* nachzuschlagen. So sprach Tante Catherine. Ich empfand eine gewisse Scheu vor diesem Ludwig Leichhardt, der mir bei flüchtigen Begegnungen knapp zunickte, meine Person im übrigen aber übersah. Ihm war vor drei Jahren die Durchquerung des nordöstlichen Australiens von Moreton Bay nach Port Essington geglückt. Bei seiner Rückkehr nach Sydney mit dem Schiff war er wie ein Held gefeiert worden. Tante Catherine beschrieb mir die Szene in schillernden Farben. Ihre Brust hob sich vor Stolz, daß dieser Mann in ihrem bescheidenen Hause verkehrte. Was sie vor mir zu verheimlichen suchte – und doch auch wieder nicht, stand auf einem andern Blatt. Eine Weile rätselte ich über die Art der Beziehungen zwischen

Leichhardt und den Bramleys. Onkel Edward war kein gelehriger Schüler für naturkundliche Unterweisungen. Es konnte sich nur um geschäftliche Unterredungen handeln. Mir wurde klar, daß Ludwig Leichhardt eine neue Expedition im Sinn hatte. Offensichtlich sondierte er das Interesse gewisser Kreise an dem Unternehmen, das ja finanziert werden mußte.

Ludwig Leichhardt und ich hatten noch nie miteinander ein Wort gewechselt. Dies ergab sich, als mich Onkel Edward einmal in seiner unzeremoniellen Art in den Salon winkte und sagte:

«Margret, du willst Australien kennen lernen, und niemand kennt Australien besser als Doktor Leichhardt.» Leichhardt lächelte dünn, versuchte mit den Händen abzuwehren. Mein Onkel aber ließ sich nicht bremsen: «Wenn du also Fragen hast, wird sie dir der Doktor gerne beantworten. Nicht wahr Doktor Leichhardt?» Der hinterrücks überfallene Forscher nickte höflich in meine Richtung, und dann folgte eine verlegene Pause. Onkel Edward zog an seiner Havanna und hüstelte. Ich ergriff die Gelegenheit und sagte:

«In der Tat, viele Fragen gehen mir durch den Kopf. Spezielle Fragen betreffend Gesteine, Pflanzen, Tiere. Was mich jedoch als erstes interessiert: Was hat Sie, Doktor Leichhardt, bewogen, nach Australien zu kommen?» Mein Herz schlug plötzlich höher, ich wurde rot bis hinter die Ohren, aber der Mann vor mir im Sessel wandte sich taktvoll zur Seite und antwortete, den Blick in die Ferne gerichtet:

«Wie ich nach Australien kam, das ist fürwahr eine lange Geschichte. Vielleicht begleiten Sie mich bei meinem nächsten Besuch bei einem Spaziergang durch Mr.Bramley's Park. Da können wir uns in Ruhe unterhalten. Aber erlauben Sie mir, Miss Nelson, meinerseits eine Frage: Sie sind eine Nachfahrin

von Horatio Nelson?» Leichhardt sprach mit hartem, deutschem Akzent.
«Der Admiral war mein Großonkel.»
«Sieh an!» Als wäre dieser Vorfahr mein Verdienst. Doch hatte ich bei dem berühmten Forschungsreisenden eine Art Examen bestanden. Doktor Leichhardt würdigte mich eines anerkennenden Blicks.

Er hielt sein Versprechen und forderte mich beim nächsten Besuch auf, ihn im Park zu begleiten. Ich lief neben ihm her, bedacht darauf, das Schrittempo zu halten. Ich hätte seinen Ärmel berühren können, aber er schien mir himmelweit entrückt.
«Man spürt es im Blut», sagte er: «Das, was man sich unter Erfüllung seines Lebensplans vorstellt, und wofür man schließlich auch Anerkennung erwartet – vielleicht sogar sein Leben opfert. Selbst der Fromme im härenen Mönchsgewand, das scheinbare Urbild von Demut und Bescheidenheit, lechzt nach Applaus: nicht auf Erden, sondern im Himmel. Er ist anmaßender und schlauer als gewöhnliche Menschen, die sich den irdischen Ruhm streitig machen und dabei aufreiben.»
«Lebt jedermann nach dem Bedürfnis nach Erfüllung und Anerkennung?»
«Ja. Jeder auf seine Weise, still oder auffällig oder auch irregeleitet. Die Genies fallen auf, werden berühmt als Maler, Dichter, Generäle...»
«... und Forschungsreisende», warf ich höflich ein.
«Meinetwegen. Täuschen Sie sich jedoch nicht: Ich habe eine erfolgreiche Expedition hinter mir und eine verpatzte. Von letzterer reden vor allem meine Feinde».
«Ihre Offenheit imponiert mir, Doktor.»

«Dieser Kontinent kennt keine Gnade, falls man sich etwas vormachen sollte.»
«Sie sind um den halben Erdball gereist – gab es keine Alternativen zu Australien?»
«Nein. Ich werde Ihnen, Miss Nelson, meine Antwort nicht schuldig bleiben: warum ich hier bin. Darf ich trotzdem zunächst Sie fragen: Was zog Sie nach Australien?»
«Nicht weil ich hier geboren bin. Im Alter, in dem ich zur Schule gehen sollte, reiste ich mit meiner Mutter nach London, wo sie bald darauf an der Geburt meines Bruders starb. Praktisch habe ich keine Erinnerung an Australien. Mein Vater kam einige Jahre später unter ungeklärten Umständen auf seiner Schaffarm bei Parramatta ums Leben. Ich wuchs als Waise bei Verwandten auf, getrennt von meinem Bruder, den ich nie gesehen habe.»
«Sie waren nicht glücklich in London, und Australien bedeutete für Sie so etwas wie Hoffnung.»
«Ich wurde als Lehrerin ausgebildet und unterrichtete in einem herunter gekommenen Waisenhaus.»
«Ihr Onkel, der Marineminister, hatte wohl eine eigenartige Vorstellung von Humanität.» Leichhardt lachte spöttisch. «Konnte er nichts Besseres für Sie finden?»
«Gott sei Dank, er hatte humanitäre Anwandlungen. Unter dem Vorwand, ich interessierte mich für die sozialen Probleme der Eingeborenen in Australien, ließ er mich ziehen. Es war nicht recht von mir, ihm Sand in die Augen zu streuen. Trotzdem: Ich mußte es wohl tun.»
«Sie suchten schlicht die Freiheit, Miss Nelson. Ein unverbrieftes Recht für jedermann. Also…»

Eine Weile spazierten wir schweigend nebeneinander her. «Es ist schon ein eigenartiger Kontinent, Schauplatz eines großartigen sozialen Experiments: Eine Strafkolonie wird gegründet, und am Ende winkt jedermann die Freiheit. Ihnen, mir, den Sträflingen. Das genießen wir alle gemeinsam. Wir lieben dieses Land, das sich gleichwohl so vieler Fehler und Mißgriffe schämen muß wie keine andere Kolonie des British Empire. Denken Sie an den Rum-Skandal! In London haben die Lords nur Verachtung für uns übrig. Aber was für eine gebündelte Kraft wächst aus der Masse der Strafgefangenen, die nicht in Londons Old Bailey verkommen, sondern aufbauende Arbeit verrichten, viele von ihnen in einem Zustand von praktizierter Freiheit.»

«Ich sehe ebenso den sozialen Aspekt, Doktor Leichhardt, nicht nur den kriminellen. Sie stahlen und raubten, weil sie Hunger hatten. Das Vergehen war eine Folge der Not.»

«Ja natürlich, Miss Nelson. Hier wächst nun aber eine egalitäre Gesellschaft heran, und am Ende haben ehemalige Sträflinge, Soldaten und Siedler die gleichen Rechte.»

«Es bleibt ein offener Punkt: das Schicksal der Aborigines. Sie fehlen in Ihrer Aufzählung. Mr.Bramley hält ein philanthropisches Engagement zugunsten Eingeborener für baren Unsinn.»

«Mr.Bramley hat recht. Steinzeit und Moderne treffen hier mit äußerster Härte aufeinander. Das Problem ist so wenig lösbar wie die Quadratur des Kreises. Da sollten Sie sich heraushalten.»

«Ist gar keine Lösung in Sicht?»

«Nicht einmal im Ansatz könnte ich mir ein funktionierendes Modell des Zusammenlebens vorstellen. Lassen wir die Aborigines in ihrer steinzeitlichen Welt verharren, dann brauchen sie eine riesige Fläche Land für ihre Wanderungen, denn sie sind Jäger und Sammler. Für Europäer als Viehzüchter und Ackerbauer bleibt wenig Platz, nur am Küstensaum. Und es

bedarf hoher, dichter Zäune, um den Besitz der Siedler vor den Nomaden zu schützen. Ein solches Modell widerspricht der Idee der Kolonisierung. Europa wird mit seiner wachsenden Bevölkerung bald aus den Nähten platzen. Auch wir brauchen eben Land, das gebietet uns der Eigennutz. Das entgegengesetzte Modell ist ebenso irreal: Die Aborigines zu zivilisierten Europäern zu erziehen. Wer sollte die Sache in die Hand nehmen? Wer zahlt dafür? Man müßte die religiösen und ethnischen Traditionen der Eingeborenen bis auf den Grund zerstören und einen neuen Menschen schaffen. Wie sollen sie beschäftigt, ernährt, behaust werden? Machen wir uns nichts vor: Wir sind eine erwerbsorientierte Gesellschaft. Aborigines finden darin keinen Platz. Die Philanthropen haben eine recht naive Vorstellung: Man bräuchte den Eingeborenen nur das Wort Gottes predigen, ihre Nacktheit bekleiden, sie füttern. Alles andere ergäbe sich von allein.»
«Die Philanthropen haben aufgegeben, wie mir scheint. Wie wird es also weitergehen?»
«Das Urteil wird die Geschichte sprechen. Sie fragt nicht nach unseren Ansichten. Wie viele Völker sind untergegangen, von denen wir erst für die letzten fünftausend Jahre einige Namen kennen! Wir sind eine zivilisierte Gesellschaft, die dem technischen Fortschritt huldigt. Ich bin erstaunt, in welchem Tempo in Europa immer mehr Eisenbahnstrecken gebaut werden. So etwas liegt in unserer Hand. Anders die Verschiebung von Völkern – das sind elementare Vorgänge, da sind wir selbst Figuren der Geschichte. Wir werden umher geschoben, können nur zusehen, nicht aber wirklich eingreifen. Auch die Philanthropen haben auf den Prozeß keinen Einfluß. Im übrigen: Die Zahl der Aborigines nimmt stetig ab, sie sind im Begriff auszusterben. Am deutlichsten ist der Prozeß der Eliminierung eines Volkes in Van Diemens Land zu beobachten.

Die dortigen Eingeborenen leben auf einer noch primitiveren Stufe als die Aborigines des Festlands. So sieht das Urteil der Geschichte konkret aus: Aussterben. Ein unersetzlicher Verlust für die Anthropologie – aber das machen Sie mal einem Viehzüchter klar, dem die Eingeborenen seine Herde getötet oder weggetrieben haben.»
«Haben Sie persönliche Erfahrungen mit Aborigines, Doktor Leichhardt?»
«Durchaus – positive wie negative. Bei einer Expedition kommt man ohne eingeborene Helfer überhaupt nicht aus. Ihre Sinne sind geschärft für die Existenz in einer lebensfeindlichen Umwelt. Man braucht sie aber auch, um etwaigen Konflikten mit eingeborenen Stammesgruppen aus dem Weg zu gehen. Bei der letzten, fehlgeschlagenen Expedition hatten wir einen recht klugen Burschen bei uns, den wir Brownie nannten. Gefährlich kann es werden, wenn man sich unbeabsichtigt an heiligen Stätten vergeht oder sonstige Tabus bricht. Ich weiß bis heute nicht mit Sicherheit, warum die Aborigines auf der Expedition nach Port Essington meinen Botaniker getötet haben.»

Ludwig Leichhardts Ansichten erschienen mir vernünftig. Kühl analysierte er die Situation und zog die Geschichte als Zeugin heran, warum es für die Aborigines keine Zukunft gab. Es lag nicht – oder nicht nur – an der Bösartigkeit der Menschen. Das Problem war im Prinzip nicht lösbar. Die Philanthropen konnten nur noch zuschauen. Den Eingeborenen mit Almosen das Dahindämmern bis zum Tod erleichtern. Leichhardt sprach in ruhigem Ton, anders als mein impulsiver Onkel Edward. Er war gute zehn Jahre älter als ich. Der Mann gefiel mir, obwohl er gar nicht attraktiv aussah. Eher wie ein versponnener Bibliothekar als ein beherzter Forscher, der zäh allen Widrigkeiten in einer extrem feindseligen, wüstenartigen Landschaft trotzte. Charakteristisch war seine lange, spitze Nase mit einem Höcker. Darum herum gruppierte sich das übrige Gesicht: Der schmale Mund, die hohe Stirne, das dunkelbraune Haar und der üppige, dichte Bart. Er war von mittlerer Statur, modisch gekleidet. Das Geheimnis lag in seinen dunklen Augen, die von rätselhafter Tiefe waren. Von meiner heimlichen Sympathie für ihn schien er nichts zu spüren. Er hielt auf Distanz, das war wohl seine Art. Die Faszination für den unerschlossenen Kontinent nahm in völlig in Beschlag, schirmte ihn gegen die Welt um ihn herum ab. Meine Bewunderung für sein enormes Wissen vermochte ich nicht zu trennen von meiner Empfänglichkeit für seinen spröden, männlichen Charme. Vielleicht verwechselte ich das eine mit dem andern. Ich war viel zu unerfahren um zu wissen, daß taktisch kluge Männer bei Anzeichen einer Umgarnung ihre Fluchtwege vorbereiten. Tante Mildred fand Ludwig Leichhardt steif und kalt, ohne Ausstrahlung auf andere Menschen. Die Bramleys öffneten ihm ihr gastliches Haus, denn seine Freundschaft hob den eigenen Status.

«Sehen Sie.», fuhr Leichhardt fort, «es schien, als gäbe es für mich auf dem riesigen Erdball nur diesen entlegenen Kontinent Australien als Zuflucht, als Verwirklichung meines Lebensplans. Erklären kann ich es nicht. Aber es leuchtet nicht ein, daß es eine willkürliche Kombination von Umständen sein sollte, die mich hierher geführt hat. Ich glaube eher an eine Fügung, von der ich im übrigen keinerlei Kenntnis habe. Wer sprach in Preußen schon von Australien? Vom Spreewald nach Sydney – eine größere Entfernung auf Erden läßt sich kaum vorstellen.»

«Wäre es denkbar, daß auch Sie die Freiheit von Zwängen suchten – gesellschaftlicher, moralischer Art?»
«Das hätte als Argument nicht ausgereicht. Flucht ist ein negativer Aspekt, Wunsch ein positiver. Australien war ein Wunschziel. Aber Sie haben schon recht, Mademoiselle: Ich war auch auf der Flucht aus dem bürokratischen Kerker, der sich Preußen nennt. Auf mich wartet dort das Gefängnis wegen Verweigerung des Militärdienstes. Aufgrund meiner Ausbildung hätte ich zwar nur ein Jahr statt zweier wie das einfache Volk dienen müssen, aber schon diese Verschwendung an Zeit schien mir unangemessen hoch. Statt dessen setzte ich meine naturkundlichen Studien in London, Paris, Italien fort. In London war ich Zeuge der Inthronisation von Königin Victoria.»
Kein Heimweh nach Preußen? Nein, nicht im geringsten. Er mußte sich an den König wenden, damit sein Militärdienst um vier Jahre aufgeschoben wurde. Die Regierung und ihre Gesandten im Ausland haben alles Mögliche versucht, seine Reisen zu behindern. Die Engländer und Franzosen jedoch stellten ihm ohne langes Hin und Her Reisepässe aus. Was ihn aber mehr als die Schikanen der Behörden betroffen machte, war in Paris eine Vorsprache bei dem preußischen Forschungsreisenden Alexander von Humboldt:
«Er empfing mich ziemlich von oben herab, hatte keine Ahnung von Australien – was den großen Mann sicher irritierte – und er bestand darauf, sich mit mir in Französisch zu unterhalten. Der Besuch war sehr kurz.»

Der Parramatta River machte den Stadtvätern Sorge, da er zunehmend verschlammte. Man debattierte darüber, wie sich die Fahrrinne offen halten ließe. Es geschah aber nichts. Es war nicht einmal kartographiert, wo genau die Quellen des Parramatta lagen: im Busch südlich vom Hawkesbury River, dem großen Flußsystem in New South Wales. Aber auch der Hawkwsbury River, jener an der Mündung eindrucksvolle Strom, entsprang im Nirgendwo der Wildnis. Diese ging jenseits der Blue Mountains in eine lebensfeindliche Halbwüste über. Es war erstaunlich, daß der Parramatta River noch ausreichend Strömung hatte, die die Ruderboote ohne Behinderung nach Sydney trieb. In Parramatta redete man vom Sand, nicht vom Wasser. Das wenige Wasser, das der Fluß brachte, lagerte so viel Schlick ab, daß es Schiffe mit einem Tiefgang von vier Fuß bei mittlerem Wasserstand nicht mehr bis zur Queens Wharf schafften. Es gab letztlich spannendere Themen als die Untiefen an der Queens Wharf, die allmählich in einen Dornröschenschlaf versank. Der Lokalanzeiger, der *Parramatta Messenger*, brachte statt dessen gutgelaunte Schlagzeilen: Etwa zum Unterhaltungsprogramm des *58er Regiments* Ihrer Majestät, das aus Neuseeland nach Parramatta verlegt worden war.

Nach unserem ersten Gespräch traf ich mich immer wieder mal mit Ludwig Leichhardt in Bramley's Park. Der große Forscher schien mir von launischer Natur. Nach und nach entdeckt man eben unter dem Firnis der Größe auch das unzulänglich Menschliche, und der Doktor gab Schwächen unumwunden zu. Wie stets hatte er simple, einleuchtende Begründungen, die das Problem einer angespannten Beziehung milderten. Auf eine subtile Weise verstand ich ihn. Ich sprach ihn nicht auf seine möglichen Pläne einer neuen Expedition an. Ich fürchtete eine Abfuhr, und unbekümmert, wie ich sonst meiner Neugier nachgab, war ich doch ebenso verletzlich. Aber ich wußte natürlich, die Gespräche mit dem cholerischen Onkel Edward mußten strapaziös sein. Trotzdem: Gute Nerven hatte der Doktor gewiß. Auch ein starkes Selbstbewußtsein ohne sichtbare Kerben. Ich vermochte ihm zu folgen, wenn er halblaut sinnierte: «Werden wir Australien je so kennen lernen, daß wir seine Eigenart, sein Geheimnis enträtseln? Für mich wird es ewig ein Mysterium bleiben – und das soll wohl so sein. Das Fremde, das wir nicht durch unerschrockene Annäherung überwinden, behält eine unfaßbare Faszination. Es ist wie ein Durst, der nie gelöscht wird. Eigentlich eine Tantalusqual. Nach meiner ersten Expedition von Morton Bay nach Port Essington hätte ich Australien abhaken können. Es läßt mir aber keine Ruhe.» Es war, als spräche er zu sich selbst. Spontan rutschte es aus mir heraus:

«Doktor Leichhardt, vielleicht unterscheidet Sie diese unstillbare Sehnsucht – verzeihen Sie meine unbeholfenen Worte – von jenem Alexander von Humboldt in Paris.» Da blieb Leichhardt stehen und antwortete:

«Mademoiselle, Sie sind sehr gütig. Im übrigen will ich Alexander von Humboldt seine hervorragenden Verdienste keinesfalls absprechen. Er hat mich seine Überheblichkeit fühlen lassen – aber das war wohl weniger der Forscher und Wissenschaftler, als der Mann aus adeligem Hause. So sind nun einmal die Umgangsformen in Europa.»

Selten gelang es mir, Ludwig Leichhardt ein wenig zu beeindrucken. So gefiel es ihm, daß ich den Parramatta River metaphorisch mit der Zeit verglich. Vom quirligen Sydney aus wurde flußaufwärts die Strömung immer träger. Parramatta schien ein behäbiger Ort ohne dringende Geschäfte. Und im weiteren Verlauf versickerte das Rinnsal am Rande des Nirgendwo, wo auch die Zeit endgültig still stand. Die alterslose Steinzeit war erreicht, mit ihren Jahrtausende alten, unveränderten Mythen aus der Traumzeit der Aborigines.

Der gesellschaftliche Höhepunkt Parramattas im Mai des Jahres war der Ball des Colonel Wynyard und seines *58er Regiments* aus Neuseeland, zu dem der Gouverneur und die Hautevolee der Stadt geladen waren. Dazu zählten die Bramleys, und selbstverständlich auch Australiens prominenter Forschungsreisender Doktor Ludwig Leichhardt. Das *58er Regiment* erfreute sich großer Sympathien bei der Bevölkerung. Spielte doch zweimal in der Woche die Militärkapelle auf, und das musikalische Programm wurde zuvor im *Parramatta Messenger* bekannt gegeben. Die Leute, grobschlächtig und einfältig, wie sie nach außen erschienen, sahen durchaus den Unterschied zwischen dem repressiven kolonialen Militärregime und dem *58er Regiment* vom Ende der Welt. Denn erst in Neuseeland standen die Bewohner, verglichen mit den Londonern, wirklich lotrecht auf dem Kopf. In den Jahren zuvor hatte das Regiment gegen die Maoris gekämpft, und die Feindseligkeiten schienen noch lange nicht beendet. Die Verwundeten, etwa 30 bis 40 Soldaten, wurden zur Betreuung in das Militärlazarett nach Parramatta gebracht. Im vergangenen März besuchte sie sogar der Oberkommandierende, Sir Maurice O'Connell. Bei dem Ball wurde fleißig getanzt zu den Walzerklängen des Wiener Komponisten Johann Strauß. Am Ende traten einige Maoris auf und zelebrierten einen Kriegstanz. Dabei streckten sie die Zunge weit heraus. Es war zum Fürchten. Die Gerüchte verstummten nicht, die Maoris seien Kannibalen. Ich befragte Doktor Leichhardt, und er bestätigte mir nicht nur den Kannibalismus der Maoris, er hatte sogar eine Erklärung dafür: Auf den pazifischen Inseln lebten keine Säugetiere als Nahrungsquelle. Fische und Vögel sind kein befriedigender Ersatz. Außerdem ist in Neuseeland der Riesenvogel Moa als Lieferant von Fleisch längst ausgestorben. In Neuseeland bekämpften sich Clans allein aus dem Grunde, um Gefangene für die Fleischtöpfe zu machen. Ausschließlich Männer. Diese erschlägt man mit einer Keule und brät ihre Köperteile, in Palmblätter eingewickelt, in einer Erdgrube auf erhitzten Steinen. Fast alles an einem Menschen ist eßbar. Als besondere kultische Leckerbissen gelten das Hirn und die Hoden. Der Schlachtruf der Maoris in den Kämpfen mit den Engländern ließ diesen das Blut in den Adern erstarren: *Holt euch das lange Schweinefleisch!* Tante Catherine bemerkte spitz, der Doktor Leichhardt habe kein einziges Mal getanzt, obwohl er doch sonst vortreffliche Manieren hätte. Nun ja… Und sie sah mich wieder vielsagend an.

In den Nächten, wenn der volle Mond am Himmel stand, fand Parramatta keine Ruhe. Die Hunde bellten pausenlos. Ich lag viele Stunden mit offenen Augen in dem fahlen Schein, der durch das Zimmer geisterte. Ich glaubte wispernde Stimmen zu hören aus einer mythischen Landschaft, die im Mondlicht erwacht war. Ich versank ins Grübeln, und unvermeidlich kehrten meine Gedanken zu Ludwig Leichhardt zurück. Nein, ich war nicht verliebt. Ich spürte kein Bedürfnis nach körperlichem Kontakt. Vielleicht suchte ich einen älteren Bruder in ihm. Es wurde mir bewußt, wie einsam ich als Waise aufgewachsen war, und wie traurig ich die Lücke in meinem Leben noch immer empfand. Wann hatte ich je mit anderen Kindern gespielt? Vielleicht in meinen frühen Jahren in Parramatta, aber die Erinnerung verschwimmt zu unscharfen Bildern. In London wurde ich ein anderes Kind. Mein Spiegelbild lächelte selten. Gewissermaßen war ich eine Zwillingsschwester derjenigen, die ich im fernen Australien wie eine Tote zurückgelassen hatte. In London war ich immer allein. Es war mir nicht verboten worden, auf der Straße mit anderen Kindern zu spielen. Nur, jene waren schmutzig, ich jedoch sauber.

5

Die *Female Factory* zählte zu den prächtigsten Gebäuden Parramattas. Der Architekt Francis Greenway, ein *emancipist,* ließ sich in seinen ästhetischen, georgeanischen Standards von dem eher düsteren Zweck des Hauses nicht beirren: Nämlich der Unterbringung der weiblichen Strafgefangenen von New South Wales, so weit sie noch nicht als Arbeitskräfte im Lande vermittelt waren. Es war ein massiver, dreistöckiger Bau aus weißen Quadern mit einem Satteldach, das in der Mitte des Firsts ein viereckiges Uhrtürmchen krönte. Das Haus betrat man an der Breitseite durch einen kurzen Vorbau mit Giebeldach. Über das weitläufige Gelände verteilten sich die Einzelzellen für verschärften Arrest, Wirtschaftsgebäude, Werkstätten, Stallungen. Um die Anlage zog sich eine zwölf Fuß hohe Steinmauer. Die *Female Factory* war malerisch gelegen, etwa eine halbe Meile nördlich der Stadt am linken Ufer des Parramatta River auf einer sandigen Senke mit niedrigem Buschwerk.

Tom Bramley, mein Cousin, hatte sich mit dem Reverend James Hassall, eines Enkels des Samuel Marsden, in der *Female Factory* verabredet. Onkel Edward entschied, er müsse mich mitnehmen, damit ich ein neues Hausmädchen aussuchte. Tom, in anderen Angelegenheiten um Widerworte nicht verlegen, konnte meine Begleitung nicht gut ablehnen. Er willigte ohne große Begeisterung ein. Was er mit dem Reverend zu besprechen hatte, interessierte mich nicht. Tom, als Beamter des Katasteramts mit Parramatta's Immobilien vertraut, war vielleicht in einer strittigen Sache von seinem Vater vorgeschickt worden, und der Reverend erwartete umgekehrt die Unterstützung der Bramleys beim Bau einer neuen Kirche. Die

Verfilzung der Interessen in einer kleinen Gemeinde ist kaum zu durchschauen. Ich sagte Tom, ich erwartete von ihm keinerlei Schützenhilfe bei der Wahl einer Hausgehilfin. Wenn du mich brauchst, laß es mich trotzdem wissen, gab er mürrisch zurück. Ich wäre lieber bei Kelley auf dem Kutschbock gesessen als fast eine halbe Stunde neben meinem stocksteifen, abweisenden Cousin. Erst allmählich taute er auf. Wie wahr das Wort, man könne sich Freunde aussuchen, jedoch nicht die Verwandtschaft!

Hundert Yards von der Mauer der *Female Factory* entfernt überholten wir einen *constable,* der eine Strafgefangene abliefern sollte. Pat zügelte das lahme Pferd, und Tom sagte zu mir, ich solle mir die Frau ansehen. Vielleicht gefiele sie mir ja, dann könnte ich mir lange Prozeduren des Aussuchens aus Dutzenden von Bewerberinnen ersparen. Vielleicht wollte er witzig sein. Ich konterte: Ich suche jemanden für deine Familie, nicht für mich. Spar dir deine Witze für bessere Gelegenheiten. Ich stand unter Stress und war mimosenhaft empfindlich. Tom fragte den *constable,* was die Frau angestellt hätte. Zum ersten Mal sah ich einer Strafgefangenen direkt ins Gesicht. Sie hielt meinem Blick trotzig stand. Sie lief barfuß, und ich konnte nicht abschätzen, wie viele Meilen sie schon hinter sich hatte. Sie mußte nach den Standards der Gesellschaft wirklich ein primitives Wesen sein. Sie war nicht gerade häßlich, aber doch plump, mit groben Gesichtszügen. Vermutlich beschränkte sich ihr Wortschatz wesentlich auf Schimpfwörter. Der *constable* war kein übler Typ, er gab bereitwillig Auskunft: Sie stammt aus Schottland. Von welcher Stadt? Aberdeen oder Glasgow, ist ja egal. Nun, sagte er, sie war aufsässig gegenüber ihrer Herrin. Das Gericht verurteilte sie zu ein paar Monaten Haft. Und wie das so ist, wenn die Frauen wieder an die Regierung zurück gegeben werden: Man schneidet ihnen die Haare kurz. Es scheint, das ist der größte Kummer dieser Frau. Was der Mann da sagte, traf mich wie ein Schlag ins Gesicht. Die Frau wandte sich ab und weinte still, als sie den *constable* so reden hörte.

«Wie geht es in der *Female Factory* zu?» fragte ich Tom. «Was erwartet die Frauen?»
«Das laß dir von Mr.und Mrs.Statham erzählen. Sie leiten die Anstalt. Es sind angesehene Leute, man hat sie erst letztes Jahr auf den Posten gesetzt.»
«Warum gibt es die *Female Factory* überhaupt?»
«Die Idee war zum einen, strafgefangene Frauen an private Arbeitgeber zu vermitteln. So nebenher wurde die Anstalt auch zu einem Heiratsbüro. Hauptsache, man wurde die Frauen los. Zum andern dient die *Female Factory* als Gefängnis für Schwerkriminelle und Rückfällige. Es ist auch ein Wirtschaftsunternehmen, die Gefangenen produzieren Textilien.»
«Was hat die *Female Factory* für einen Ruf?»
«Einen sehr schlechten. Mit Recht – bis letztes Jahr. Aber ein schlechter Ruf dauert eben fort, auch wenn sich Zustände bessern. Wenn man einen Misthaufen wegschafft, riecht man ihn noch eine ganze Weile.»
«Was war denn passiert?»
«Vor fünf Jahren kam es zu einem regelrechten Aufstand. Hundert Frauen taten sich zusammen, warfen die Fenster ein, zerbrachen die Türen, Militär und Polizei mußten eingreifen. Die Anstalt war mit einem Vielfachen an Personen überbelegt, das Essen miserabel, die Verwaltung unfähig und korrupt. Man tauschte das Personal aus, Anklagen wurden erhoben, aber erst seit letztem Jahr ist Ruhe eingekehrt. Die Anzahl der Insassen ist auf das normale Niveau gesunken.»

«Wenn es zu einem Aufstand kam, dann brodelte es schon vorher im Kessel.»

«Stimmt. Ein Jahr zuvor hatte der Gouverneur Gipps eine Abordnung von Frauen empfangen. Sie beklagten sich, die *Female Factory* sei zu einer gewöhnlichen Strafanstalt verkommen, während ihre eigentliche Aufgabe die Vermittlung von Arbeitsplätzen oder Ehemännern sei. Gipps mußte den Frauen recht geben, er setzte eine Kommission ein zur Untersuchung der Mißstände: Das waren Unregelmäßigkeiten bei der Verteilung der Rationen, Schikanen der Aufseher, um die Disziplin durchzusetzen, Bereicherung auf Kosten der Gefangenen. Solche Dinge. Die starke Überbelegung machte jedoch alle guten Vorsätze illusorisch. Hinzu kam, daß die *Female Factory* immer häufiger auch als Asyl von all jenen Frauen aufgesucht wurde, die nirgendwo einen Unterschlupf fanden: Schwangere, Mütter mit Kindern, Mißbrauchte, geistig oder körperlich Behinderte, frei oder noch unter Bewährung, es spielte keine Rolle.»

Edwin Statham, der Direktor der *Female Factory*, empfing mich in seinem Büro, hieß mich in einem bequemen Besuchersessel Platz nehmen, ließ ein Kännchen Tee kochen und Gebäck bringen. Er bat mich, die Verspätung seiner Frau zu entschuldigen, die gerade einen Rundgang durch die Fabrik mache. So, so, Edward Bramley brauche ein neues Hausmädchen. Freilich wo hernehmen, wenn nicht aus der *Female Factory*. Die Anheuerung von Bediensteten fiele freilich in die Kompetenz seiner Frau, während er mit Verwaltungsarbeiten überlastet sei. Aber er könne mir mit allgemeinen Auskünften über die Fabrik dienen, die in Australien, vielleicht sogar im ganzen British Empire, eine einmalige Einrichtung sei, und – mit einem verschmitzten Zwinkern der Augen: Er sei den Anblick von Frauen ohne Strafvollzug gar nicht mehr gewohnt.

Wissen Sie, Miss Nelson, was der auslösende Anlaß zur Errichtung der *Female Factory* war? Nun, natürlich war schon seit Jahren die Rede davon, daß ein geräumiges Gebäude für die Frauen im Strafvollzug gebraucht wurde, und zwar für ganz New South Wales. Aber die Mühlen der Behörden mahlen langsam, und es knirscht im Getriebe, es mußte also folgendes passieren: Daß nämlich der britische Kolonialminister, Lord Bathurst, dem Gouverneur Macquarie das Schreiben eines Denunzianten zuschickte, in dem der Gouverneur der Begünstigung der Prostitution in Parramatta bezichtigt wurde. Die Logik ist klar: Wenn er den Bau einer Unterkunft für Frauen unter Aufsicht der Regierung hinauszögerte, dann doch nur, weil er auf krummen Wegen an Bordellen mitverdiente. Zu der Beschuldigung will ich gar nicht Stellung nehmen, unter Australiens Gouverneuren gibt es schillernde Figuren. Das war – lassen Sie mich nachrechnen – um 1817. Die Pläne für den Bau, von Reverend Samuel Marsden entworfen, waren 1818 fertig. Nicht, daß der Reverend von Bautechnik viel Ahnung hatte, aber in Parramatta wurde kein Haus gebaut, ohne daß man ihn um seinen Rat fragte. Immobilien waren sein Steckenpferd, und wieviel Zeit noch für den lieben Gott übrig blieb, dazu maße ich mir kein Urteil an. Der protestantische Reverend hatte eine Marotte unchristlicher Art: Er haßte Katholiken, und manch ein irischer Rücken bekam das schmerzhaft zu spüren. Er pflegte Auspeitschungen härtester Art persönlich anzuordnen – war der umtriebige Mann doch auch Friedensrichter in Parramatta. Nun, Friede seiner Asche, er ist schon zehn Jahre tot, und vielleicht war er derjenige, der den kompromittierenden Brief an den Kolonialminister schrieb, als alle seine Eingaben an den Gouverneur wegen eines Neubaus der Fabrik nichts brachten. Das ist nur meine Spekulation. Bitte behalten Sie, Miss Nelson, den Beweis meines Vertrauens in Sie für sich. Nun, die ersten Frauen zogen in das neue Gebäude im Februar 1821 ein. Es war geplant für eine Belegung mit 300 Personen. Heute haben wir an Insassen nur die Hälfte.

Um genau zu sein: Es gab schon vorher eine Art *Female Factory*. Der Gouverneur King veranlaßte 1804 beim Bau des Gefängnisses von Parramatta, daß dem ein weiteres Stockwerk für die Verbringung von Frauen hinzugefügt würde. Die Räumlichkeiten waren natürlich beengt und unglaublich primitiv. Es handelte sich um eine Notlösung, damit die Frauen nicht auf der Straße nächtigen sollten. Aber der Platz reichte nicht für alle. Wissen Sie, Miss Nelson, es ist ganz einfach, jemandem eine Strafe aufzubrummen – aber was dann? Wo sollen die *constables* die verurteilte Person hinschaffen? Wir haben in Parramatta nicht wie in London ein Old Bailey, nicht einmal in Sydney. Sie würden sich wundern, wie viele Sträflinge – sogar Lebenslängliche – mit einem *ticket-of-leave* auf Bewährung in die bedingte Freiheit entlassen werden, unter milden Bedingungen. Das ist die einfachste Art der Unterbringung: ihnen die Freiheit zu geben. Mögen sie dann selbst für sich sorgen! Man machte sich auch über die Beschäftigung der Sträflinge Gedanken. Rentabilität eines Unternehmens ist immer ein erstrebenswertes Ziel, und so heuerte man damals einen gelernten Weber an, einen *emancipist*. Er gehörte zu den sogenannten schottischen Märtyrern und war wegen Aufwiegelei zu vierzehn Jahren verurteilt worden. Ach, der gute George Mealmaker starb viel zu früh, aber es war durch seine eigene Schuld. Er ruinierte sein Vermögen und seine Gesundheit durch den Suff und kam bei einem Brand in der Fabrik um. Er war total betrunken und verschlief das Feuer. Aber es war er, der den Webstuhl in der Fabrik eingeführt hat, und die Textilien aus Leinen und Wolle in grober und feiner Qualität ließen sich gut absetzen. Die Tradition des Webens wurde in der neuen *Female Factory* fortgesetzt.

Es ist ein Kommen und Gehen. Praktisch alle Frauen mit einer Strafe werden durch die *Female Factory* geschleust. Sie warten hier, bis sie irgendwo untergebracht werden, und sie kommen zurück, wenn der Arbeitgeber mit ihnen nicht zurecht kommt. Dann muß für sie eine neue Stelle gefunden werden. Wir versuchen natürlich herauszufinden, in welche Art von Konflikten sie geraten sind. Nicht immer ist der Sträfling an einem Zerwürfnis allein schuld. Was ich hier gelernt habe, Miss Nelson: Eine Frau mag sich bösartig gebärden – aber warum ist sie so geworden? Ich weiß es nicht, und ich maße mir kein Urteil an. Und wenn ich schon nicht allgemein an das Gute im Menschen zu glauben vermag, in jeder dieser Frauen schlägt doch ein verwundetes Herz. Meine Frau schilt mich sentimental, aber im Stillen gibt sie mir recht. Sie trägt die ganze Bürde auf ihren Schultern, diesen ausgestoßenen Menschen wieder zu einem bürgerlichen Leben zu verhelfen. Das ist eine gewaltige Nervenprobe. Und dann die schier aussichtslosen Fälle! Diejenigen, die bei uns eingewiesen werden zur Verbüßung einer Langzeitstrafe. Eine Frau ist fünfzigmal vorbestraft und hat inzwischen das Greisenalter erreicht. Was kann man da noch tun? Die unseligen Kreaturen haben sich längst selbst aufgegeben.

Ja, Miss Nelson, es kommen nicht viele fremde Besucher zu uns, aber keiner versäumt zu fragen, ob wir nicht auch Heiraten vermittelten, und wenn ja, wie es dabei zuginge. Das ist auch ein Erbe des Reverend Samuel Marsden – Gott sei seiner Seele gnädig – der der Stiftung einer Ehe der Vermittlung von Arbeitsplätzen den Vorzug gab. Er hat Paare sogar persönlich zum Altar geführt und getraut. Auch Katholiken? Weiß ich nicht. Wir sprechen von einer Zeit, die viele Jahre zurück liegt. Wieviel dem Reverend wirklich daran lag, etwas für die geschundenen Menschen zu tun, dazu kann ich mich nicht äußern. Aber Australien lag ihm sicher am Herzen. Ehen zwischen *convicts* schienen ihm das probate Mittel, beide Ziele zu erreichen: Für den Menschen ein neues Zuhause ohne Ketten und Peitsche, und für Australien eine prosperierende Zukunft nach eigenem Maß. Die britische Krone – verzeihen Sie meine bittere Kritik – schert sich keinen Deut um Australiens Wohlergehen. Für sie sind wir ein Müllplatz für den Abfall der britischen Inseln, einen halben Erdumfang vom Buckingham Palace entfernt, so daß es nicht mehr gar so übel vor seinen Pforten riecht. Jedoch, ich schweife ab. Nun, viele Männer und Frauen im Strafvollzug finden irgendwann, während oder nach Verbüßung ihrer Strafe, zueinander. Runde fünfzig Prozent der Frauen – das ist meine Schätzung für die Zwanziger und Dreißiger Jahre. Die *Female Factory* hat prozentual daran nur einen mäßigen Anteil. Die Prozedur ist ganz einfach: Ein Mann, meist mit einem *ticket-of-leave* in der Tasche, vor allem aber im Besitz des Leumundszeugnisses eines Geistlichen, stellt sich bei uns vor und verkündet, er suche eine Lebensgefährtin. Wir kennen unsere Mädchen, wissen welche wir guten Gewissens einem Bewerber vorführen können. Vorführen heißt: Meine Frau bringt die Mädchen in ein geräumiges Besucherzimmer, wo der Interessent, sicher ein wenig nervös, schon wartet. Er stellt die üblichen Fragen nach Name, Alter, Herkunft, Religionsgemeinschaft, Familienstand, seltener Ausbildung. Ist der Bewerber ein Gentleman, wird er sich nicht öffentlich nach dem Grund der Bestrafung erkundigen – darüber kann ihm meine Frau unter vier Augen berichten. Allmählich entspannt sich die Atmosphäre, die Stimmung wärmt sich auf. Nun fragen auch die Mädchen. Sie haben sich hübsch gemacht, so gut es eben ging, und das gütige Herz meiner Frau hat daran keinen geringen Anteil. Es gibt da eine Art Komplizenschaft unter Frauen – Sie werden das verstehen, Miss Nelson. Es befremdet ein wenig – aber bedenken Sie ihre Situation! – daß der Bewerber vor allem danach gefragt wird, was er einer Frau an materieller Sicherheit zu bieten hat. Aus den Antworten ziehen sie dann weitere Schlüsse: ob er auch als Partner fürs Leben taugt. Sie zählen das an der Größe einer Rinderherde oder des Ackerlands ab. Oder, was er für ein Gewerbe betreibt: ein seriöses Handwerk oder eine Kneipe. Auch Kneipwirte haben auf diesem Heiratsmarkt ihre Chancen, sie suchen vielleicht gerade nach einer Frau mit Erfahrung in dem Gewerbe – ich muß nicht deutlicher werden, Miss Nelson. Solche Ehen wären nicht nach des Reverend Samuel Marsden's Geschmack. Wir als Leiter der Anstalt müssen jedoch ab und zu zwei Augen zudrücken, schließlich brauchen wir Platz für neue Schicksale. Freilich, daß die Ehe wirklich von Amts wegen geschlossen wird, das ist unsere Bedingung. Mit einer Entlassung in die Ehe empfehlen wir den Behörden ja auch die Ausstellung des *ticket-of-leave,* falls die Frau noch nicht den Status der Bewährung erhalten hat.

Ja, welche Frau also nehmen? Eine Zurückweisung des üppigen Angebots insgesamt geschieht seltener, als daß der Interessent einfach ratlos ist. Er kann sich nicht entscheiden. Zum Schluß greift meine Frau mit ihrem guten Zureden ein. Sie hat die ganze Zeit der Zeremonie stumm beigewohnt und nur die Daten zur Person verlesen. Wir haben recht attraktive Mädchen bei uns – Sie werden noch sehen, Miss Nelson. Von Irland mit frommen Madonnengesichtern, von London und Liverpool mit guten Manieren, kämpferisch und unverwüstlich die Schottinnen – aber die meisten aus Glasgow und Edinburgh stehen unter strengem Strafvollzug und werden nicht vorgeführt. Vorsicht ist geboten: Seit Shakespeare's Zeiten ist bekannt, daß Engländerinnen ihr Bestes im Theater geben. Auch die Vorführung in unserer *Female Factory* ist ein Bühnenspektakel. Und sie werden ihr Allerbestes geben, die Mädchen, denn die Konkurrenz ist groß! Nun, Sie, Miss Nelson, wollen nicht heiraten, sondern ein Hausmädchen für die Bramleys aussuchen – da spielen Alter und Aussehen wohl keine Rolle.

Wie sich der Direktor täuschte: *Es müssen ja nicht unbedingt die Ältesten und Häßlichsten sein* – die Weisung gab mir Onkel Edward mit auf den Weg. Alle übrigen Punkte aus seiner üppigen Wunschliste waren mir entfallen. Ich sagte zu Mr.Statham: Mit einer Alten oder Häßlichen würde ich nicht wagen, Mr.Bramley unter die Augen zu treten. Das Erscheinen seiner Frau enthob ihn einer kniffligen Antwort.

Mrs.Statham führte mich in ihr Büro. «Wollen wir mit der Prozedur des Vorstellens gleich anfangen, oder haben Sie vorher noch Fragen, Miss Nelson?»
«Mrs. Statham. Ich bin noch nicht lange in Australien, ich habe viel zu lernen. Für meinen Onkel, Mr.Bramley, eine Hausgehilfin auszusuchen, ist eine delikate Aufgabe. Er stellt sich das natürlich ganz einfach vor: So von Frau zu Frau – das kann doch nicht schwierig sein?» Die Direktorin der *Female Factory* lächelte mir verständnisvoll zu:
«Wer kennt nicht Edward Bramley?» Wie auch immer sie das meinte.
«Sagen Sie, was haben die Mädchen angestellt, daß sie nach Australien deportiert wurden? Ich höre: einem Betrunkenen

die Geldbörse geklaut, Hehlerware verschachert, ein Spitzentuch gestohlen und so weiter...»
«...und noch einiges mehr, sicher. Und dafür mindestens sieben Jahre? fragen Sie. Nun, das waren Delikte, die nur den Ausschlag gaben, sie hierher zu schicken. Denn es handelt sich ausnahmslos um Vorbestrafte, die meisten mehrfach. Legen wir die britische Rechtsprechung einmal großzügig aus: Man sah keine Chance einer Rückführung in die bürgerliche Gesellschaft, sofern sie in ihrem angestammten Milieu verblieben.»
«Sind die Chancen in Australien besser?»
«Die Erfahrungen sprechen dafür – im allgemeinen. Ein Teil der Frauen, ich schätze 10 – 15 Prozent, gerät auch in Sydney oder gar in Parramatta wieder unter die Räder.»
«Das sind Ihre *Unverbesserlichen,* Mrs.Statham?»
«Das klingt hart, aber es ist so. Wir wenden unsere hauptsächliche Aufmerksamkeit den Mädchen zu, die noch eine Aussicht auf eine hellere Zukunft haben. Sie müssen sich ein halbes Jahr durch gute Führung bewährt haben. Nun, auf ein paar Wochen kommt es nicht an. Die anderen büßen ihre Strafe ab, werden entlassen, kommen wieder, wir scheren ihnen die Haare – das ist Vorschrift, auch wenn es mir persönlich nicht gefällt. Nichts, das einen Menschen erniedrigt – was er auch angestellt haben mag – ist als Strafe geeignet.»
«Wie werden die Frauen bestraft. Liegt das in Ihrem Ermessen?»
«Die Zeiten sind vorüber, da Frauen als Kettensträflinge beim Straßenbau Erde in Körben schleppen mußten. Die Peitsche bekamen sie nur auf Norfolk Island zu spüren – das düsterste Kapitel des australischen Strafvollzugs. Eine Zeitlang liefen sie in Parramatta in einem Tretrad, um den Mühlenbetrieb aufrecht zu erhalten. Auch das ist vorbei. Ich schicke sie nur in die Wäscherei.»

«Lassen sich die Mädchen, die zu den bevorzugten gehören, noch immer gut vermitteln?»

«Das hat nachgelassen, seitdem die Einwanderung von freien Siedlern, darunter vielen Frauen, zugenommen hat. Es ist eine spürbare Konkurrenz auf dem Arbeitsmarkt."

«Wie sehen Sie denn die Zukunft der *Female Factory*?»

«Frei heraus gesagt: es gibt keine Zukunft. Seit längerer Zeit kommen keine Schiffe mit Gefangenen mehr nach New South Wales. Die Deportation wird in ein paar Jahren ganz eingestellt. Die *Unverbesserlichen* werden ihre Strafe absitzen, und die *Female Factory* wird in eine Irrenanstalt umgewandelt. Das ist so gut wie beschlossen. Nach wie vor wird man alle Frauen aufnehmen, die einfach nicht wissen, wohin sie gehen sollen. Ein Asyl für jedermann. Wer weiß – dann wird auch meine Zeit hier abgelaufen sein.»

Da saß sie mir gegenüber, die zierliche, resolute Frau, im Haar die ersten grauen Fäden, und sie mochte nicht älter sein als Mitte vierzig. Ich wollte sie nicht fragen, woher sie und wie zu diesem einmaligen Posten kam. Innerhalb eines Jahres war es ihr gelungen, aus der berüchtigten *Female Factory* eine respektable Institution zu machen. Das war ihr Werk. Ihr Werk ganz allein. Der schwatzhafte Edwin Statham erledigte den Papierkram. Sie sah den 120 Frauen täglich ins Gesicht, und da waren noch 50 Kinder zu betreuen.

«Werden Sie die *Female Factory* einmal vermissen?» Die Frau dachte eine Weile nach.

«Man kann solche Gefühle nicht voraussehen. Irgendwann werde ich mich damit abgefunden haben, daß die *Female Factory* für mich Vergangenheit ist. Bis es so weit ist, werden in meiner Seele die widersprüchlichsten Empfindungen gegeneinander kämpfen. Verzeihen sie, Miss Nelson, ich sollte nicht über solch persönliche Dinge sprechen.»

Ich besann mich, daß ich meine Dienste der *Female Factory* anbieten wollte. Fast verließ mich der Mut, und so kam ich ganz allgemein auf das Thema der Fortbildung von weiblichen Strafgefangenen zu sprechen. Mrs.Statham sagte:
«In den Dreißiger Jahren flackerte einmal ein Strohfeuer auf, nämlich das Projekt einer Abendschule für die Mädchen. Ein Kränzchen von Damen der sogenannten besseren Kreise Parramattas wollte sich der moralischen Belehrung und der Ausbildung zu Hausangestellten widmen. Es wurde nichts daraus. Letztlich, so vermute ich, mochte sich niemand die Hände an Sträflingen schmutzig machen. Sind Sie Lehrerin, Miss Nelson, weil Sie das Thema interessiert?»
«In London war ich Lehrerin an einer Waisenschule. Insofern habe ich einige Erfahrung.»
«Wenn Sie eine geeignete Beschäftigung suchen, könnte ich die *Female Orphan School* in Parramatta empfehlen. Dort werden immer tüchtige Kräfte gebraucht.»
«Danke. Ich werde es mir überlegen. Das Projekt einer Abendschule für die *Female Factory* wurde nicht mehr aufgegriffen?»
«Nein. Es hätte auch keinen Sinn. Die Fluktuation zwischen Neueingängen und Vermittelten ist zu stark für einen geregelten Schulbetrieb. Und diejenigen, die eine lange Strafe absitzen – die würden sich einen rechten Spaß aus den Lehrern machen. Irgendwo ist die Grenze erreicht, wo man solch gestrandeten, erniedrigten Wesen noch in eine lichtere Zukunft helfen kann. Und gewiß nicht mit Schulstunden. Zum Zwecke der moralischen Belehrung kommen einmal in der Woche an verschiedenen Tagen zwei Geistliche, ein katholischer und ein protestantischer, wie heute der Reverend James Hassall. Ein

Lehrer steht uns zur Verfügung, sollte ein Mädchen mit guten Chancen noch lesen, schreiben und rechnen lernen wollen, bevor es uns verläßt.»

Mrs.Statham hatte mich gewarnt: Die Damen zeigten gelegentlich einen deftigen Humor, weit jenseits der Grenzen des gesitteten Benehmens. Ihre Sprache sei recht gewöhnlich. Eine Art *Factory Cockney.*
«Ich lege ihnen da keine Zügel an», sagte Mrs.Statham. «Sie werden nicht in Gesellschaftskreise aufsteigen, in denen man ein vornehmes Englisch pflegt. Und wenn doch – recht unwahrscheinlich – dann werden sie es schon lernen. Strenge nur da, wo nötig. Reden sollen sie, wie ihnen der Schnabel gewachsen ist. Sie müssen sich doch auch mal Luft machen! Solange sie nicht mich oder Besucher direkt beleidigen. Es ist im Grunde nur ein wenig Hänselei.»
Ich wartete in dem Raum, in den auch die Heiratsbewerber mit feuchten Händen gebeten werden. Vielleicht war ich nicht weniger nervös. Ich vertraute auf die Direktorin, die mich nicht im Stich ließe, falls mich die Meute zu hart bedrängte.

Sie schwärmten herein, lachend und winkend, zwei Dutzend. Gefangene in guter Laune. Mädchen wie ich. Frisch gewaschen und ein wenig aufgeputzt, alle im tristen Flanell der Gefängnistracht, manche mit einem Tuch über dem Kopf. Ich bekomme den Humor im *Factory Cockney* nur in harmlosen Portionen zu kosten: Ach seht mal, was für eine Überraschung: Willst du uns heiraten? Was bringst du denn mit? Bist ja ganz hübsch, aber die Haare mußt du dir schon schneiden lassen. Wir können dir unseren Gefängnis-Friseur empfehlen – der ist ganz prima: Guck dir unsere Frisuren an. Also wer will die Hübsche haben – niemand? Wir sind eben wählerisch, weißt du, nimm es nicht krumm! Ist ja auch wegen des Kinderkriegens nicht ganz einfach. Mußt dir einen feschen Mörder aus der Gefangenen-Baracke ausleihen, vielleicht macht er es umsonst, wenn er uns sieht. Aber wenn du nicht Heirat meinst, weißt du, wir können auch sonst ganz nett sein. Sie stoßen sich mit den Ellbogen an und kichern. Dann Stille, alle starren auf mich mit einem maskenhaften Grinsen, und ich werde feuerrot. Ein enttäuschtes Raunen: Ach, sie ist wirklich noch Jungfrau, wer hätte das gedacht.

Es war wie ein perfekt einstudiertes Bühnenspektakel. Jeder Satz saß, und dazu vollführten die Mädchen tänzerische Bewegungen, die harmonisch die Sprache begleiteten. Ich vermutete dahinter die choreographische Hand der Direktorin. Sie beendete die Vorstellung, indem sie in die Hände klatschte, und zur Sache kam. Sie hielt ein Papier in der Hand, las Namen, Alter und Herkunft der Delinquentinnen vor, deutete auf die letzte Rubrik, den Eintrag des Vergehens, für das sie deportiert worden waren, damit ich es lesen sollte. Ich schüttelte verwundert den Kopf, was man alles stehlen und wieder absetzen konnte. Sie arbeiteten selten in eigener Regie, sondern für Männer, die letztlich auch nach Australien deportiert wurden. Sie leisteten Beihilfe zu Einbrüchen, Scheckbetrug, schwerer Körperverletzung, Münzfälschung, Auftragsmorden. Gab es nichts Einträglicheres zu tun, gingen sie auf den Strich, was an sich nicht strafbar war. So das vergröberte Bild ihrer Karrieren.

«Früher konnte eine Präsentation auch anders verlaufen», sagte Mrs.Statham. «Waren die Frauen in rebellischer Stimmung, dann drehten sie sich alle gleichzeitig um und zeigten ihre nackten Hintern. Sie weideten sich an Ausdrücken aus dem

Fäkalbereich und der Hurenhäuser, und niemand konnte sie bremsen, bis sie sich abreagiert hatten. Eines muß ich ihnen lassen: Sie hielten zusammen. Die Mädchen aus Irland für sich, die Schottinnen für sich, die Londoner, die Liverpooler. Das nötigte mir Respekt ab, auch wenn es nicht ins Programm paßte.» Die Direktorin sah mich an: «Sagt Ihnen die eine oder andere zu? Wir müssen ja zu einer Entscheidung kommen, sonst können Sie Mr.Bramley nicht unter die Augen treten.»
«Ich wünschte, er würde sie sich selbst aussuchen. Ich bin ratlos."
«Erinnern Sie sich an einige der Mädchen? Können Sie Namen und Gesicht zusammen bringen?»
«Mrs.Statham: Was ist mit den *Unverbesserlichen* – darf ich von denen auch welche sehen?»
Die Direktorin warf mir einen konsternierten Blick zu: «Das ist nicht möglich. Es wäre gegen die Regeln. Sie glauben doch nicht, das Problem der Auslese wäre einfacher mit einer Vielzahl weiterer Personen?»
«Versetzen Sie sich an meine Stelle, und vergessen Sie einmal Mr.Bramley: Gibt es unter Ihren Sträflingen eine, die Sie mir gerne anvertrauen würden?»
«Wenn Sie das so formulieren, Miss Nelson» – Mrs.Statham tat einen schweren Atemzug – «nun, es liegt in Ihrer Verantwortung, wen Sie auswählen, und das Recht der Rückgabe bleibt Ihnen immer erhalten, auch wenn wir es nicht gerne sehen.» Sie stand auf: «Ich muß die Angelegenheit kurz mit Reverend Hassall besprechen. Legen Sie Wert darauf, daß Ihr Cousin ein Wort mitredet?»
«Nicht unbedingt. Nur wenn er es wirklich wünscht.» Er ließ sich jedoch nicht blicken. Lief etwas schief, hatte er nichts damit zu tun. Nach Möglichkeit mied Tom Gelegenheiten zu einem Streit mit seinem Vater.

So lernte ich sie kennen: Rose Fagan. Ich hatte von ihrer Existenz keine Ahnung. In meinen Kinderträumen hatte ich mir ein Mädchen vorgestellt, das mit mir auf der Straße spielte. Eine einsame Straße in London. Nicht weit von der Wohnung meiner Zieheltern Lord und Lady Milford entfernt, aber doch schon in der Gegend georgeanischer Terrassenhäuser, in denen Familien mit Kindern lebten. Die Straße war im Winter feucht, mit schmutzigen Häufchen Schnees am Rande, im Hochsommer warf die Sonne ein grelles Licht auf das Kopfsteinpflaster, auf eine leere Bühne, auf der ich allein stand und auf meinen Auftritt wartete. Ich ließ Drachen steigen, hüpfte über das Seil, brachte mit einer Peitsche meinen Kreisel in wilde Drehung, warf Murmeln, und war wieder allein. Es war eine sehr lange Straße, ich konnte das Gesetz der Perspektive studieren. Ihr Fluchtpunkt lag bereits im Armenviertel von Whitechapel. Von dorther erwartete ich, daß ein Mädchen auf mich zukam und sagte: Darf ich mit dir spielen? Ich würde es sofort erkennen. Im Winter trug es einen blauen Mantel mit rotem Kragen und einer roten Haube, auch die Handschuhe waren rot und die Stiefelchen. Frierst du? Dann will ich dich wärmen. Komm, leg dich zu mir! Im Sommer hüpfte das Mädchen in einem weißen Kleid auf mich zu, ins Haar hatte es sich eine Margarite gesteckt. Winters wie sommers, sein Lächeln änderte sich nicht, wenn es mich sah. Nur, es existierte nicht.

Ich war allein mit ihr. Wir saßen einander gegenüber auf harten Stühlen, dazwischen ein schmaler Tisch mit zwei Gläsern Wasser. Die Direktorin hatte Rose erlaubt, ein blaues Tuch um ihr kurzes Haar zu schlagen. Das war vielleicht ihr wertvollster Besitz. Sie hatte ihre Hände auf die Tischkante gelegt. Schlanke, glatte Finger, wie man sie Diebinnen nachsagt. Keine roten Flecken oder Schrunden von der Schufterei an den

Waschtrögen. Ich fragte mich, in welcher Weise Mrs.Statham Rose wohl bestrafte, sollte ihre Einsicht es für unvermeidlich halten. Vielleicht half sie nur beim Aufhängen der Wäsche. Vielleicht stritten sich die anderen Mädchen darum, welche für Rose die Strafe am Trog abbüßen durfte. Und Mrs.Statham, falls es sich so verhielte, wußte um die stille Verschwörung. Rose zu bestrafen, etwa durch Entzug der geringen Zuwendung von Liebe, die einem Sträfling zustand: damit hätte sie sich selbst Wunden zugefügt. Ich schaute in das Madonnengesicht vor mir und rätselte über die Farbe der Augen.
«Ich schaue selten in einen Spiegel, Miss Nelson. Die Leute sagen, ich habe bernsteingelbe Augen.» Sie lächelte mich an, und ich fühlte mein Herz pochen.
«Erzähle mir deine Geschichte, Rose!»
«Sie kennen meine Geschichte. Das, was Sie wissen müssen.»
«Du stammst aus Glasgow, bist 23 oder 24 Jahre alt, hast in Sydney ohne Erlaubnis deinen Arbeitgeber verlassen. Deshalb verbüßt du hier sechs Monate. Erst zwei Monate sind um. Was du in Schottland ausgefressen hast, weiß ich nicht.»
«Sie haben mir in die Augen gesehen. Was haben Sie da gesucht?»
«Die Frage überrascht mich. Es ist doch üblich, daß man im Gespräch den Gegenüber ansieht.»
«Sie haben in meinen Augen eine Antwort gesucht, Miss Nelson. Ob sie mich nehmen sollen. Habe ich vor Ihrem prüfenden Blick bestanden?»
«Du hast mich ebenfalls mit deinem Blick abgeschätzt, Rose.»
«Ja, natürlich. Auch ich wollte wissen, wer Sie sind, Miss Nelson. Verstehen Sie?» Sie bemüht sich, ihren schottischen Akzent zu unterdrücken, spricht langsam, überlegt: «Ich habe mit Menschen Pech gehabt. Mein Leben verlief nicht glücklich.»

«Das ist mir klar.» In Rose Fagan's Augen glitzert es verräterisch. Sie streckt ihren Arm vor, und ich spüre ihre kühlen Finger auf meiner Hand. Sie sagt leise:
«Nächstes Jahr machen sie aus der *Female Factory* ein Tollhaus. Lieber stürze ich mich aus dem Fenster, als daß ich in der Gesellschaft von Wahnsinnigen lebe.»

Als sich unsere Blicke trafen, bevor noch ein Wort fiel, hatte ich die Partie gegen Rose schon verloren. Ich brauchte sie nicht auswählen. Es war Rose, die vom ersten Augenblick an entschied, ich würde sie mitnehmen. Zu welcher Herrschaft auch immer. Der Name Bramley sagte ihr nichts. Wieder bei klaren Sinnen, dachte ich darüber nach, wie mir geschehen war. Eine Art Verzauberung. Aber, was heißt das schon: es ist nur ein wohlfeiles Wort! Das Vokabular der Alltagssprache reicht nicht hin, jenes Phänomen einfühlsam zu schildern: Daß bei ihrem Anblick ein warmer Strom durch meine Glieder rann, wie ein erregendes, beglückendes Elixier. Daß ich mich wundersam verwandelt fühlte. Daß meine buhlende, abstrakte Liebe zu Australien fleischliche Gestalt angenommen hatte in Rose Fagan. Ich begriff, was Poesie bedeutete: eine höhere Ebene der Artikulation. Rose Fagan ließe sich mit gewöhnlichen Worten nur oberflächlich beschreiben. Ihr hübsches Gesicht allein erklärt nicht das Geheimnis ihrer Anziehung. Sie hat eine Aura um sich, die sie unantastbar, undurchdringlich, unverletzlich erscheinen läßt. Gegen das Böse, gegen das Gute. Die Begriffe verschwimmen.
«Rose, ich sage Mrs.Statham Bescheid, daß sie dich morgen zu den Bramleys entläßt. Unser Kutscher Pat Kelley wird dich abholen. Ob du bleiben wirst, hängt allein von dir ab. Rose, sieh mich an! Du mußt Mr. und Mrs.Bramley für dich gewinnen. Sie müssen dir vertrauen.»

«Sie werden mir erklären, was ich als Hausmädchen zu tun habe.»
«Und was für eine Geschichte erzähle ich den Bramleys, wenn sie mich nach dir fragen?»
«Ich wurde in Glasgow wegen Diebstahls eines Laib Brots und von einem Dutzend Eiern verurteilt. Mein Vater war schwer krank, niemand kümmerte sich um ihn außer mir. Der Prozeß war Ende 1843. Ich bekam sieben Jahre Deportation aufgebrummt. Das Schiff segelte im Frühjahr 1844 nach Sydney und kam im Spätsommer dort an.»
«Was waren deine Vorstrafen?»
«Ein Jahr zuvor war ich zu sechs Monaten eingelocht worden wegen angeblichen Diebstahls eines schwarzen Schals.»
«Was meinst du mit *angeblich*?»
«Ich brauchte einen schwarzen Schal zur Beerdigung meiner Mutter. Ich wollte das Tuch der Besitzerin heimlich wieder zurückgeben. Sie hat mich aber vorher angezeigt, und ich konnte das Gericht von meinen guten Absichten nicht überzeugen.»
«Das war alles, Rose? Du bist nicht auf den Strich gegangen?» Zu spät, es war heraus, in den bernsteingelben Augen funkelt Zorn.
«Geht Sie das etwas an, Miss Nelson? Sie haben wohl keine Ahnung, wie tief man eine Frau in den Dreck zieht, wenn man ihr eine solche Frage stellt. Davon abgesehen: Prostitution wäre kein Delikt, dessentwegen man über den halben Erdkreis deportiert wird. Sollten Ihnen die britischen Gesetze unbekannt sein?» Statt aufzuspringen und das Gespräch abzubrechen wegen ihrer Frechheit, sage ich nur:
«Verzeih mir, Rose.» Ja bitte, verzeih mir. Verzeih mir alles, und immer, wenn ich dir weh tue, weil ich es doch gar nicht will.

«Ich verzeihe Ihnen, Miss Nelson.» Sie lächelt wieder. «Wenn Sie jemand danach fragt, sagen Sie einfach, Sie wissen es nicht. Und Sie lügen nicht einmal. Das ist doch einfach, oder?»

Meine Vernunft traut der Situation nicht: Das Mädchen, das dir hier gegenüber sitzt, ist ein verworfenes Geschöpf nach den Maßstäben unserer bürgerlichen Gesellschaft. Es trägt eine hübsche Larve, aber in seinem Innern brütet das Böse. Warum fragst du nicht, was es verbrochen hat? Du willst es nicht wissen. Ja, Rose Fagan: Du bist ein Geschöpf Luzifers, des herrlichsten und klügsten Engels, den der Herr aus Eifersucht verstieß. Mein Herz jedoch spricht anders: Du bist ohne Schuld. Nicht schuldiger als ich. Nur unsere Wege sind verschieden. Das Schicksal suchen wir uns nicht aus. Wir werden hineingeboren in unser Leben von mißratenen Eltern, die ebenso unschuldig sind wie wir. Das Laster hat dein Gesicht nicht entstellt, keine scharfen Kerben, keine harten Züge der Bitternis. Ich modellierte mir eine Rose Fagan zurecht, wie ich sie haben wollte. Rein und verlockend böse zugleich, ohne inneren Widerspruch.

«Erzähle doch weiter, Rose!»
«Den Namen des Schiffs habe ich vergessen. Jedoch nicht, wie es unter Deck zuging. Die Zustände waren unglaublich. Der Segler nimmt Kurs auf die Hölle – das war mein steter Gedanke. Die Hölle, das war Australien, das Schiff das Purgatorium. Als ich mich aus Verzweiflung in die See stürzen wollte, sprang ein Matrose hinzu und riß mich von der Reling zurück. Er war es auch, der mir das karge Essen brachte, als man mich wegen *versuchter Flucht von einem Gefangenentransport* in Eisen legte.» Ich war erschüttert, und Rose Fagan entging dies nicht.
«Was waren das für unglaubliche Zustände unter Deck?»

«Die Besatzung und die Bewacher holten sich die Frauen, wie es ihnen beliebte, und der Kapitän griff nicht ein. Die hübschesten ließ er für sich und seine Offiziere reservieren. Er hatte natürlich auch auf mich ein scharfes Auge. Er befahl dem Matrosen, der mir das Essen brachte und auch den Schlüssel zu meinen Ketten besaß, mich loszuschließen und bei Dunkelheit in seine private Kabine zu führen. Ich flehte den Matrosen an, dies nicht zu tun – ach, wie war ich eigensüchtig um meine Jungfräulichkeit besorgt. Der gute Mann gab vor, er habe den Schlüssel zu meinen Ketten verlegt und müsse erst in seiner Koje suchen. Darauf wurde der Kapitän zornig und ordnete die Auspeitschung des Matrosen an: 250 Hiebe mit der *cat o' nine*, und nach Ende der schrecklichen Prozedur gossen die satanischen Folterer Salzwasser über seinen zerfleischten Rükken. Er gab keinen Laut von sich. Die Wunden aber heilten nicht mehr, er bekam Fieber und starb, bevor das Schiff in Sydney Anker warf. Wir hatten schon eine gemeinsame Zukunft geplant, und ich versprach ihm die Ehe und viele Kinder, sobald unsere Lage es erlaubte.»

«Was für eine schreckliche Geschichte, Rose!»

«Sie sind doch auch meiner Meinung, Miss Nelson: Die Jungfräulichkeit ist ein kostbares Gut.» Rose sah mir so offen und ehrlich ins Gesicht, daß ich nur murmeln konnte:

«Ja, ja, gewiß. Vielleicht aber sollte man den Wert der Jungfräulichkeit nicht überschätzen. Weißt du, Rose, sie kann auch eine Last sein…»

«Ja, Miss Nelson? Erzählen Sie doch mal…» Wieder flackert es in ihren Augen.

«Das ist jetzt nicht unser Thema. Wie ging es weiter mit deiner Reise?»

«Nun ja, ich arbeitete in den Rocks bei respektablen Familien als Hausmädchen. Zuletzt war es ein reicher Unternehmer,

der Schiffahrtslinien betrieb und im Wollhandel am Murray River Geld investiert hatte.»
«Warum bist du ihm davon gelaufen?»
«Er wurde zudringlich. Mir tat auch die arme Frau leid, er war ja verheiratet, hatte mit ihr drei Kinder. Eines Tages kam sie dazu, wie er mich küssen wollte. Sie schob alle Schuld auf mich, ich geriet in Panik und lief davon bis nach Parramatta. Dort meldete ich mich in der *Female Factory*. Es half nichts. Der Mann zeigte mich als Entlaufene an, ein *constable* erschien in der Fabrik und schleppte mich zum Gericht. Alles andere wissen Sie, Miss Nelson.»

Die Bramleys hörten sich Rose Fagan's Geschichte an, die ich kurz gefaßt wiedergab. Onkel Edward blies eine dicke Rauchwolke in den Salon:
«Sie sagt, sie sei 1844 mit einem Gefangenentransport in Sydney gelandet? Das kann nicht sein. Das letzte Schiff kam im November 1840 nach New South Wales. Nur Hobart in Van Diemensland werden noch angelaufen – mit Schwerkriminellen.»
Mein Onkel sah hier nicht den logischen Fehler: Als deportierten sie von einem Tag zum andern nur noch Kapitalverbrecher. Tante Catherine wandte ein:
«Die Frauen hat man zu Schiff nach Sydney weiter transportiert, soweit sie in Van Diemens Land nicht unterkamen. Wollen wir in den Krümeln suchen? Diese Rose hat nur gesagt, sie kam mit dem Schiff nach Sydney. Woher auch immer. Mehr nicht.» Edward Bramley grinste:
«Wir fangen schon an, ihre Lügengeschichten zu verteidigen, und sie ist noch nicht einmal im Haus. Na, dann muß sie ja wirklich etwas bringen, damit wir über ihre persönliche Auffassung von Wahrheit hinwegsehen können.»

«Sieh sie dir doch erst einmal an, du alter Miesmacher», tadelte die Tante. «Vielleicht muß ich sie ja wieder wegschicken, weil du ihr Glotzaugen hindrehst.»
Ich griff den Faden auf und sah meinem Onkel in die glasigen Augen:
«Tante Catherine hat recht: sieh sie dir erst einmal an!»

Ich vertraute auf Rose Fagan's Charisma, daß sie den recht einfach gestrickten Onkel Edward schon bezirzen würde. Seinem Sohn Tom gelang es übrigens nicht, dem Streit mit seinem Vater zu entkommen. Der putzte ihn herunter, weil er sich an der Auswahl des Hausmädchens nicht beteiligt hatte. Da platzte Tom, Gott sei Dank, der Kragen: Er bellte zurück, er habe in der Stadt eine Geliebte, er werde ausziehen und mit ihr zusammenleben. Der Vater könne ihm den Buckel herunterrutschen. Zynisch schloß er seine Suada: ich erbe sowieso nichts. Ist ja nichts da. Als er dies sagte, begann Tante Catherine zu weinen: wäre ich nur schon tot. Ich erlaubte mir die Bemerkung, es sei Zeit, daß eine Person wie Rose Fagan in das Haus einziehe. Neue Probleme brächten auch Abwechslung.

Nachdem Rose sich in bester englischer Manier vorgestellt hatte, betrat sie zögernd den Salon und entdeckte das Porträt der Königin an der Wand. Sie ging darauf zu und stand eine Weile still, wie in Andacht versunken. Onkel und Tante waren beeindruckt. Sie hielten den Atem an und wagten nicht, Rose Fagan anzusprechen. Wenig Sympathie für das neue Hausmädchen zeigten Pat Kelley und John Galbraight. Rose störte die Abneigung nicht im geringsten. Lapidar behauptete sie, die beiden seien Karikaturen von Männern. Wer ihr nicht verfällt – Mann oder Frau – dem fehlt ein lebenswichtiges Organ. Ich verstieg mich in meiner Phantasie zu ungeheueren Torheiten, deren ich mich gleich wieder schämte. Aber wieso war ich glücklich – zum ersten Mal in meinem Leben? Steve, Bramley's jüngerer Sohn, hat sich sofort in sie verliebt. Onkel Edward ist wegen ihr unkonzentriert, läuft ruhelos herum. Die alternde Tante Catherine blüht auf, als hätte sie ein Bad in einem Jungbrunnen genommen. Nun, ich übertreibe. Aber ich tue es in vollem Bewußtsein. Rose Fagan ist mein Australien. Was soll ich mir vormachen? Was kann ich für meine Träume? Die Angst nagt in mir wie eine Ratte, wir möchten Rose wieder verlieren. Das war also das neue Hausmädchen, das ich in der *Female Factory* für die Bramleys ausgesucht hatte.

Ich stellte mich bei der *Female Orphan School* vor und bot meine Dienste an. Nicht als reguläre Lehrerin, sondern als Aushilfe. Ich wurde von der Direktorin freundlich, wenn auch ein wenig erstaunt empfangen. Etwa 150 junge Mädchen aller Jahrgänge und von bunt gemischter Herkunft fanden in dem imposanten, dreistöckigen Ziegelbau im Osten Parramattas Unterschlupf. Wie die *Female Factory,* war auch die Waisenschule ein Auffangbecken für Menschen außerhalb der bürgerlichen Normen. Sie hatten noch nichts angestellt, und das wollte man auch verhindern. Die Mädchen kamen aus Familien von *convicts* und *emancipists,* freien Einwanderern, auch einige Dunkelhäutige fanden sich darunter, und nicht alle waren Vollwaisen. Aus den älteren Mädchen rekrutierte sich das Personal für die Betreuung der Jüngeren. Auf der Suche nach einer Haushaltshilfe oder selbst eines Ehepartners konnten sich Bewerber auch an die *Female Orphan School* wenden. Das Regiment schien milde, kein Vergleich zu der erbärmlichen Waisenhausschule in Whitechapel. Drakonische Strenge oder Verwahrlosung hätte die Schulaufsicht, die in den Händen eines Erzdiakons lag, nicht geduldet. Spontan schlug ich vor, ob ich mich nicht der Betreuung von Mädchen in den freien Stunden widmen könnte. Ich dachte an die Hilfe bei Hausaufgaben, das Vorlesen und Nacherzählen von Märchen, dem spielerischen Erlernen handwerklicher Fertigkeiten, Zeichnen, Singen – ich hatte eine Menge Ideen. Die hatte ich auch schon in London, fand aber keine Resonanz. Die Direktorin hörte mir aufmerksam zu, als ich von meinen deprimierenden Erfahrungen in Whitechapel berichtete. Wir einigten uns, daß ich dreimal wöchentlich in den Nachmittagsstunden in der *Female Orphan School* arbeiten sollte. Die Tage konnte ich mir von Woche zu Woche aussuchen. Die Entlohnung – nun, was erwartete ich? Fangen Sie erst einmal an, dann werden wir sehen, meinte die Direktorin.

6

So ist das eben in Australien, dozierte Pat Kelley: Jede Frau ist eine Hure, die meisten sind oder waren Sträflinge, und Prostitution ist das einzige Handwerk, das sie verstehen. Die wenigen Frauen, die als freie Einwanderer kamen – wieso sollte man sich über jene Gedanken machen? Frau ist Frau, jedenfalls in Australien. Habe ich recht, Miss Nelson? Ich gab ihm keine Antwort. Was war in ihn gefahren? Vielleicht verteidigte er nur sein und Mr.Galbraight's Revier. Schließlich mochten die beiden Pfeifenraucher auch den Doktor Leichhardt nicht. Ostentativ machten sie sich davon, wenn er in Bramley's Park auftauchte.

Rose Fagan, mein Schützling, darf sich anzügliche Bemerkungen erlauben. Sie ist Frau und hat gelitten. Rose's Sprache ist direkt:
«Vergessen Sie nicht, Miss Nelson, auch Sie sind eine Hure, ob Ihnen das paßt oder nicht. Sind Sie besser als ich?»
«Nein, Rose, das würde ich niemals behaupten.»
«Dann ist es gut, Miss Nelson. Sie haben Glück gehabt, und ich Pech.»
Sie hat eine listige, hintersinnige Art, die mich irritiert: Sie kneift die Augen zusammen, schiebt die Zunge zwischen die Lippen und sagt:
«Wissen Sie – nein Sie wissen es nicht! – manchmal macht Pech haben auch Spaß.»
«Du bist ein Luder, Rose», platzt es aus mir heraus.
«Ganz recht, Miss Nelson, das wollte ich damit sagen: Ich bin ein Luder!» – und lacht.

In kunstvoller, diplomatischer Sprache hat Rose Fagan Tante Catherine und Onkel Edward überzeugt, daß sie ein weiteres Mädchen im Haushalt benötigten, nämlich für die Wäsche. Sie unterstrich ihre Rede durch eine beeindruckende Gestik ihrer hübschen, schlanken Finger, die eher für das Stibitzen von Juwelen als den Umgang mit ätzender Waschlauge geschaffen waren. Ja, dann müssen wir die ganze Prozedur noch einmal durchführen, meinte Onkel Edward und blies nachdenklich den Rauch seiner Havanna in den Salon. Oder wüßtest du jemanden, Rose? Natürlich wußte sie jemanden. Wir sollten nach einer Jane Hawkins fragen, sie sei wegen guter Führung zur Vermittlung freigegeben. Ich war also wieder auf dem Weg zur *Female Factory*. Diesmal fuhr Tom Bramley unaufgefordert zur Vorstellung mit, eingedenk des letzten Streits mit seinem Vater. Weil er sich Rose Fagan nicht angesehen hatte. Eigentlich war ich daran schuld: Ich wollte ihn nicht dabei haben. Heute war es mir egal.

Jane Hawkins war ein untersetztes, pausbäckiges Wesen mit den Händen einer Wäscherin. Hände, mit denen man bestenfalls Kohlköpfe stehlen konnte. Sie war mir bei meinem ersten Besuch nicht durch besonderen Witz aufgefallen. Sie schien jedoch freundlich und arbeitswillig. Vielleicht auch eine gute Partie für Arthur Flynn, Bramley's Gärtner. Daran dachte, wenn schon flüchtig, Tante Catherine, während sie hübsche Muster auf ihrem Stickrahmen nähte. Wieder eine kleine Erfolgsgeschichte für das britische Strafsystem der Deportation: Jane und Arthur vor dem Traualtar von Saint Johns in Parramatta. Mrs.Statham vermied es, nach Rose Fagan zu fragen. Ein *constable* würde am nächsten Tag Jane Hawkins zu den Bramleys bringen.

Pat Kelley kutschierte uns zurück in die Stadt, die Church Street entlang über die *Lennox Bridge,* die den Parramatta River überquert. Hinter der Brücke ließ Tom halten: Ich solle mir das Bauwerk ansehen. Es markiere einen Eckpunkt in der jungen Geschichte Parramattas, da es schon die zweite Brücke an dieser Stelle sei, vor zehn Jahren erbaut. An den beiden Brücken lasse sich die Zeit ablesen, die inzwischen in der jungen Kolonie vergangen sei. Es war eine imponierende Bogenbrücke aus Stein. Sie ersetzte die alte Holzkonstruktion aus den Anfängen Parramattas. Eine Brücke, die zukunftsweisend den Süden mit dem Norden von New South Wales verband. Tom hatte an den Bau der Brücke persönliche Erinnerungen: Den Anblick von einigen hundert Sträflingen, die jeden Morgen mit klirrenden Ketten von ihrem Quartier die George Street entlang marschierten und dann rechts in die Church Street einbogen bis zum Flußufer. Ein Teil arbeitete an der Brücke, ein anderer in dem Steinbruch in der Nähe des Gefängnisses. Der Architekt war jener Mr.Lennox, nach dem die Brücke benannt ist. Es gab immer Leute, die dem Zug der Gefangenen zuschauten, auch verstohlen dem einen oder andern ein wenig Tabak zusteckten. Fast die Hälfte der Einwohner der Stadt hatte Sträflinge als Eltern oder Großeltern. Mir war auch klar, wo Tom Bramley's Sympathien lagen: eindeutig bei den *convicts*. Edward Bramley, sein Vater, war ein freier Einwanderer. Niemals wagte ich nach Tante Catherine's Vorfahren zu fragen. Man verbarg es gern, wenn ein Elternteil ein *convict* war. Eine Ausnahme bildeten die irischen und schottischen Rebellen: Helden, die sich vor der Geschichte sehen lassen konnten. Manch ein schäbiger Dieb wäre gerne einer der ihren gewesen. Es gab unter den Deportierten enorme Rangunterschiede. Es waren Schattenrisse der britischen Unterklasse.

«Es wird nicht mehr lange dauern, dann ist Schluß mit *Strafkolonie*», meinte mein Cousin. «Die Schiffe segeln sowieso nicht mehr nach Sydney, nur noch nach Van Diemens Land. Damit erledigt sich auch der Streit, ob die Verfrachtung von Gefangenen nach Australien sinnvoll war. Es gibt dann nur ein Faktum: Australien. Ein paar Leute werden den billigen Arbeitskräften nachweinen, aber nicht lange. Ich kann es kaum erwarten, daß der Spuk vorbei ist.»

«Man sagt, Geschichte sei nicht nachtragend. Aber Australien wird anders sein als andere Kolonien, mit unverwischbaren Spuren – oder Narben – seiner Vergangenheit. Schade, wir werden es kaum noch erleben.»

«Wir sind Zeitzeugen, Margret. Dafür bin ich dankbar. Vielleicht habe ich ja eine Macke wie mein Vater. Eine andere. Der läuft dem Doktor Leichhardt nach, damit der für die Bramleys Australien erforscht. Das ist Geographie. Mir liegt mehr die Geschichte.»

«Tom, eigentlich hast du noch etwas anderes mit mir vor. Was ist es?»

«Wenn du Australien kennen lernen willst, dann so, wie es ist, nicht wie du es dir wünscht. Wir fahren jetzt zu einer Auspeitschung. Pat, bei den *Prisoner Barracks* hältst du, wir steigen aus.»

Was ich von diesem Erlebnis im Gedächtnis behielt, für immer, wie eine Tätowierung, ist dies: Drei pyramidenförmig miteinander verbundene Rundhölzer, an denen mit ausgestreckten Armen ein Mann mit nacktem Oberkörper hängt. Eben löst ihm ein Soldat die Handfesseln. Ein anderer, die neunschwänzige Katze schwingt noch in seiner Faust, sieht zu. Er hat sich nicht verzählt: Es waren hundert Streiche, einer pro halbe Minute. Fünfzig Minuten insgesamt. Durch die Körperdrehung vom Ausholen bis zum Zuschlagen haben seine Schuhe zwei Mulden in den mit Blut gesättigten Sand gedrückt. Sein Arm schmerzt jetzt von der Anstrengung. Allmählich kommt die pendelnde Geißel zur Ruhe. Die Blutflekken auf seiner Uniform stören ihn nicht, er trägt sie wie militärische Orden. Der Mann mit dem nackten, zerfleischten Oberkörper knickt kurz ein, als er von den Fesseln befreit ist, dann wankt er, sein Schritt wir sicherer, je weiter er sich von dem hölzernen Dreibein entfernt. Seine Schuhe sind zu groß. Er latscht davon, und das Blut spritzt mit einem schmatzenden Geräusch aus den Schuhen, hinterläßt eine unregelmäßige Spur, die allmählich geradlinig verläuft. Der Mann rafft sich zusammen, versucht aufrecht zu gehen. Nun traut sich ein Hund an das Dreibein, leckt das Blut um die Rundhölzer herum auf. Ameisen schleppen winzige Stücke Fleisch davon. Es ist brütend heiß, die Sonne steht senkrecht, vielleicht hat der Mann auch einen Sonnestich abbekommen. Auf seinem Rükken hängt die Haut in Fetzen, sie muß bis zur nächsten Auspeitschung nachwachsen. Wie soll man den Mann sonst wieder bestrafen? Unter Haut und Blut quillt sehniges Fleisch hervor. Sträflinge sind nicht fett.

Als mir schlecht wird und ich mich übergebe, führt mich mein Cousin zu einer niedrigen Mauer, auf die ich mich setze. Er versucht mich vor neugierigen Blicken abzuschirmen. Dann bringt er mir ein Glas lauwarmes Wasser, mit dem ich mir den Mund ausspüle.
«Jetzt hast du es erlebt – nicht einmal die eigentliche Auspeitschung, sondern nur das Ende.»
«Mir reicht es auch so. Was voranging, kann ich mir vorstellen.»

«Margret, inzwischen sind die Menschen hier abgebrüht. Man denkt sich nicht mehr viel bei einer Auspeitschung. Die Kinder spielen *Auspeitschung*. Sie bestimmen einen Kameraden, binden ihn an einen Baum, und schlagen mit Zweigen auf ihn ein.»

«Es ist eine Schande. Die läßt sich nicht durch ein Kinderspiel verniedlichen.»

«Sehr richtig: Schande. Dann richte deine ganze Aufmerksamkeit auf das unmögliche Strafsystem.»

«Und was tun?»

«Rühre die Trommel! Berichte von den unmenschlichen Zuständen Seiner Lordschaft, deinem Onkel Milford. Die man hier zu Krüppeln peitscht – das sind unsere Leute. Nicht die Aborigines. Von denen trennen uns einige zehntausend Jahre.» Mir ist, als hätte ich selbst ein paar Hiebe mit der neunschwänzigen Katze abbekommen. Ich fühle mich schlapp:

«Ja, ja, ich schreibe einen Brief an den Lord. Ich könnte auch einen Brief an den Kaiser von China schreiben. Die Wirkung wäre die gleiche. Trotzdem, ich tue es um meinetwegen, um deinetwegen, und für Rose Fagan und Jane Hawkins. Überhaupt für Australien. Nur mach dir nichts vor, Tom: Was hier passiert, interessiert die in London einen feuchten Dreck.»

«Ist dir nicht wohl, Margret?»

«Wieso – rede ich irre?»

«Ich bitte um Verzeihung.»

«Wenn Seine Lordschaft sich überhaupt die Mühe macht, mir zu antworten, dann kenne ich den Text im voraus: Ich solle mir keine Sorgen machen, das Schicksal Australiens sei in guten Händen, Übergriffe ließen sich nicht immer vermeiden, Ausschreitungen in der Justiz werde man gewissenhaft nachgehen, etc., etc. Tom, ich laß dir meinen Brief lesen, bevor ich ihn abschicke. Und die Antwort Seiner Lordschaft schreibe ich auch gleich selbst...Laß mich jetzt bitte allein!»

Endlich ging Tom. Ich brütete vor mich hin. Da kam ein Mann auf mich zu mit einem breiten, freundlichen Grinsen, das Gesicht voller Sommersprossen. Er hatte prachtvolles rotes Haar und einen wilden Bart. Er setzte sich ohne Umschweife neben mich auf die Mauer.
«Miss, ich habe Sie beobachtet. Sie taten mir furchtbar leid. Da wollte ich Sie ein wenig trösten. Ich wollte Ihnen sagen: Mein Rücken sah einmal genau so aus wie jener von dem armen Kerl.» Er deutete auf das blutige Dreibein: «Man wird schon damit fertig. Der Mensch ist zäh.»
«Danke für Ihre Fürsorglichkeit. Ich bin Margret Nelson, wohne bei den Bramleys. Und wer sind Sie?»
Er hält ein Papier in der Hand. Einen Vordruck, mit persönlichen Daten ausgefüllt, oben steht in Druckbuchstaben *Ticket-of-Leave,* unterzeichnet vom Gerichtshof in Parramatta.
«Da lesen Sie, Miss Nelson. Da steht alles. Mein Entlassungsschein, erst ein paar Tage alt. Von sieben Jahren mußte ich fünf absitzen. Immer hart gearbeitet.» Er heißt George Barker, achtundzwanzig Jahre alt, stammt aus Cork und ist 1842 nach Van Diemens Land deportiert worden. Ich musterte ihn: Sah er wie ein Viehdieb aus? Er war Schafhirt und hatte für seinen Herrn fünf wertvolle Lämmer gestohlen. Ihm glaube ich. Rose Fagan glaube ich nicht.
«Van Diemens Land, das war natürlich Pech für Sie, Mr.Barker.»
«Ach, Lady, sagen Sie einfach *George* zu mir, ich bin doch nur ein Schafhirt. Kühe kann ich auch hüten, und Ziegen melken. Das ist alles.»
«Du hast hart gearbeitet, sagst du.»

«Ja. Hätte ich die Lämmer ein paar Jahre früher gestohlen, wäre ich wohl in Sydney statt in Port Hobart gelandet. Mit besseren Chancen auf einen anständigen Arbeitsplatz. Vielleicht als Gärtner. Da waren aber die Lämmer noch nicht geboren», meinte er treuherzig. «Wer von Van Diemens Land nach New South Wales geschickt wird, der zählt von vorneherein zur übelsten Sorte. Deshalb mußte ich bei den Kalkbrennern schuften.»

«War es schlimm?»

«Mich bringt so schnell nichts um. Es war immer die gleiche Maloche, Tag für Tag. Einmal wäre es einem der Aufseher beinahe an den Kragen gegangen. Das ist eine drollige Geschichte. Ich habe von dem Vorfall nur gehört. Es war an einem verregneten Tag in einem Fährhaus am Parramatta River, als die Passagiere darauf warteten, daß der Pegel des Flusses sänke, so daß die Fähren wieder verkehren konnten. Ein *emancipist,* ein Ehemaliger der Kalkbrennerei, entdeckte unter den Wartenden einen früheren Aufseher. Eine plötzliche Wut schäumte in ihm hoch, er stürzte sich auf den Mann, um ihn zu erwürgen. Es wäre ihm auch gelungen, denn von den Passagieren kam dem Aufseher keiner zu Hilfe. Der Verwalter des Fährhauses rettete diesen, indem er den Wütenden in einen Schuppen einschloß. .»

«Was hatte sich der Aufseher zuschulden kommen lassen?»

«Nichts Aufregendes. Wie Aufseher so sind: Schlecht gelaunt, einmal im Tag wollen sie Blut lecken, und immer müssen sie sich aufspielen: Die Peitsche durch die Luft pfeifen lassen. Es reicht schon so, wie sie sind. Manch einer tut sich freilich besonders hervor. Jener, zum Beispiel, der einen Gefangenen mit einer Picke erschlug. Er kam niemals vor Gericht. Das wußte der Kommandant zu verhindern, der selbst genug Dreck am Stecken hatte. Natürlich hielten wir den Mund.»

«Das alltägliche Leben war schon schlimm genug, auch ohne Auspeitschung.»
«Gewiß. Um Mitternacht, zur Flutzeit, legten die Boote an der Werft an. Wir wurden aus dem Schlaf gerüttelt und mußten, halb verhungert wie wir waren, eine ziemliche Strecke die Säcke zum Flußufer schleppen. Die Säcke hatten undichte Stellen, der ungelöschte Kalk rieselte heraus und verätzte unsere verschwitzten Rücken. Richtig schlafen konnten wir sowieso nicht. Wir lagen auf den nackten Planken ohne Decken, wer Glück hatte deckte sich mit einem Fetzen Tuch zu. Wir bibberten vor Kälte. Dann kam einer auf die Idee, Riedgras vom Flußufer zu sammeln und sich darauf zu betten. Wenn es zu faulen anfing, stank es zwar, gab aber etwas Wärme ab.»

George Barker schwieg und versank in finsteres Grübeln. Die Vergangenheit hatte ihn eingeholt. Daß er einmal oder mehrmals ausgepeitscht wurde, das verwand er offenbar leichter als das Einsammeln von Riedgras, um sich daraus ein Bett zu machen. «Natürlich waren wir Diebe, und wer stiehlt, verdient Strafe. So steht es in der Bibel. Niemand konnte mich zwingen, die fünf Lämmer aus der fremden Herde zu entwenden. Es war eben bequemer zu stehlen als abzuhauen und vielleicht eine Zeit lang den Gürtel enger zu schnallen. Aber trotzdem: Auch Diebe sind Menschen. Durfte man uns das alles antun?»
«Wie lange warst du bei den Kalkbrennern?»
«Über ein Jahr. Dann war ich am Ende. Meine Haut vertrug den Kalk nicht. Ich konnte schwere Säcke schleppen, aber nicht den Kalk. Ich hatte Glück. Der Hafenmeister der neuen Werft, östlich von Parramatta, suchte kräftige Leute zum Löschen der Ladung, also vermittelte mich die Regierung dorthin. Später ruderte ich Boote den Parramatta River rauf und runter, am Ende wurde ich sogar Aufseher über eine Flotte

von Ruderbooten. Erst verdiente ich ganz gut, dann aber gingen die Geschäfte immer schlechter, als die Raddampfer aufkamen. Ich reichte um mein *ticket-of-leave* ein und bekam es auch.»

«Du lebst ganz allein, George?»

«Jetzt ja. Eine Zeit lang war ich mit einer Kerzenmacherin befreundet. Ich wollte sie heiraten, wenn ich frei wäre. Aber als ich ihr neulich mein *ticket-of-leave* zeigte, wimmelte sie mich ab. Ich solle mich davonmachen. Sie habe genug von mir. Wahrscheinlich hat sie einen andern. So spielt das Leben.»

«Was hast du jetzt vor?»

«Na, ich werde weggehen von Parramatta, Miss Nelson.»

«Wohin? Nach Sydney?»

«Weit weg.»

«Etwa zurück nach Irland? Die Schiffspassage ist teuer.»

«Ich habe etwas Geld gespart. Aber ich will gar nicht zurück nach Irland.»

«Du willst es mir nicht sagen. Nun gut, ich bin dir nicht böse. Frauen sind eben neugierig.»

«Oh Miss Nelson! Ich würde Ihnen das Geheimnis gerne verraten. Aber ich mußte versprechen, meinen Mund zu halten.»

«Ich kann auch meinen Mund halten, George.»

«Nun, Versprechen ist Versprechen.» Er sah mich mit einem zärtlichen Blick an – so empfand ich es jedenfalls: «Wohin ich gehe, da ist der Himmel dunkel von Milliarden garstiger Fliegen, da kriechen tödliche Schlangen im Gebüsch, da wachsen nur dürre Büschel Spinifex-Gras, die Bachbetten sind trocken und heiß, und hinterrücks treffen einen die Speere der Eingeborenen. Jetzt wissen Sie es. Immer noch angenehmer als der Kalk.» Er wurde unruhig und stand auf: «Miss Nelson, wir treffen uns wieder. Aber jetzt bin ich ein wenig in Eile. Auf der

George Street sehe ich einen Herrn, mit dem ich etwas zu besprechen habe. Bis bald!»
Der Herr, auf den George Barker zurannte, blieb stehen und schaute zu mir herüber. Ich konnte nicht ausmachen, ob er mich erkannt hatte: Es war Doktor Leichhardt. Ja, ich begriff George Barker's Botschaft.

Woher diese bestialische Grausamkeit? Was geht in den Köpfen vor, wenn sie Böses tun? Waren sie schon als Kinder scheußliche Monster? Ich saß matt und trostlos in der Laube von Bramley's Park. Ein Traum drohte zu zerrinnen. Der Traum von Australien als einem möglichen Paradies auf Erden. Es war mir klar, vom Zustand der Seligkeit war der Kontinent noch weit entfernt. Von dem zerfetzten Rücken des Ausgepeitschten ließ sich ablesen, wie lang der Weg zu meiner Utopie noch war. Ich konzentrierte meine Gedanken auf Rose Fagan. Sie war eine Lichtgestalt, wenn schon ein Geschöpf Luzifers. Das war mir gleichgültig. John Galbraight und Pat Kelley saßen mir gegenüber und pafften in aller Seelenruhe ihre Pfeifen, als lebten sie jenseits eines Zauns, der die bösartige Welt ausschloß. Ihr übler Hauch hatte mich gestreift. Instinktiv roch ich an meinen Ärmeln. Aber es war nur der Rauch des Tabaks, den meine Nase witterte.

Ich wünschte, die einträchtige Ruhe der beiden möchte mich einhüllen wie ein dämpfender Nebel. Was auch immer man von dem Strafsystem der Deportation halten mochte, die Argumente pro und contra waren Theorie. Das englische Recht war ein Wirrsal unübersehbar vieler Gesetze. Wie die *convicts* von ihren Wärtern zu behandeln seien, war indessen nirgendwo konkret geregelt. Die Strafgefangenen waren der Willkür ihrer Zuchtmeister ausgesetzt. Diese konnten, wie es ihnen beliebte, äußerste Strenge und Härte walten lassen. Die Auspeitschung mit der neunschwänzigen Katze hinterließ nicht nur körperliche Narben. Es war eine Erniedrigung wie der Marsch zur Arbeit in Ketten. Oft blieb den Geknechteten nur die Flucht in den Alkohol. Es war das Verhältnis zwischen Sklavenhalter und Sklaven. Ein solch dubioses Strafsystem leistete sich das British Empire, das seit über einem Jahrzehnt der Sklaverei abgeschworen hatte.

«Ich konnte mir einfach nicht vorstellen», klagte ich, «wie entsetzlich es ist. Man gibt schon mal dem Hund einen leichten Hieb mit der Peitsche. Dann jault er kurz, zieht den Hintern ein und ist wieder brav.»

«Nun, Miss Nelson, die neunschwänzige Katze ist freilich ein anderes Kaliber. Letztes Jahr starb ein Mann unter der Geißel, nicht allzu weit von hier, in Windsor. Die Sache wurde vertuscht, klar. Man unterschob dem Mann irgendeinen anderen Tod. Da gibt es ja viele Möglichkeiten, zum Beispiel den Biß einer Schlange. Vor ein paar Jahren fand man in der Morgenfrühe eine *Taipan* auf der *Lennox Bridge*. Sie war noch steif von der Kühle der Nacht. Ein beherzter Bürger schlug ihr den Kopf ab, legte den Zollstock an: sie maß 27 Fuß! Dann warf man den Kadaver in den Fluß. Fast alle unsere Schlangen sind tödlich giftig, aber sehr wenige Menschen gehen wirklich an einem Schlangenbiß zugrunde. Sollte das angeblich einem Sträfling passieren, dann findet sich schon ein Arzt, der den Schwindel beglaubigt.» John Galbraight zog sinnend an der Pfeife. Das Strafsystem ist ihm zuwider, aber er ist nun mal in Australien hängen geblieben.

«Muß das Auspeitschen sein?»

«Es ist eben so. Andere Strafen haben sie nicht ausprobiert. Ich gebe zu: Immer nur auspeitschen ist ziemlich phantasielos.»

«Weiß die Königin davon?» fragte ich naiv.

«Nicht, daß es so schlimm ist. Wer sollte es ihr denn sagen? Sie bekommt nur das vorgelegt, was sich für das British Empire gut anhört. Hohe Erträge der Gummibäume in Malaya, zum Beispiel. Oder ein Friedensvertrag mit Maori-Häuptlingen in Neuseeland. Oder eine neue, befestigte Straße durch die Blue Mountains nach Bathurst, von Männern in Ketten gebaut. Zu allen Zeiten und überall auf der Welt wollen Monarchen immer nur Gutes hören. Besonders in China: Boten mit schlechten Nachrichten für den Kaiser wurden an einer seidenen Schnur aufgehängt.»
«Dann schon lieber Königin Victoria mit der Peitsche», meinte Pat Kelley. «Ob sie wohl erfahren hat, daß die Kartoffelernte in Irland dieses Jahr schlecht ausfallen wird?»
«Ganz sicher. Es ist doch eine gute Nachricht, Pat. Ein wenig Hunger dämpft den aufmüpfigen Übermut deiner Landsleute. Und wenn sie in ihrer Not Kartoffeln von den Feldern der protestantischen Gutsherren stehlen, erwischt man sie und schickt sie für sieben Jahre zu uns. Freu dich doch auf neue Gesellschaft, Pat!»
«Du bist ein elender Schotte.» Sie sitzen hier herum, rauchen und necken sich. Abgestumpft, ohne Mitgefühl. Mich aber quält die Szene, deren Ende ich heute mitbekommen hatte:
«Die Strafen sind unangemessen hart, und der Eifer der Auspeitscher maßlos. Warum das?»
«Miss Nelson, Sie suchen nach Erklärungen, als gelte in der Welt immer nur eine eindeutige Logik von Ursache und Wirkung. Die Offiziere, denen einen Trupp Strafgefangener unterstellt ist, sind meistens jung und unerfahren. Und wer weiß, was sie in England für eine trübe Geschichte hinter sich haben. Sträflinge sind oft recht gewitzte Leute: Sie erkennen rasch die Schwachpunkte ihrer Aufseher. Dann werden diese immer wieder gehänselt, bis ihnen der Kragen platzt. Und es gibt die

hartgesottenen Kerle, die für solch einen Spaß eine Auspeitschung in Kauf nehmen. Bedenken Sie: Die Strafgefangenen sind keine zartbesaiteten Naturen. Sie haben oft schon eine Hölle hinter sich, bevor sie nach Australien kommen. Der Offizier versucht dann, mit Brutalität wenigstens die Angst zu schüren. Es gibt starke und schwache Naturen. Es sind aus Angst vor der Auspeitschung Männer geflohen und zu Buschräubern geworden. Am Ende wartete auf sie der Galgen oder sie kamen elend im Busch um.»

«Manchmal versuchen die Soldaten auch, mit der Auspeitschung Geständnisse zu erpressen», warf Pat Kelley ein. «Etwa, wenn sie nach einem entlaufenen Sträfling suchen, oder ihnen ein *bushranger* ins Netz gegangen ist.»

«Viel Glück werden sie dabei nicht haben, Pat. Das letzte, das ein Sträfling tut, ist, einen Kumpel zu verraten. Das wäre ein untilgbarer Makel. Da beißt er schon mal die Zähne zusammen. Er weiß, eines Tages ist er frei, und der andere auch, und sie werden als Nachbarn miteinander leben müssen.»

«John, Miss Nelson kapiert dieses Strafsystem nicht – egal, was du für Erklärungen bringst – und sie hat recht. Es hat auch für mich absurde Züge, die keinerlei Logik folgen, sondern platter Dummheit. Als entschieden hier Rindviecher über die Strafen. Was hältst du von dem Fall, daß ein Mann fünfmal für dasselbe Delikt mit fünfundzwanzig Hieben ausgepeitscht wird, weil sich der Idiot von Offizier fünf Umstände der Tat einfallen ließ: Trunkenheit, Aufmüpfigkeit, Diebstahl eines Stück Brots, Widerstand gegen Festnahme, Buschräuberei – was Unsinn war, der Delinquent hatte nur außerhalb des Hauses seinen Rausch ausgeschlafen.»

Ich ging mit Ludwig Leichhardt in Bramley's Park spazieren, aber der Doktor schien einsilbig und unkonzentriert, wenn auch nicht unfreundlich. Ich drang nicht in ihn. Ich bezähmte auch meine Neugier und fragte nicht, was George Barker mit ihm zu tun hatte. Ich hätte jedoch gerne gewußt, ob auch er, wie Onkel Edward, einen mysteriösen, riesigen See im Innern Australiens vermutete.

«Es ist Unsinn, an so etwas zu glauben. Und zudem gefährlich, wenn dieses Hirngespinst ernsthaft bei der Planung einer Expedition eine Rolle spielt. Etwa als Argument dafür, die benötigte Ausrüstung zu vermindern.»

«Um was geht es denn bei diesem Phänomen? Es soll prominente Leute geben, die die Idee eines solchen Binnensees verteidigen. Wie begründen sie das?»

«Es eine Theorie, wie Australien wunschgemäß auszusehen hat», antwortete Leichhardt mit eisigem Spott. «Der Surveyor General, Sir Thomas Mitchell, schlägt vor, daß sich quer durch die Mitte Australiens ein hoher Gebirgszug etwa entlang des Wendekreises des Steinbocks zieht. Das Gebirge soll die Quelle eines Wassersystems sein, das sich in nord-westlicher Richtung zu einem mächtigen Strom vereint, der sich in den Indischen Ozean ergießt. In der Zeitung wurde schon vom *Nil* und vom *Lande Gossen Australiens* gefaselt. Die Mündung eines mächtigen Stroms in der Gegend ist von Schiffen nie beobachtet worden. Den Binnensee hat man wohl zu der Theorie Mitchells hinzugedichtet. Wunschdenken, nichts weiter. Ich konnte geologische und meteorologische Argumente dagegen anführen. Stellen Sie sich das vor, Mademoiselle: Der Oberste Landvermesser Australiens, eine Stimme von Gewicht, verbreitet diese absurde Annahme eines riesigen Wassersystems. Ich streite nicht ab eine mögliche Verbindung von Grundwasserströmen, die die Gestalt eines unterirdischen Sees annehmen können. Davon ist aber nicht die Rede.»

«Sie mögen Sir Thomas Mitchell nicht, Doktor Leichhardt?»

«Warum stellen Sie diese Frage, Mademoiselle?»
«Kann sich der unerforschte Kontinent einen fruchtlosen Streit unter den Forschern leisten?»
«Das muß man hinnehmen. So ist das Leben. Wer gönnt schon einem Konkurrenten Ruhm und Ehre? Ich könnte zu einer Expedition in das fragliche Gebiet aufbrechen und dem Surveyor General mitteilen, sein Wassersystem sei eine Chimäre.»
«Und warum tun Sie das nicht?»
«Nur um ihn zu ärgern? Vernünftige Leute glauben nicht an Sir Thomas Mitchell's Theorie. Es wäre schwierig Geld für eine Expedition aufzutreiben, die ins Nirgendwo führt – um nicht zu sagen: in den sicheren Tod. Aus reiner Freude an der Geographie macht keiner einen Penny locker. Letztlich müssen sich Expeditionen auszahlen in Weideland, Bodenschätzen, Verkehrswegen. Nun, daß Mitchell mich als seinen Todfeind betrachtet, macht das Problem mit ihm nicht einfacher.»
«Was hat er gegen Sie persönlich?»
«Der Surveyor General wirft mir vor, ich hätte ihm 1844 die Expedition von Moreton Bay nach Port Essington gestohlen. Das sei seine Idee gewesen.»

Eine Weile gingen wir schweigend den Kiesweg entlang. Ich hätte mich gerne mit Leichhardt in die Laube gesetzt, um ihm zuzuhören. So etwas war jedoch nicht in seinem Sinne. Er konnte es sich vermutlich nicht einmal vorstellen.
«Sie haben andere Pläne, Doktor Leichhardt, als nach einem mysteriösen Gewässer zu suchen.»
«Ja, ja. Wir wollen uns doch nichts vormachen: Das Innere Australiens ist tot. Da schlägt kein Herz. Da fließt nichts, nicht einmal die Zeit. Die Zeit steht still. Ein irreales, tiefes Schweigen erfüllt die Landschaft.»
«Der geheimnisvolle Binnensee ist ein Mythos.»

«Ich habe nichts gegen Mythen. Sie sind Kulturgut der Menschheit. Denken Sie an die Sage von Atlantis. Immer wieder machen sich Menschen auf die Suche nach dem angeblich versunkenen Kontinent. Sie ignorieren die Skeptiker, die mit gutem Grund auf Plato verweisen: Er hat die Idee von Atlantis in die Welt gesetzt – aus erzieherischen Gründen. Soweit es die Geographie betrifft, werden mit den weißen Flecken auf der Landkarte auch die Mythen verschwinden. Niemand hat es bisher geschafft, den Nordpol zu erreichen. Hartnäckig hält sich die Vorstellung einer Landmasse von kontinentaler Größe in der Eiswüste. Schon bald wird ein Forscher – vielleicht ja der Oberste Landvermesser selbst – den Nordwesten Australiens durchqueren, ohne auf den mächtigen Strom zu stoßen. Und eines fernen Tages steht ein Mensch am Nordpol: auf einer Eisscholle, nicht auf Land.»

«Bist du etwa verliebt, Margret?» sprach mich im Vorbeigehen Tante Catherine an, ohne mich anzublicken. Sie hatte die Nadel in der Hand und mußte sich auf den Stickrahmen konzentrieren. Das Muster, mit dem sie das Tuch verziert, ist eine als Arabeske gestaltete Rosenranke. Die blutroten Blüten erscheinen in den Dornenzweigen wie gefangen. Spricht hier ein verborgener Kummer aus ihrer Seele? Spontan kam mir der Gedanke: Die Tischdecke ist gedacht als Geschenk für Tante Mildred's fünfzigsten Geburtstag.
«Ich verliebt? Weiß ich nicht. Meine Gefühle sind zur Zeit ziemlich durcheinander.»
«Ich frage mich, ob deine eingestandene Verwirrung der Gefühle mit Doktor Leichhardt etwas zu tun hat. Nicht, daß es mich etwas anginge. Schließlich aber bist du unsere Nichte, Margret.»

Ich versuchte, mir über mein Verhältnis zu dem Doktor klar zu werden. Tagsüber kehrten meine Gedanken immer wieder zu Ludwig Leichhardt zurück. Ich empfinde Sympathie für ihn. Und jetzt bange ich um ihn. Ich will es mir nicht eingestehen, versuche meiner Beklemmung Herr zu werden. Rede mir ein, ich verstehe nichts von Expeditionen. Schlimm ist: Das Unbehagen entspringt nicht in meinem Innern. Es macht sich bemerkbar, wenn ich mit Leichhardt in Bramley's Park spazieren gehe. Das ist der winzige Ausschnitt an Welt, den ich mit ihm gelegentlich teile. Dort, dicht neben ihm, springt wie ein Funke die Angst auf mich über. Es ist seine verborgene Angst, die ich wie ein Tier wittere.
«Ich schätze Doktor Leichhardt, Tante Catherine. Ich höre ihm gerne zu. Er versteht es, mich im Gespräch zu fesseln. Liebe ist es wahrhaftig nicht. Es ist eher ein Verhältnis wie von Schüler zu Lehrer. Ich möchte ihn nicht als Gefährten haben. Davon abgesehen, hat er an mir kein Interesse persönlicher Art.»

Verliebt? Die Nächte gehörten Rose Fagan. Träume, wie ich sie nie in England gewagt hätte. Ich bin nach Australien gesegelt, um frei zu sein. Frei für was auch immer. Niemand befiehlt mir, was ich zu tun, was ich zu denken, was ich zu träumen habe. Tante Catherine war offensichtlich bereit zu reden. Viel war es nicht. Takt gebietet Kürze:
«Nun, meine Liebe, ich muß dir etwas sagen. Wie soll ich mich ausdrücken? Weißt du, Doktor Leichhardt ist ein Forscher. Er hat womöglich an Frauen allgemein kein Interesse. Ich meine, du solltest dich persönlich nicht verletzt fühlen.»
«Wie könnte ich? Ich habe nie mit ihm über private Angelegenheiten gesprochen. Im übrigen hat er gute Manieren. Es ist nicht seine Art, jemanden zu verletzen. Er läßt die Menschen gar nicht an sich herankommen.»

«Nun ja, jedenfalls keine Frauen. Der staubtrockene Doktor Leichhardt hat einen Freund in Sydney. Es wird natürlich auch gemunkelt über das angeblich intime Verhältnis zwischen den beiden. Im übrigen: Wen geht das etwas an? Für uns zählt nur: Der Doktor träumt von Australien. Das ist sein Traum. Vielleicht gibt es gar keinen schöneren.» Ihre Meinung über Ludwig Leichhardt war doch differenzierter, als ich angenommen hatte.

«Ein wenig Liebeskummer hätte mir freilich nicht geschadet. Das ist besser, als man empfindet gar nichts. Das Leben wäre sonst recht schal.» Tante Catherine seufzte:

«Du bist ein kluges Mädchen, Margret. Wie schön wäre es, noch einmal fünfundzwanzig zu sein, so wie du. Vielleicht wären wir gute Freundinnen geworden. Mit wunderbaren Geschichten, die wir uns ausgedacht hätten.» Die Verzauberung durch ein Mädchen aus der tiefsten Gosse: Das Märchen von dem Sträfling Rose Fagan. Vielleicht erzähle ich der Tante davon. Es ist noch zu früh. Eines Tages werde ich sie auf dieses Eis locken.

«Träumen darf man immer, Tante Catherine. Auch du.»

«Nun ja – von wem nur?» Von Rose Fagan. Sie gehört uns allen und niemandem. Ich war wie verhext.

Ich folgte den sieben Männern, die mit schweren Schritten durch das öde Land stapften, einer hinter dem andern, die Körper unter der Last ihres Gepäcks vorgebeugt, die Köpfe mit den breitkrempigen Hüten gesenkt. Neben ihnen trottete eine Herde Rinder, etwa ein Dutzend Tiere. Ich hielt eine sichere Entfernung zu der Gruppe ein. Es mochte ja sein, daß die Männer bei meinem Näherkommen wie eine Sinnestäuschung verschwanden. Ich wollte ihnen zurufen, sie möchten stehen bleiben. Hatten sie nicht bemerkt, daß sie an dem großen See vorbei liefen? Warum hielten sie nicht an, wenigstens zu einer Rast. Nahmen sie nicht die Falken wahr, die mit lautlosem Flügelschlag über dem Wasser schwebten? Aber meine Stimme versagte, ich brachte nur einen tonlosen Hauch hervor. Das Schweigen dieses trockenen, leeren Landes verschluckte jedes Wort. Ich rannte zum Ufer des Sees. Seine Fläche schrumpfte und schien sich vor mir zurückzuziehen, bis ich endlich ermattet am Ufer niederfiel. Ich bog die dichten Binsen zur Seite und suchte das Wasser. Es war nur eine feuchte Salzkruste, die in der Ferne einen Wasserspiegel vortäuschte. Inzwischen waren die sieben Männer weiter gewandert, jedoch nicht mehr in straffer Ordnung, eher zerstreut und wankend. Einer nach dem andern warf sein Gepäck ab, ohne sich umzusehen oder anzuhalten. Die Rinder hatten sich von den Männern abgesondert und trotteten in Richtung des Sees. Sie waren schon weit weg, ich nahm nur noch dunkle Pünktchen wahr, die sich eines nach dem anderen im Dunst auflösten. Die Männer waren entlang eines trockenen Bachbetts gewandert, in dem Geisterbäume wuchsen die kaum Schatten spendeten. Die Sonne stand fast senkrecht und stach mit spitzen Strahlen herab. Dann hörten die Geisterbäume auf, das Bachbett verlor sich in dem roten Sand unter Büscheln von schütterem Spinifex-Gras. Die Männer waren auf der Suche nach Wasser und hatten nun keines gefunden. Sie torkelten weiter, vielleicht entdeckten sie ein anderes Bachbett, und endlich auch trübes Wasser, wenn sie mit bloßen Händen in die Tiefe gruben, bis das Fleisch von den Knochen der Finger fiel. Aus dem Sonnenstand schloß ich, daß sich die Männer in westlicher Richtung bewegten. Dort schien aber das Land zuende. Ich sah keine Bäume mehr, auch kein Gras, keine Felsbrocken, seit Urzeiten über das Land verstreut. Selbst der rote Sand bleichte in der Ferne aus. Einzig die erhitzte Luft zitterte über der weiten Ebene, die in den diesigen Horizont überging. Ich wunderte mich, wie klar ich bei Verstand war. Daß ich begriff, was ich sah: Ich blickte wirklich in das Nirgendwo. Von den Männern schied mich schroff eine ganze Welt. Jene folgten ohne eigenen Willen ihren Trugbildern. Das war ihre einzig mögliche Richtung. Einer nach dem andern fiel. Ich zählte nur noch fünf Männer, dann drei, schließlich drehte sich der letzte um seine Achse und klappte zusammen. An dem roten Haar erkannte ich George Barker. Die offenen, blauen Augen waren auf den blendenden Himmel gerichtet. Auf seinem Gesicht saßen Myriaden schwarzer Fliegen. Sein Körper schrumpfte sichtbar unter der Hitze und trocknete aus, die Haut wurde lederfarben. Scharen von Ameisen machten sich über die Reste des Leichnams her und legten das Skelett bloß. Sein Haar wurde zu Sand. Ein paar Schritte weiter lag Ludwig Leichhardt gekrümmt zwischen Büscheln von Spinifex-Gras und wandte mir den Rücken zu. Er trug die dunklen Gewänder wie bei seinen Rundgängen in Bramley's Park. Ich wagte mich nicht näher an ihn heran. Ich wollte nicht in sein Gesicht sehen. Ich fürchtete, er möchte seine Augen noch einmal aufschlagen und mich anblicken. Das Gras um ihn herum begann zu wachsen, höher und dichter und deckte den Körper zu. Vielleicht träumte ich nur, ich hatte mein Kissen naß geweint, und im ersten Licht der Morgendämmerung sah ich Rose Fagan auf mein Bett zukommen. Ich spürte ihre kühlen Finger auf meiner Haut und wurde ruhig. Sie nahm ihr blaues Tuch vom Kopf, wischte mein Gesicht trocken. Dann setzte sie sich zu mir und hielt meine Hand. Ich duselte wieder ein, und als es hell wurde, war Rose verschwunden. Über diese Nacht fiel kein Wort zwischen uns. Am Tage hielt ich mich in ihrer Nähe auf, wenn sie Geschirr wusch oder Staub wischte. Ich suchte bei ihr Schutz vor der Erinnerung an den entsetzlichen Traum.

Ich vermochte mich niemandem anzuvertrauen. Im Innersten war ich abergläubisch: Wenn man etwas beim Namen nennt, wird es schon zu einer Art von Wirklichkeit. Ich ahnte Unheil und wurde es wie einen Dämon nicht mehr los.

7

Tante Mildred in London schickte oft Post an ihren Bruder Edward. Die eigentliche Adresse war freilich die Schwägerin Catherine. In Anbetracht der dreimonatigen Reisezeit eines Seglers zwischen England und Australien durfte man von einem regen Briefwechsel sprechen. Das nächste Schiff zurück nahm bereits Tante Catherine's Antwort nach London mit.
«Wieso bist du so scharf auf ihre Briefe», brummte Onkel Edward, der seine Schwester in London nicht mochte. Sie war drei Jahre älter als er, und er hatte nicht vergessen, unter welch psychischem Druck sie ihn, den hilflosen Knaben, zu einem sittsamen Menschen formen wollte. Das hatte er mir anvertraut, als sich der alte Groll einmal Luft machte. Sonst war er zugeknöpft, wenn es um die Verwandtschaft ging. Er konnte sie nun mal nicht leiden, und da war ihm jedes Wort zuwider. «Es ist doch immer das gleiche, was sie schreibt.»
«Woher willst du das wissen, Edward. Du liest ja ihre Briefe nicht.»
«Mir reicht die erste Seite, die du mir vorliest.»
«Du schläfst ein, wenn ich anfange zu lesen.»
«Das ist das einzig Interessante an ihren Briefen: Ich kann dabei gut schlafen.»
Vielleicht war Tante Catherine ja froh, daß Onkel Edward die Briefe seiner Schwester aus London nicht las. Ob dieser naive, polternde Hackklotz überhaupt verstanden hätte, was sie sich da anvertrauten? Mit einem Male argwöhnte ich, die zur Schau getragene intellektuelle Schlichtheit meiner Tante Catherine mochte nur eine raffinierte Tarnung sein. Es war doch möglich, daß sich die beiden Frauen, jede mit einer eisernen Kugel von Ehemann am Bein, über riesige Ozeane hinweg in ganz subtiler Weise miteinander verständigten, heimlich

kichernd oder lamentierend hinter den stattlichen Rücken ihrer Männer, die für hohe Ämter in hohen Sesseln geschaffen waren – freilich Edward war hier der Versager, Lord Milford jedoch als Flottenminister um so mehr ein Juwel des British Empire. Ob Mildred ihre Schwägerin Catherine den Unterschied ab und zu dezent fühlen ließ? Auch Vertraulichkeiten ändern nichts am sozialen Status: Hie Lord, da Viehzüchter.

«Warum bist du immer so ungerecht, Edward?»
«Ungerecht! Niemals erzählt die alte Schraube etwas Neues, etwas Interessantes aus London, ein wenig Klatsch – als sei London nicht der Nabel der Welt, sondern ein Dorf, in dem die Kühe auf dem Trafalgar Square weiden.»
«Was erwartest du für Neuigkeiten?»
«Na, zum Beispiel, daß der Großvater der Königin Victoria seinen Dienern gerne an den Hosenschlitz faßte. Oder war es der Vater? So etwas mußte ich in meinem Club erfahren.»
«Pfui, Edward! Schäme dich. Vergiß nicht, deine Nichte Margret ist im Zimmer!»
«Na sie ist ja wohl alt genug um zu wissen, was sie hinter einem Hosenschlitz findet.»
«Du redest so gemein wie ein Sträfling. Und wer weiß, ob die Geschichte wahr ist.»
«Die Diener werden es schon gewußt haben. Es waren ja ihre Hosenschlitze.»
«Du kannst von Mildred nicht erwarten, daß sie uns solch häßliche Dinge schreibt.»
«Natürlich nicht. Sie ist eine bigotte Heuchlerin.»
«Sie ist wohltätig.»
«Sie kann mich mal…» Tante Catherine wollte den Zank nicht weiter anheizen und jammerte statt dessen, daß die Post zwischen London und Sydney so lange unterwegs sei.

«Ich habe gelesen», sagte sie hoffnungsvoll, «zwischen England und New York verkehren jetzt auch Dampfschiffe. Wie bei uns die *Australia* auf dem Parramatta. Sie gebrauchen ihre Segel nur bei günstigem Wind. Sonst sind es die riesigen Schaufelräder, die das Schiff über den Ozean treiben.»
«Ja, ich weiß: *Great Eastern, Great Western, Great Britain,* die *President* ist schon verschollen, auch die anderen sind nichts als schrottreife Seelenverkäufer. Sie verbrauchen einen Haufen Kohle, und die gewonnene Zeit wird wieder mit dem Bunkern der Kohle verplempert. Erzähle mir doch keinen Quatsch. Von mir aus sollen alle Schiffe, die Post für dich an Bord haben, untergehen, mit oder ohne Dampfmaschine», schnaubte Onkel Edward. «Was meinst du, Margret?»
Die ewigen Zänkereien zwischen den beiden gingen mich nichts an. Offenbar kann eheliche Liebe recht wunderliche Züge annehmen. Ich sagte:
«So viel ich weiß, ist die *Great Britain* vor zwei Jahren vor Irland auf Grund gelaufen. Zur Zeit wird sie repariert und soll dann im Liniendienst zwischen England und Australien eingesetzt werden. Die Laufzeit der Post verkürzt sich dadurch um ein paar Wochen.»
«Ach du meine Güte!" stöhnte Onkel Edward. «Woher weißt du das?»
«Von Lord Milford.»
«Das ist eine gute Nachricht, Margret. Ich danke dir», sagte Tante Catherine. Wütend sprang Onkel Edward von seinem Sessel hoch und stapfte aus dem Salon. Die Tür knallte zu.

Gelegentlich, wenn Tante Catherine an ihrem Stickrahmen arbeitete, gab sie aus der Geschichte unserer Familie mit monotoner Stimme einige Episoden preis. Ohne Zusammenhang, wie es ihr gerade durch den Kopf ging. Sie fand sie lustig, ich aber langweilte mich zum Gähnen. Ich wunderte mich, daß sie nie von meiner Kindheit sprach. Sie mußte sich doch an mich erinnern! Was sie wußte, hatte sie durch die Briefe aus London erfahren. Ich hatte Tante Catherine im Verdacht, sie wollte mich mit ihrem banalen Familienklatsch von einer Spur abbringen: Nämlich daß ich sie direkt nach meinen Eltern und meinen Großeltern fragte, denn von den alten Bramleys in England wußte ich rein gar nichts. Offenbar wurden sie nicht gerne vorgezeigt. Der Name meiner Mutter war *Jeanette*, und mein Vater hieß *William*. Die beiden Namen fielen niemals im Gespräch mit mir. Das war nicht recht: Einem Kind, wenn auch schon fast Mitte zwanzig, verheimlicht man nicht die Existenz seiner Eltern, und so versuchte ich ein Mosaik aus nur wenigen Steinchen zusammenzusetzen. Ich entsann mich, wie geschickt ich James Cockburne über meine Familie ausgefragt hatte.

«Tante Catherine, warum hast du mir nie erzählt, daß mein Vater ein Verhältnis mit einer Strafgefangenen hatte?» Ich hätte mich irren können – na und? Aber die Tante wurde blaß:

«Um Gottes Willen, Margret, das ist ein Geheimnis – woher weißt du das?» Wie präzise sie in meine Falle stolperte!

«Ich weiß es eben. Kann man Wissen rückgängig machen? Also gib mir lieber ehrlich Antwort."

«Ich weiß nichts.»

«Doch du weißt. Erzähle mir. Versündige dich nicht durch Unwahrhaftigkeit.» Sie seufzte:

«Meine Ehe mit Edward ist nicht so harmonisch, wie ich es mir wünschte.»

«Deine Ehe ist eben normal, Tante Catherine. Ihr vertragt euch doch immer wieder nach jedem Zank. Du hast zwei Söhne geboren, du tust immer deine Pflicht, was willst du mehr? Aber ich habe dich nicht nach deiner Ehe gefragt.»

«Nun, auch die Ehe deines Vaters mit deiner Mutter lief nicht gut.»
«Ich schließe daraus, daß auch meine Mutter einen Geliebten hatte. Und möglicherweise habe ich einen Stiefbruder, nur halb verwandt mit mir.»
«Du wirst mir unheimlich. Wer hat dir das alles erzählt?»
«Ist das wichtig? Wenn es doch wahr ist! Meine Eltern waren beide schwarze Schafe in der Familie...»
«Margret, wir wollten dir die Geschichte ersparen.»
«Wozu? Wir leben hier in einer Strafkolonie, nicht in England. Hier weht ein freier Wind.»
«Nicht für alle, mein Kind. Und ich meine nicht die *convicts*.»
«Auf welchen Namen wurde mein Bruder getauft?»
«Francis», hauchte die Tante. Von *Francis Drake* inspiriert. Francis Nelson. Ein wenig triumphierte ich: Mein Stiefbruder trug den Namen *Nelson*, aber kein Tropfen Blut des Admirals rann in seinen Adern. Ich hingegen war eine echte *Nelson*. Die Tante rückte noch mit ein wenig mehr heraus: Meine Eltern hatten sich in gütlichem Einvernehmen getrennt. Mein Vater war in eine hübsche Hure verknallt – ich sah sie vor mir: eine Rose Fagan! – meine Mutter offenbar in einen Offizier. Im Grundsatz gilt in Australien jede Frau als Hure. Pat Kelley hatte schon recht. Meine Mutter war eine geworden, verließ die Strafkolonie und landete auf englischem Boden wieder in allen Ehren, beinahe in jungfräulichem Zustand. Meinetwegen. Eine Frage war noch offen: Auf welche Weise war mein Vater zu Tode gekommen?

Ich betrachtete die Angelegenheit aus einer gewissen Distanz. Sozusagen als Privatdetektiv im Auftrag, den Tod meines Vaters aufzuklären. Neben meinen philanthropischen Aktivitäten bliebe mir noch genügend Zeit für familiäre Recherchen – so

Seine Lordschaft. Das Ergebnis sollte ich ihm mitteilen. Mein Onkel erwartete von mir einen knappen, nüchternen Bericht. Wie er es von seinen subalternen Schiffskapitänen gewohnt war. Ob ich etwas herausfinden werde – ich weiß es nicht. Es ist lange her, Spuren sind verwischt – auch absichtsvoll? Vielleicht nahm die Tragödie ihren Anfang zu einer Zeit, da ich noch an der Mutterbrust hing. Edward Bramley und sein Schwager William Nelson, mein Vater, bewirtschafteten die Farm am oberen Parramatta, einige Meilen außerhalb der Stadt. Es ist noch dieselbe Farm, um die sich heute John Galbraight kümmert. Onkel Edward läßt sich dort kaum noch sehen.

Es gab einmal zwei Außenstationen für die Schafe, die zehn bzw. fünfzehn Meilen von der Farm entfernt lagen. Die eine unterstand William, die andere Edward, der sich inzwischen bemühte, Rinder aufzukaufen und auf dem Farmgelände seßhaft zu machen. In Parramatta baute er sich das Haus, in dem die Bramleys noch heute wohnen. Soweit ich mich entsinnen kann, blieb ich mit meinen Eltern auf der Farm, kam nur zu Besuch in das Stadthaus. Längst, nachdem ich in London lebte, meine Mutter schon lange tot war, und ich gar nicht mehr an Australien dachte, geschah es dann: Aborigines überfielen die Außenstation, in der William Nelson arbeitete. Sie trieben die Schafherde fort, und mein Vater wurde angeblich nie mehr gesehen. Mein Onkel Lord Milton ließ mich in sein Büro kommen und eröffnete mir in dürren Worten, daß ich nun *de facto* eine Waise war. Dafür hatte ich mich immer gehalten. Ich war etwa fünfzehn Jahre alt. Mein Vater hatte nie nach mir gefragt. Edward Bramley gab die Außenstation seines Schwagers auf. Die Aborigines hatten sie angezündet. Es war eine Ruine, der Busch eroberte sie zurück. Das Haus zerstört, die

Schafherde weggetrieben, mein Vater wahrscheinlich tot. Verschwand mein Vater aus eigenem Willen, oder hatten die Eingeborenen Grund – aus ihrer Sicht – sich seiner zu bemächtigen? Bei dieser Frage biß ich auf Granit. Ich fuhr nach Sydney und suchte James Cockburne auf, den Sohn des Admirals meines Onkels Milford und mein Reisebegleiter auf der Reise nach Sydney.

«Oh, wie viele Monate habe ich auf eine Nachricht von Ihnen gewartet, Miss Margret», freute er sich. Wir hatten uns einiges zu erzählen – schließlich waren wir noch frische Immigranten in dem Land. Wie hatte er sich arrangiert mit der Fremde?

«Nun, zuweilen geht mir die viele überschüssige Zeit auf die Nerven. Ich langweile mich.»

«Sie Ärmster! James, haben Sie etwas über meines Vaters Schicksal herausgefunden? Es ist nicht dringend, ich meine nur… Ich wollte mal nachfragen.»

«Ich habe alle mir zugänglichen Akten durchgesehen. Er ist verschollen. Keine Leiche.»

«James, ich würde mich sehr freuen, wenn Sie einmal bei uns vorbeischauten. Meine Verwandten, die Bramleys, sind nette Leute, völlig unkonventionell. Mein Onkel Edward ist ein rechter Polterer, daran dürfen Sie sich nicht stören.»

An jenem Morgen, als James Cockburne im Galopp aus Sydney angeritten kam, brachte John Galbraight eine verstörende Nachricht von der Farm. Am Vortag hatten Eingeborene die Außenstation überfallen. Die zwei Hirten waren tot. Möglicherweise hatte auch Steve Bramley nicht überlebt. Steve, mein Cousin, den Onkel Edward auf die Außenstation verbannt hatte, um ihn von Rose Fagan fern zu halten. Auch wenn Steve mich intuitiv haßte – wer hätte ihn besser verstehen können als ich. Wir beide liebten Rose Fagan, ein jeder auf seine unglückliche Art. Wir wußten um unsere Rivalität. Und Rose Fagan wußte es und genoß es. Nun sollte Steve tot sein. Vielleicht war er nur bewußtlos. Ein Schlag mit einer Keule hatte ihn niedergestreckt. Sein Dasein pendelte um die Schattenlinie zwischen Leben und Tod, schon außerhalb unserer Welt, die wir planen und gestalten, in deren Getriebe wir eingreifen können. Ich empfand Scham, als sich meine Lippen zu einem Gebet formten. So sagt man: Not lehrt beten. Aber schon rumorte in mir wieder der Trotz wider die Demut: Beten zu jenem finsteren Gott, der kalt zusah, wenn ein Barbar das Leben eines Steve Bramley mit einem Keulenschlag auslöschte? Einfach so! Beten zu solch einem Gott, vor ihm kriechen um ein bißchen Gnade? Was verlangst du von uns! Wie tief willst du uns noch demütigen, hinabstoßen in die Niederungen deiner Schöpfung? Ich protestiere! So zornig endete mein Gebet, in dem ich eigentlich um Steve's Leben flehen wollte. Immer hadere ich mit jenem Gott, wenn ich mich in die Enge getrieben fühle. Auch ihm zuliebe wollte ich nicht von meiner Freiheit in Australien lassen. Uneingeschränkte Freiheit, ohne bezopftes Wenn und Aber. Dieser Gott verteilt nach Gutdünken Schicksale. Man hat ihm zu gehorchen wie der Untertan dem König. Es gibt freilich einen wesentlichen Unterschied: Der Monarch verlangt Gehorsam und Respekt. Damit gibt sich der launische Gott nicht zufrieden: Er lechzt nach der Liebe seiner Geknechteten. Eigentlich lächerlich für einen allmächtigen Gott. Das heißt: so verkünden es seine Diener. Wie etwas, das im Parlament entschieden wird: Gott hat so zu sein. So dient er am besten dem Wohle des British Empire. Oder haßte ich in Wirklichkeit Tante Mildred und meinen Onkel Lord Milford, wenn ich jenem fernen Gott zu trotzen suchte? Ich ritt im Trab neben James und rief zu ihm hinüber: Ich habe mich soeben von Gott verabschiedet. Na und? Sie sind nicht die einzige, Margret. Es war Steve, der mir das Reiten beibrachte, bevor Rose Fagan kam. Sonst säße ich nicht auf diesem Pferd.

Ich war überrascht, als John Galbraight vorschlug, ich solle zur Außenstation mitkommen. Er begleitete uns bis zur Farm, dann ritt er zügig voraus, um sich um die Bergung der Toten zu kümmern. Der Weg führte in Richtung Norden zunächst die Windungen des Parramatta River entlang, der sich zum Darling Mills Creek verengt und schließlich bis auf ein paar Wasserstellen versickert. Der Busch reicht bis dicht an das Bachufer heran. Manchmal entfernt sich der Weg vom Fluß und folgt einem uralten Trampelpfad durch den Wald. Die Außenstation liegt etwa fünfzehn Meilen von der Farm entfernt. Onkel Edward hatte das primitive Haus um einen stattlichen Anbau erweitert, nachdem die abgebrannte Station meines Vaters aufgegeben worden war. Rundherum erstreckten sich einige Quadratmeilen sattes Weideland, das zwei große Herden von je fünfhundert Tieren ernährte. Die pastorale Landschaft ließ nichts ahnen von den unheimlichen, magischen Mächten, die seit mythischen Zeiten im Innern Australiens hausten. Über weite Strecken, soweit erforscht, gleicht der Kontinent einem Planeten, auf dem das Menschengeschlecht noch nicht erwacht ist. Die Geisterbäume in den trockenen Flußbetten tragen eine weißliche Borke, als spiegelten sie den Schein des Vollmonds wider. Es ist still bis auf ein eigentümliches Sirren in der Luft, aber es sind nur Geräusche, die unser Gehirn erzeugt. Eine Folge der absoluten Einsamkeit. Die Eingeborenen bleiben unsichtbar, aber ihren geschärften Sinnen entgeht nichts, was die Landschaft im geringsten verändert. Tauchen sie auf, ist es zu spät zur Flucht. Ihre Speere, ihre Keulen, ihre Bumerangs verfehlen nie ihr Ziel.

Ludwig Leichhardt bekannte: Diese Art von Gedanken rotierten ständig im Kopf eines Forschungsreisenden. Sie sind eine quälende Bürde, da es keine Antwort gibt. Sein Leben hänge stets von gütigen Umständen ab. Etwa daß die Eingeborenen sich in friedlicher Absicht dem Fremden nähern. Es läßt sich nicht voraussagen. Es ist etwas an dieser riesigen, steinalten Landmasse, das wir nicht begreifen, das sich nur den Aborigines erschließt. Das prinzipielle Unverständnis zwischen Steinzeit und Moderne ist gegenseitig.

Ein Überfall auf eine Schaffarm ist etwas anderes. Nichts von der Magie der Steinzeit. Hier treten die Eingeborenen als Banden auf, die mit taktischem Geschick vorgehen. Am Morgen der Attacke, so erzählte uns Sean O'Malley, der Stationswart, nahm er Schaufel und Besen, um den Hof zu kehren, nachdem die beiden Schafhirten zu ihren Herden gegangen waren. Es waren ausgesuchte Leute mit langer Erfahrung auf Außenstationen, zäh und tapfer, die sich mit den Aborigines der Gegend in deren Idiom verständigen konnten. Steve Bramley hatte sich ihnen angeschlossen. Sein Vater erwartete von ihm eine Einschätzung, wie sich eine größere Fläche Weidelands durch neue Rodungen im Busch gewinnen ließe. Da beobachtete Sean O'Malley vom Hof aus, wie sich ein ganzer Schwarm von Schwarzen der Station näherte. Er ging zurück ins Haus, denn sie klauen wie die Raben – auch wenn Philanthropen in ihnen die *edlen Wilden* sehen, denen Sünde fremd ist. Freilich, wenn ein Primitiver der Meinung ist, ihm gehöre ohnehin alles, was ihm unter die Finger kommt, dann stiehlt er niemals im Sinne der christlichen Moral. Sie machten nicht viele Worte: *Brot* und *Büffel* – letzteres ihr Synonym für *Fleisch* – forderten sie, und dann *Tabak.* Sie leerten das Haus von fast allen Vorräten und ließen keinen Zweifel, daß sie dabei nicht gestört sein wollten. Sie zogen ab und folgten den beiden Herden. Dann hörte Sean O'Malley Schreie – von den Schafhirten, und vielleicht auch von Steve. Es war klar, ihm blieb nichts anderes übrig, als schleunigst die fünfzehn Meilen zur Farm zu rennen und Hilfe holen, wo es nichts mehr zu retten gab. Er schaffte die Strecke in drei Stunden. John Galbraight fand die beiden Schafhirten tot mit Wunden von Axthieben im Leib, etwa eine Meile von der Station entfernt. Das Gros der Tiere war verschwunden, bis auf zwei Dutzend Mutterschafe, die sich mit verschreckten Augen auf einem Fleck zusammendrängten. Man sah es an ihrem Blick, daß etwas Furchtbares geschehen war, sagte Sean O'Malley. Steve Bramley, getroffen von einem Keulenschlag, lag röchelnd im Gras. John ließ ihn auf einer primitiven Bahre mit Hilfe von Nachbarn zum Farmhaus tragen, in dem sie erst lange nach Mitternacht ankamen. John als einstiger Buschmann war in medizinischen Dingen nicht unerfahren, aber für Steve konnte er wenig tun. Der war bewußtlos, Atem und Puls gingen schwach. Einer der Hirten hielt Wache bei ihm, während John Galbraight in Parramatta den Arzt Dr.Patrick Hill aus dem Bett trommelte.

Als ich mit James Cockburne die Außenstation erreichte, ruhten die beiden Schafhirten schon unter der Erde. John Galbraight stand da mit den beiden Hunden und sagte düster:
«Wollten Sie sie sehen, Miss Nelson? Sie liegen nicht sehr tief. Wir könnten sie wieder ausbuddeln für Sie.»
«Wie reden Sie mit mir, Mr.Galbraight! Es war Ihre Idee, daß ich hierher kam. Was habe ich falsch gemacht?»
«Wie ich gerüchtweise hörte, Miss Nelson, kamen Sie nach Australien, um sich der Probleme der Eingeborenen anzunehmen – damit können Sie hier gleich anfangen.»

«Ich bin nicht bereit, das Thema zu diskutieren. Seien Sie aber versichert: Ich habe begriffen – genügt Ihnen das?»
Ich vermochte nicht, meine aufquellenden Tränen zurückzuhalten. John Galbraight zögerte:
«Es mußte einmal gesagt werden, verstehen Sie? Ich habe es lange mit mir herumgetragen. Jetzt ist die Sache erledigt – was Ihre Person betrifft. Was kann ich noch tun für Sie und Ihren Begleiter?»
«Ist es möglich, daß wir auf der Station übernachten? Die Zeit ist schon fortgeschritten. Und außerdem: Ich möchte mich mit Ihnen, Mr.Galbraight, noch ein wenig unterhalten. Wenn es Ihnen genehm ist.»
«Das ist kein Problem, Miss Nelson. Die Aborigines haben unsere Vorräte mitgenommen, aber nicht alles gefunden. Wir werden schon über die Runden kommen. Und Platz zum Schlafen ist genug da.»

John Galbraight grollte mir nicht mehr. Er wollte es nur einmal gesagt haben: Australier braucht man nicht zu belehren, wie sie mit ihren Eingeborenen umzugehen hätten. Auf einer entlegenen Schafstation mit zwei Ermordeten und einem Schwerverletzten tat ich Abbitte für die Torheit und Aufgeblasenheit britischer Philanthropen. Sean O'Malley, der mit Galbraight gekommen war, fachte in dem breiten, gemauerten Herd ein Feuer an. Die Nächte sind jetzt kühl. Wärme tat uns gut, und mit den züngelnden Flammen, dem Aroma des Eukalyptusholzes, dem Knistern der Scheite kehrten Ruhe und Frieden in die Hütte ein. John Galbraight gab sich Mühe, mich und James Cockburne satt zu kriegen. Auch die beiden Hunde mußten gefüttert werden. Im australischen Busch war die Auswahl an Genießbarem noch spärlicher als in einem Landgasthaus in England. John Galbraight hatte von der Farm *dam-*

pers und Steaks mitgebracht, die er auf dem Rost über dem Herdfeuer briet. Wir aßen schweigend. Am Ende zündete John Galbraight seine Pfeife an und blies den Rauch von sich.
«Was werden Sie jetzt unternehmen, Mr.Galbraight?»
«Ich kann morgen versuchen, den Schwarzen zu folgen, um einen Teil der Herden zurück zu holen. Falls noch einige Tiere am Leben sind. Etwa fünfzig Mutterschafe, für den Schlachter ausgesondert, haben die Nachbarn heute gefunden und von den Hunden zusammentreiben lassen.»
«Und die Verfolgung der Mörder?» Ich nannte sie tatsächlich *Mörder*.
«Aussichtslos. Der Mörder ist die Stammesgruppe. Nach englischem Recht kann nur gegen Individuen ein Mordprozeß angestrengt werden. Und wozu auch? Was wir brauchen, sind Waffen, damit wir uns verteidigen können. Diesbezüglich ist unsere Regierung taub auf beiden Ohren.»
«Davon habe ich gehört.»
«Verstehen Sie, Miss Nelson: Sie müssen aus einem Gewehr ja gar keine Kugel auf einen solchen Typ abfeuern. Er muß nur wissen: Sie besitzen ein Gewehr und würden es im Ernstfall benutzen. Das nennt man *Abschreckung*.»
«Eigentlich ist ein Gewehr dazu da, daß man es als Waffe benutzt.»
«Wenn die Abschreckung nichts bewirkt, dann wird geschossen. Ganz sicher.»

John Galbraight war noch nicht danach, sich zur Ruhe zu legen. Er zündete immer wieder seine Pfeife an und paffte schweigend vor sich hin. Nach traumatischen Erschütterungen wehrt sich die Psyche gegen den Schlaf. Vielleicht aus Furcht vor dem Erwachen am nächsten Morgen, wenn der Gedanke durch das Hirn zuckt: Das Schreckliche war kein Albtraum, es

ist Realität. Es ging um Steve Bramley. Um ihn drehten sich meine und gewiß John 's Gedanken.
«Wie geht es Steve?» fragte ich in das Schweigen hinein. «Sie haben sicher Erfahrungen mit schlimmen Verletzungen, Mr. Galbraight.»
«Keine Verletzung gleicht der andern. Ich konnte es nicht wagen, mir die Kopfwunde genauer anzusehen. Das muß ich dem Arzt überlassen. Ein einfacher Schädelbruch mag ohne schlimme Folgen heilen.»
«Und wenn Splitter in das Gehirn gedrungen sind?»
«Dann hat er immer noch eine Chance zu überleben.»
«Aber er wird nicht mehr gesund.»
«Es wäre vielleicht schlimmer als der Tod – aber so darf man wohl nicht reden.»
«Für seine Mutter wäre es immer noch der Sohn – mehr denn je. Sie ist sehr religiös. Dann aber denke ich an Mr.Bramley.»
«Ich auch. Er konnte doch nicht ahnen, was passieren würde.»
«Das Schlimme ist, man trennt sich im Groll, und nie mehr fällt ein versöhnendes Wort. Ob tot oder dem Leben wiedergegeben als geistiger Krüppel, der nichts mehr richtig kapiert – da ist kein großer Unterschied.»

Unvermittelt sah John Galbraight auf, als hätte er soeben einen Entschluß gefaßt. «Ich will es hinter mich bringen, Miss Nelson. Eines Tages fragen Sie mich doch danach.» Er goß Tee nach.
«Ich nehme an, ich brauche vor dem jungen Herrn da» – er deutete mit der Pfeife in Richtung James Cockburne – «nichts zu verheimlichen. Und vor Sean O'Malley schon gar nicht.» Der Stationswart hatte eine Petition eingereicht für sein *ticket-of-leave*. Ich fragte mich, was dieser schlichte Mann wohl angerichtet hatte, daß man ihn für sieben Jahre nach New South

Wales verschickte. Er war 1840 mit dem vorletzten Gefangenen-Schiff, der *Pekoe,* aus Dublin nach Sydney transportiert worden.

«Davon können Sie ausgehen. Mr.Cockburne ist ein Freund unserer Familie. Ich habe ihn gebeten, nach dem Verbleib meines Vaters zu forschen. Was er in den Akten der Polizei gefunden hat, ist dürftig. Man kann daraus keine Schlüsse ziehen.»

«Eben darum geht es. Viel ist es nicht, das ich über den Fall weiß. Etwas mehr als Sie. Ich nehme an, den Bramleys ist das Thema etwas peinlich. Man wird Ihnen kaum etwas über die Hintergründe erzählt haben.»

«Hintergründe? Keine Spur.»

«Sehen Sie, das ist nicht richtig. Ich bin mit meinem Gewissen im Reinen, wenn ich Ihnen anvertraue, was ich weiß.» Er zögerte und paffte erst einmal schweigend seine Pfeife. Ich hielt den Atem an, hoffend, er würde es sich nicht noch anders überlegen. «Vor knapp zehn Jahren ist es passiert, daß William Nelson, Ihr Vater, verschwand, begleitet von einem Hirten, der ebenfalls nicht gefunden wurde. Ich war in der Zeit noch im Holzhandel tätig, hatte ein Paar Sträflinge an einer Säge für mich arbeiten, und bei diesem Geschäft gelangt man in die Tiefen des Buschs, wo man lohnendes Holz vermutet. Eines Tages, etwa zwei Jahre nach dem ungeklärten Verschwinden von William Nelson, führten mich die beiden Sägearbeiter zu zwei menschlichen Skeletten. Sie waren nicht mehr vollständig erhalten, Kopf und Extremitäten fehlten. Es war unmöglich, die Personen zu identifizieren. Auch über die Umstände ihres Todes verrieten die Skelettreste nichts: verhungert oder mit Gewalt getötet – wer weiß! Es werden immer wieder Sträflinge vermißt, die sich paarweise mitsamt ihrer Ketten davonmachen und im Busch umkommen. Ich suchte den Platz nach Indizien ab. Verrostete, eiserne Ketten fand ich nicht, dafür hingen im Gestrüpp noch Fetzen der Kleidung. Ich sammelte sie ein und nahm sie mit. Rätselhaft war, wie die Personen sich zu diesem abgelegenen Ort verirren konnten. Er lag abseits der ausgetretenen Pfade. Oder waren sie dorthin verschleppt worden – lebendig oder tot? Der grausige Fund ließ mir keine Ruhe. Ich heuerte einen Fährtenleser an, aber die Zeit hatte die meisten Spuren getilgt. Der Schwarze orientierte sich an geknickten Zweigen und dem Grasbewuchs und führte mich zurück zu der Ruine von William Newton's Außenstation, die etwa fünf Meilen entfernt lag. Er war sich sicher, so beschwor er, daß zwei schwere Körper, tot oder betäubt, auf diesem Wege in den Busch geschleift worden waren. Ich traute dem Fährtenleser nicht ganz: Er mochte wohl von dem Vorfall gewußt haben. Ich kannte Edward Bramley, da ich ihm das Holz für sein Stadthaus geliefert hatte. Ich erzählte ihm von den beiden Skeletten und zeigte ihm die Fetzen von Stoff. Er konnte damit nichts anfangen, seine Frau jedoch erinnerte sich, daß William Newton einen Anzug aus kariertem Tweed trug. Ein solches Muster hatte ich gefunden.»

«Und was geschah dann? Ich vermute: nichts.»

«Was hätte es auch für einen Sinn gehabt? Mr.Bramley wollte seinen Namen nicht in der Zeitung sehen. Sie müssen wissen: Die Wellen schlugen damals noch immer hoch. Es war die bittere Fehde zwischen den Farmern und den Philanthropen, die die Regierung auf ihrer Seite wußten.»

«Sie deuteten an, es gab Hintergründe, die mit dem Verschwinden meines Vaters zu tun hatten.»

«Davon will ich Ihnen noch erzählen. Die Siedler nahmen, wie man so sagt, das Gesetz in ihre eigenen Hände. Daß sie dabei zu weit gingen, will ich nicht entschuldigen. Es war ein Ausbruch von Wut und Verzweiflung, in dessen Gefolge ein ganzer Stamm von Aborigines ausgerottet wurde. Es war auch eine Kriegserklärung an die Regierung von New South Wales, die außerstande war, eine gerechte Ordnung für alle – Weiße wie Schwarze – wieder herzustellen. William Nelson war der Mann, der den Aufstand organisierte, der die Rinder- und Schafzüchter zu sich rief: Diese Regierung hat uns im Stich gelassen. Wir müssen uns selber helfen, damit unsere Lebensgrundlagen nicht zerstört werden. Wenn wir zögern, werden unsere Verluste ins Unermeßliche steigen, und keine Regierung wird uns entschädigen. Glaubt mir, nur diese Sprache, das trotzige Aufbegehren gegen Unrecht, Ignoranz und Schlamperei wird die Regierung als warnendes Signal verstehen. Ich hoffe es, sonst ist unsere Zukunft verspielt.

Ich habe Ihren Vater bewundert, Miss Nelson. Noch klingen mir seine Worte im Ohr. Er war gar kein Haudegen, wie die Leute meinten. Er kalkulierte, so sehe ich es heute, ganz kühl die Chancen zu gewinnen. Er wollte dieser Regierung einen fühlbaren Schmerz zufügen, um sie aus ihrer Lethargie zu reißen. Wenn an sich friedliche Siedler einen ganzen Stamm von aggressiven Eingeborenen ausrotten, dann wird das Kolonialministerium in London unserer Regierung wohl einige kritische Fragen stellen. Diese Partie hat William Nelson tatsächlich gewonnen. Er hat es nicht mehr erlebt. Das lächerliche Projekt *protectorate* wurde zu den Akten gelegt, und den Siedlern sah man, wenn sie sich selbst verteidigten, nicht mehr so scharf auf die Finger.»

«Haben die Behörden den Aufstand meines Vaters einfach so hingenommen, bevor sie einige Einsicht erkennen ließen?» fragte ich.

«Nein, die Behörden haben erbost reagiert. Es mußten noch Opfer gebracht werden. Bevor es zu der philanthropischen Bewegung kam, war es üblich, daß sich die Siedler räuberischer Eingeborener in eigener Regie entledigten. Den schmutzigen Krieg führten immer die Viehhirten. Es waren Strafgefangene, die ihren Herren treu gehorchten, so wie unser Sean O'Malley – verzeih mir, lieber Freund. Ich weiß, du bist ein guter Kerl. Sie hatten keine Ahnung von Gesetzen, außer jenen, nach denen sie selbst verurteilt worden waren. Nun waren sie in zunehmendem Maße der Gefahr ausgesetzt, die Herde zu verlieren oder sogar ihr Leben. Es mußte ihnen also konsequent erscheinen, daß man gegen die Viehdiebe härter durchgriff. Das hieß, einen ganzen Stamm von Aborigines zu vernichten. Sie erledigten die Schwarzen mit Kugeln und mit Gift. Sie hatten keine Ahnung von der philanthropischen Bewegung, und daß nun andere Gesetze galten. Sie wurden verhaftet, es kam zum Prozeß: sieben von ihnen wurden gehenkt. Als Exempel.»

«Und was wurde aus meinem Vater?»

«Ihm geschah nichts. Er hatte an keinen Eingeborenen persönlich Hand angelegt. Er wurde lediglich als Zeuge geladen. Außerdem gehörte er ja einer gehobenen Klasse an, als freier Siedler – und mit diesem prominenten Namen *Nelson,* des Siegers von Trafalgar!»

«Und sein Ende?»

«Darüber kann man nur spekulieren. Ein Mann wie William Nelson hatte Feinde, und er lebte nicht nach den Normen britischer Moral.»

«Davon habe ich von meiner Tante Catherine andeutungsweise erfahren.»

«Möglich, daß jemand den Aborigines einen Wink gab, daß William Nelson der Anstifter war zur Vernichtung des Stammes. Das stimmte ja. So wurde er das Opfer eines Racheakts.»

Ich hatte genug erfahren. Welche Rolle möglicherweise mein Onkel Edward in der Tragödie spielte, davon wollte ich nichts wissen. Sein Verhältnis zu meinem Vater war undurchsichtig. Ich schadete nur meinem Seelenfrieden, wollte ich bis auf felsigen Grund vorstoßen. Ich sagte John Galbraight, ich würde das Gespräch für mich behalten. Er zuckte mit den Schultern und paffte ungerührt seine Pfeife. Auch Sean O'Malley schmauchte jetzt seinen Tobak, nachdem er die Reste unserer Abendmahlzeit abgeräumt hatte. Die Hunde lagen in der Nähe des Herdfeuers, mit den Schnauzen auf den Pfoten, und beobachteten uns unverwandt. Es war wieder eine ganze Weile still im Raum.

Ich hielt das für eine typische Situation in einer Hütte im Busch, die zwei Kumpels miteinander teilten. Sie wußten fast alles voneinander, den Rest jedoch würden sie sich niemals anvertrauen. Da gab es diese Stille, nachdem das Tagewerk getan war, aber es war zu früh zum Schlafen, und doch blieb nichts mehr, was an diesem Tag noch hätte gesagt werden müssen. So rauchte man die Pfeife und hing seinen Gedanken nach, im gegenseitigen Einverständnis.

Ich warf einen Blick auf James Cockburne: Seine Augen leuchteten. Er genoß die ungewohnte Stille im Busch wie ein aufregendes Theaterstück. «Da ist ein Geräusch», sagte er. «Hören Sie doch, Miss Margret: Was ist es?» Ich horchte angestrengt: «Es scheint zu regnen.» John Galbraight blickte auf:

«Ja, es regnet. Und wenn es morgen, übermorgen, und die ganze Woche regnet, dann müssen wir wohl in der Hütte bleiben.» Er schmunzelte vergnügt. «Es wird schon nichts passieren.»

«Wie meinen Sie das, Mr.Galbraight», hakte James nach: «Was könnte denn passieren?»

«Niemand wird gerne naß. Auch Buschräuber nicht. Wenn also welche unterwegs sind, könnten sie schon an unsere Tür klopfen.»

«Und was würden Sie tun?»

«Sie hereinlassen und sie bitten, es sich gemütlich zu machen.» John paffte seelenruhig seine Pfeife. «Gastfreundschaft im Busch ist selbstverständlich», sagte er und sah James Cockburne belustigt an.

«Beruht diese Gastlichkeit auf Gegenseitigkeit? – oder…»

«Na, wenn ich ehrlich bin, Mr.Cockburne: so ganz eigentlich nicht. Es ist schon ein Unterschied, ob ich bei einem Buschräuber anklopfe oder er bei mir. Mir wird er vielleicht im nächsten Moment das Hirn aus dem Kopf blasen, bevor er erkennt, ich bin gar kein *constable*, der ihn arretieren will. Davon abgesehen – lassen Sie es mich kurz machen: In einer Strafkolonie hat der freie Einwanderer den Nachteil, daß er eigentlich nicht hierher gehört. Nicht nur die Buschräuber lassen ihn das spüren, jeder einfache Sträfling geht auf Distanz. Untereinander halten sie zusammen wie Pech und Schwefel. Sie haben Bäume zersägt, wie ich auch – handwerklich ganz das Gleiche. Aber es war nicht das Gleiche. Es gab keinen Streit zwischen uns, aber es kam auch keine freundliche Stimmung auf. Was hatte ich in Australien für einen Vorteil, frei zu sein? Keinen. Ich wurde nicht ausgepeitscht, stimmt. Aber an die Peitsche kann man sich gewöhnen.»

«Da wir schon beim Thema sind: Erzählen sie uns doch eine Geschichte, als einmal *bushrangers* an Ihre Tür klopften, Mr.Galbraight. So etwas gab es doch – oder?»
«Nun gut, bevor wir uns zur Ruhe betten. Ich muß allerdings sagen, in zwanzig Jahren, während ich im Busch lebte, hat mir noch kein *bushranger* ein Härchen gekrümmt. Vielleicht ein paar harmlose Diebereien. Das ist alles. Ich begreife die ganze Aufregung um die Buschräuber nicht.»
«Ich vermute», sagte James, «Buschräuber sind auf Sympathisanten angewiesen – Leute, die genau nachfühlen können, was in der Seele eines *bushranger's* vorgeht. Ehemalige Sträflinge also, aber auch solche auf Bewährung, werden sich solidarisch mit den Buschräubern fühlen. Es liegt in deren Interesse, die Bevölkerung nicht zu terrorisieren.»
«Das ist im Prinzip richtig. Aber auch Buschräuber, bei allem Wohlwollen, müssen von etwas leben. Deswegen überfallen sie ab und zu die Kutschen zwischen Parramatta und Sydney und Liverpool und Sydney. Es geht eben nicht anders.»
«Wollten Sie uns nicht von einem Erlebnis mit Buschräubern erzählen, Mr.Galbraight?» schaltete ich mich ein.
«Gewiß. Es war an einem völlig verregneten Tag. Mein Kumpel und ich waren bis auf die Haut durchgeweicht, als wir zu unserer Hütte zurückkamen. Auch unser Bettzeug war klamm von kühler Feuchte. Wir unterhielten das Feuer die ganze Nacht. Wir fröstelten, nickten ein, wachten wieder auf. Der Mensch hat manchmal Vorahnungen. Vielleicht fielen wir deshalb nicht in einen tiefen Schlaf. Statt dessen horchten wir auf das eintönige Rauschen des Regens. Es gab noch andere Geräusche, die uns einen leichten Schauder einjagten: Das Brechen von Ästen verrotteter Bäume unter dem Gewicht des Wassers, mit dem sie vollgesogen waren. Und dann wieder der Regen. Dann schlug der Hund an.»

Während John gemächlich und zuweilen mit langen Pausen die Geschichte in die Länge zog, gingen meine Gedanken ihre eigenen Wege. Mit halbem Ohr bekam ich mit, was er erzählte, dann horchte ich wieder mit angespannten Nerven auf das gleichmäßige Tropfen des Regens auf das Dach der Hütte. Es waren jene anderen Geräusche, die mich beklommen machten: das Krachen der Bäume, ein Windstoß durch das Laub, ein irrer Vogelschrei. Geräusche, die, wiewohl natürlichen Ursprungs, selbst den hartgesottenen Galbraight und seinen Kumpel erschreckt hatten. Ich hörte nichts Auffälliges. Es war gleich unheimlich – ob ich die Geräusche tatsächlich hörte, oder in der Stille mich nur vor ihnen fürchtete. Bei dem Gedanken, es mochte plötzlich an die Tür klopfen, geriet ich in Aufregung.

So zwang ich mich, an andere Dinge zu denken: Daß etwa der Parramatta River durch den Dauerregen anschwoll, und die Schiffe es für einige Tage bis zur Anlegestelle der Queens Wharf schafften. Pat Kelley und seine Emily fielen mir ein. Mein absurder Auftritt in der *Female Factory*. Ich dachte an den steifleinenen Ludwig Leichhardt. Ob er wohl auch im Regen in Bramleys Park spazieren ging. Ich hoffte, er würde an mich einen müßigen Gedanken verschwenden – und ohrfeigte mich sogleich im Stillen. Was für ein Unsinn. Ich dachte mit Herzklopfen an Rose. Ich dachte an Rose und Tante Catherine. Ich dachte an Rose und Onkel Edward. Rose Fagan. Rose, Rose, Rose. Meine Gedanken endeten bei Steve: Aus welchem Grunde hatte sein Vater ihn in die gefährdete Außenstation geschickt? Es war bekannt, daß die Stammesgruppen im Westen und Norden wieder rebellisch waren. Die Station in Glenorie hatten sie schon überfallen. Die Schafhirten und *stockmen* waren ohne Waffen, nachdem in den vorausgegangenen Jahren ein brüchiger Friede herrschte. Sie waren unvorbereitet. Man besitzt nicht nur eine Waffe, nimmt sie in die Hand, zielt, drückt ab. Man muß mit dem Gedanken vertraut sein, daß diese Situation in jedem Augenblick eintreten kann. So viel hatte ich schon mitbekommen. Onkel Edward machte nicht viel Aufhebens von seinen Söhnen. Tom, der es nur bis zu einer mittleren Position am Katasteramt gebracht hatte. Sein Kungeln mit dem Reverend Hassall. Was interessierte Bramley der Bau einer neuen Kirche. Oder die Immobilien, denen der rührige Mann Gottes hinterher jagte. Steve war ihm nicht gleichgültig. Was in der Beziehung schief lag – der Ursprung war wohl längst verschüttet. Ich hatte keine Ahnung und auch nicht über die beiden nachgedacht. Bis ich für den Bruchteil eines Augenblicks in Onkel Edwards Gesicht ein glückliches Leuchten, ein frohes Lächeln wahrnahm – als Rose Fagan den Salon betrat. Nicht wie eine demütige Hausangestellte, nicht wie ein Sträfling, der einen wärmenden Unterschlupf sucht: nein, sie stand aufrecht wie eine Königin vor Edward Bramley, der sich überrascht und mühsam aus seinem Sessel erhob. Ihre Krone war das blaue Tuch, mit dem sie ihr kurz geschnittenes Haar bedeckte. Ich, Margret Nelson, hatte sie ihm gebracht. Es reichte aus, daß der Vater Steve dabei ertappte, wie er zwischen Tür und Angel mit Rose plauderte und dabei lächelte. Steve's Lächeln war Bramley völlig fremd. So verstieß er ihn. Ich nenne die Dinge beim Namen. Auch das ist Freiheit.

«Sie erwähnten eben, Mr.Galbraight, daß der Hund anschlug», hörte ich James Cockburne's Stimme.
«Ja richtig. Sehen Sie, manchmal komme ich ins Sinnieren über Gott und die Welt, und dann vergesse ich leicht, an welcher Stelle ich stehen geblieben war.»

«Also: der Hund schlug an. Sie fanden das recht ungewöhnlich. Der Hund hatte einen Grund.»

«Das fanden wir bald heraus. Mein Kumpel war nun doch eingeschlafen und schnarchte. Ich weckte ihn, sagte, etwas stimme nicht da draußen, der Hund belle wie verrückt, und er sprang auch sofort aus dem Bett, hellwach. Wir stießen die Tür auf, der Hund stürzte hinaus in die stockdunkle, regentriefende Nacht, rannte etwa fünfzig yards, blieb dann stehen und bellte, daß einem die Ohren wackelten. Ich hörte das leise Wiehern von Pferden, dann erregte Stimmen, gotteslästerliche Flüche, aus denen ich mir folgenden Sinn zusammenreimte: Ruf den verdammten Köter zurück – oder wir erledigen ihn. Nun, nebst seinem eigenen Leben ist einem im Busch das Leben eines treuen, wachsamen Hundes das liebste. Also pfiff ich ihn zurück, aber er gehorchte widerwillig grollend. Bald darauf hatten wir Gäste. Sie brauchten sich nicht vorzustellen. Einen erkannte ich sogar: Er hatte in Parramatta beim Löschen der Ladung von Frachtschiffen geschafft. Es waren vier Leute, ungewaschen und unrasiert, die Hüte tief in die Stirn gezogen, die Pistolen entsichert, die Kleider jedoch tropfnaß. Hunger hatten sie auch. Gastfreundschaft ist im Busch ehernes Gesetz. Es gilt für Freie, Strafgefangene, Buschräuber – selbst für Polizisten. Die klopfen gerne zur Mittagszeit unter einem Vorwand an eine Hüttentür, setzen sich wie selbstverständlich an den gedeckten Tisch. Buschräuber sind mir da lieber, ehrlich gesagt. Also das übliche: Wir kochten Tee, brieten für jeden ein Steak, servierten dazu *damper,* schon ein wenig altbacken.»

«Redeten die unerwarteten Gäste auch?»

«Ja, als sie satt waren. Die Botschaft: Einer von uns beiden sollte die Männer durch den Busch zu unserer Farm führen. Sie wußten, vermutlich durch die Hafenarbeiter, daß mein Boss eine ordentliche Portion Rum erhalten und auf seiner Farm gelagert hatte. Um die ging es. Die wollten sie haben. Die Entfernung zu unserer Hütte betrug etwa drei Meilen. Wir hatten natürlich keine Lust, die ungebetene Gesellschaft zur Farm unseres Brotgebers zu führen – eine Chance, uns zu drücken, gab es aber nicht. Sie fanden heraus, daß ich ein freier Einwanderer war, und sogleich fingen sie an, unter sich zu streiten, ob die Freien alle verkommene Subjekte seien, denen sie, die *bushrangers*, ihr schäbiges Dasein zu verdanken hätten. Aber der Anführer setzte sich mit seiner Ansicht durch: Es sei abzuwägen, wer die betreffende Person sei – und seien sie nicht gut aufgenommen worden, gerade so, als sei ich ein *emancipist*? Glaubt ihr, jeder *emancipist* hätte euch so gastfreundlich bewirtet? Nun, sie wollten trotzdem meinen Kumpel als Führer haben, er war nun mal ihresgleichen, wie sie annahmen. Um es kurz zu machen: Es waren Menschen, die an unsere Tür klopften. Wir gaben ihnen, was wir konnten.»

Bevor sich John Galbraight auf sein Lager streckte, sagte er noch zu mir: «Sie haben ein mitfühlendes Herz, Miss Nelson. Das ist mir nicht entgangen. Es schlug nur nicht am richtigen Fleck. Nehmen Sie es mir nicht krumm: In London hat man eben keine Ahnung, was es heißt, mit Australien zurecht zu kommen. Manchmal eine Überlebensfrage. Daß die Angeln und Sachsen sich vor tausend Jahren gegen die keltischen Picten wehrten, und keinesfalls zimperlich, das ist eben lange her. Es ist die Geschichte, die die Lehrer mit geschwellter Brust den Kindern auf der Schulbank erzählen.» Er widmete mir, neben dem Nachweis seiner historischen Bildung, noch ein scheues Lächeln. Dann zog er die Decke über sich und begann in gleichmäßigen Rhythmen zu schnarchen. So ist das eben in Australien, hätte Pat Kelley dazu bemerkt.

Steve war noch immer ohne Bewußtsein. Man hatte ihn von der Farm in das Haus der Bramleys gebracht. Er lag auf dem Rücken in seinem Bett und hatte die Augen geschlossen. So hatte sich Onkel Edward die Rückkehr seines jüngeren Sohnes nicht vorgestellt: Von Barbaren halbtot geschlagen, mit ungewisser Aussicht zu überleben, und wenn doch, dann womöglich als hirnloser Krüppel. Invalidität dieser Art, oder gar der Tod, existierte in Bramley's Kategorien nicht. Zumindest hatte sich Catherine mit solchen Themen zu beschäftigen – wenn schon. Der Arzt hatte Steve die Schädeldecke geöffnet und die Splitter aus dem Gehirn gezogen. Tante Catherine, die ich oft für frömmlerisch und beschränkt hielt, war nun der ruhende Pol in dem vom Schicksal geschlagenen Haus. Sie ging zu Edward, nahm ihn bei der Hand und sagte: Edward, du weißt, ich werde dir nichts vorwerfen. Laß es mich nochmals sagen: ich werfe dir wirklich nichts vor. Ich meine das so. Was Steve widerfahren ist, hätte jederzeit und überall passieren können. Wir armseligen Menschen haben das nicht in der Hand. Das war auch für meinen Onkel zu viel. Er schluckte, drehte sich abrupt um und verschwand im Park.

Ich ging zu Steve, setzte mich neben sein Bett, griff nach seiner Hand. Nie zuvor war ich ihm so nah. Er konnte sich nicht dagegen wehren, daß ich ihn flüsternd um Verzeihung bat. Wofür eigentlich? Für unabsichtliche Kränkungen. Das Unabsichtliche beweist nur, mit wie wenig Aufmerksamkeit du von anderen wahrgenommen wirst. Als Rose Fagan mit dir sprach, hast du gelächelt, und dein Vater hat dich aus dem Hause gejagt. Warum hast du nicht um sie gekämpft? Gegen deinen törichten, herrischen Vater aufbegehrt? Du bist mit krummem Rücken davon geschlichen. Du wolltest kein Feigling sein, der sich vor den Schwarzen fürchtet. Du wolltest deinem Vater gefallen. Vielleicht ahntest du auch, was Schlimmes passieren könnte – und ließest es darauf ankommen wie ein Gottesurteil. Es ist passiert. Ich wünsche dir und mir, daß Rose Fagan ein wenig um dich trauert. Wo war Rose Fagan? Erst jetzt fiel mir auf, daß ich sie seit meiner Rückkehr von der Farm noch nicht gesehen hatte.

8

Offensichtlich konnte Onkel Edward das Unglück noch immer nicht fassen. Er tat so, als sei es nicht geschehen, während Tante Catherine bereits für die Seelen der beiden getöteten Hirten betete. Ich traf ihn auf der Treppe, als ich von Steve's Zimmer kam. Wo ist Rose Fagan? rief er aufgebracht. Sie ist weg! Was hast du mir da für eine Zicke angeschleppt, die einfach fortläuft. Bist du blind und taub? Ich habe mich doch wohl deutlich ausgedrückt, was für einen Typ ich als Hausmädchen haben wollte. Dann ließ er mich stehen und stapfte weg. Er wußte nicht, wohin mit sich. Er war mit den Nerven am Ende. Ich gab ihm keine Widerworte. Durchaus erinnerte ich mich an sein Augenzwinkern, was für einen Typ von Hausmädchen er haben wollte: Sie müßte nicht unbedingt alt und häßlich sein. Dann folgte eine Litanei von moralischen Ansprüchen, die selbst eine Lady der gehobenen Kreise nicht erfüllen konnte. Mir war ein wenig mulmig, als ich die attraktive Rose ins Haus brachte, aber der alte Onkel schien ja wie verzaubert von ihr. Jetzt war er völlig durcheinander. Von Steve war nicht die Rede. Eher schien er Rose zu vermissen. Impulsiv verkündete er, er wolle Rose durch die Polizei suchen lassen, aber da legte sich Tante Catherine ins Mittel: Das wirst du nicht tun. Margret wird in den Rocks nach ihr suchen, dabei kann ihr Pat Kelley zu Diensten sein. Vielleicht auch dieser andere vornehme Herr aus England, Mr. James Cockburne. Die Angelegenheit wird diskret erledigt. Erst jetzt begriff ich: Rose Fagan ist wirklich nicht mehr da.

Sie hat keine sichtbaren Spuren hinterlassen. Ein Trugbild unerfüllter Begehren, zarter und wollüstiger. Dann ein Erwachen im Morgengrauen mit nichts als dem feuchten Nebel vor dem

Fenster, aus dem der Traum phantastische Figuren geformt und mit einem sanften Hauch zum Leben erweckt hatte. Rose wie ein Engel in eine andere, uns verschlossene Welt entschwebt. Spürbar war es wie eine ungewohnte Windstille. Ein Uhrwerk, das nicht mehr rasselte und die Zeit anschlug. Eine Leere, die mich bei jedem Schritt wie ein Schatten einholte. Sie hat mir Schlimmes angetan. Indem sie mich dem Leid der Einsamkeit aussetzt, schraubt sie ihren Preis immer höher. Bis zu meiner völligen Unterwerfung. Das hätte nur Sinn, wenn sie wiederkäme. Ich hoffte, ich hatte recht mit meiner Logik. Dann verzweifelte ich wieder daran. Ich kannte jene andere Rose Fagan nicht: Die Strafgefangene, die in einem Gefängnishof Wäsche aufhängte, einen Teller Suppe auslöffelte, an einem Webstuhl saß. Meine Rose war das nun erwachsene Mädchen meiner Kinderträume. Und ich wunderte mich, daß es gar nicht existierte. Mein Herz fühlte sich schwer, ich hätte mich am liebsten hingeworfen und in die Erde eingegraben. Ich konnte nicht still sitzen, lief in die Küche und half Tante Catherine mit dem Geschirr. Ich trocknete ab wie vor der Zeit, als Rose Fagan noch nicht bei uns war. Tage? Wochen? Monate?

«Tante Catherine, warum hast du Onkel Edward davon abgebracht, Rose durch die Polizei suchen zu lassen?»
«Ich hatte einfach das Gefühl, es wäre nicht das Richtige. Bei Jane Hawkins vielleicht – aber die reißt nicht aus. Wir sind ungerecht, daß wir die einen inniger lieben als die anderen.»
«So hat uns Gott geschaffen. Es wäre Sünde, verhielten wir uns anders. Wir lieben so, wie es uns gegeben ist.»
«Es gibt eine Pflicht zu lieben.»
«Nicht mit dem Herzen. Dem Herz kannst du nicht befehlen, Tante Catherine. Bei der Liebe mit dem Herzen haben nicht die scheinheiligen Pfarrer mitzureden, sondern die Dichter.

Die Reverends haben im Tempel der Poesie nichts verloren. Und es gibt keine Poesie ohne Liebe und umgekehrt.» Fast hätte ich in meiner verzweifelten Wut einen Teller zerschmettert. Die Tante fiel mir in den Arm:

«Margret, sieh, was für ein Unglück unser Haus getroffen hat! Bitte, steh mir lieber bei, als daß du in Zorn gerätst.»

Ich mußte mich setzen und heulte einfach darauf los. Die Tante verließ die Küche und kam nach einer Weile zurück, als sie annahm, ich hätte mich wieder beruhigt.

«Verzeih mir bitte. Ich hätte mich nicht so gehen lassen dürfen.»

«Das waren Tränen, die haben lange warten müssen. Du hast sie von London mitgebracht, vielleicht schon von deiner Kindheit.»

«Du hast recht, Tante Catherine. Ich kann mich nicht erinnern, daß ich in London Tränen vergossen habe. Nicht Tränen wie ein Regenschauer.»

«Dann bin ich ja froh, daß du nach Australien gekommen bist», versuchte die Gute zu scherzen. «Nun aber im Ernst, Margret: Wenn du nach Rose suchen willst, mußt du nach einem klugen Plan vorgehen. Warum ist sie davon gelaufen, hast du darüber schon nachgedacht?»

«Noch nicht. Ich bin jedenfalls sicher, daß Rose sich über ihre Behandlung in diesem Hause nicht zu beklagen braucht. Hast du eine Vorstellung, was jemanden wie Rose Fagan aus deinem Hause treibt? Sie wurde wie eine Tochter gehalten. Sie wurde von uns geliebt – außer von Tom, der sich offenbar nichts aus ihr macht. Aber er war wenigstens höflich. Ich bin ratlos.»

«Margret, du kennst Rose's Vorleben nicht. Die Geschichte, die sie dir erzählt hat, ist vermutlich eine Mixtur aus Dichtung und Wahrheit. Was trieb sie in der Zeit zwischen ihrer Ausschiffung und der Verbringung in die *Female Factory*? Das Milieu, in dem sie aufgewachsen ist, ist dir völlig fremd. Darüber müßtest du mehr erfahren. Halte dich mal ein wenig an Pat Kelley!»

«Er hält nicht viel von Frauen. Sie sind für ihn alle Huren.»

«Er redet und prahlt gern. Du wirst ihn schon zum Sprechen bringen, wenn er etwas weiß. Du wirst doch nicht glauben, daß man in den Rocks Rose Fagan nicht kennt? Wobei wir schon bei einem möglichen Motiv ihrer Flucht wären: Es zieht sie in das Milieu zurück, aus dem sie kommt, das ihr vertraut ist, in dem sie ihren Platz hatte, wo sie etwas galt – mehr als in meiner Küche. Ich habe Augen im Kopf und ein Herz in der Brust, Margret: Selbst wenn Rose deine Zuneigung erwiderte, niemand könnte sie halten, wenn ihr die Freiheit mehr als alles andere lieb ist. Versetze dich in ihre Lage: Du mußt damit rechnen, daß du umsonst nach ihr suchst, daß sie nicht zurückkehren will, daß sie dich vor die Wahl stellt: Wenn du mich liebst, dann laß mir die Freiheit – bis mich mein Schicksal wieder ereilt. Aber sei du nicht diejenige, die mich verrät.»

War das wirklich meine bigotte Tante, die so sprach? Sie ahnte offenbar, was mir durch den Kopf ging: «Margret, meine Eltern kamen aus England. Ein jeder von uns hat seine Geschichte. Aber frage mich bitte nicht!»

«Wäre es denkbar, daß Rose Fagan zu einem Liebhaber zurückgekehrt ist?»

«Natürlich. Der Fall wird dadurch nur komplizierter.»

«Ich wollte bei Mrs.Statham in der *Female Factory* nicht Fragen privater Art über Rose Fagan stellen. Das schien mir erniedrigend.»

«Du wolltest auch die Wahrheit nicht wissen. Du hast recht, Margret. Wozu über Vergangenes nachgrübeln, das längst vorbei ist, und ungeschehen läßt es sich nicht machen. Wissen, das nur unglücklich macht. Behalte Rose Fagan in Erinnerung, so wie du sie dir geschaffen hast. Mrs.Statham hätte dir auch kaum etwas von Nutzen sagen können – oder wollen. Sie muß an die Interessen der Anstalt denken: die Mädchen loswerden und mit gefalteten Händen hoffen, daß sie nicht wiederkommen.»

«Rose hat nicht einmal abgewartet, bis sie ihr *ticket-of-leave* erhält.»

«Du bist ein Unschuldsengel, Margret. Das hätte noch sehr lange dauern können. Weißt du, wie viele Jahre sie bekommen hat, als man sie in Glasgow zur Deportation verurteilte? Oder sagen wir so – ach nein...» Meine Tante wandte sich ab. Jetzt wollte sie mit einem Mal nicht reden. Ich sprang auf und stellte mich vor sie:

«Was wolltest du sagen? Es ist unfair, eine Sache anzudeuten und dann verstummen und mich hängen zu lassen.»

«Du willst es also wissen: Man hat sie zum Tode verurteilt und dann zu lebenslänglicher Deportation begnadigt. Das ist im liberalen England heute das übliche Verfahren. Nur noch Schwerstverbrecher werden gehenkt.» Rose hatte mich kaltlächelnd angelogen: sieben Jahre!

«Woher weißt du, was mit Rose passiert ist?»

«Das finde selbst heraus.» Damit beendete Tante Catherine das Gespräch und verließ die Küche. Mir war klar, wer der Informant war: Pat Kelley. Möglich, daß es auch Tom von Reverend Hassall wußte, aber mein Cousin hätte seinen Mund nicht aufgemacht. Auch nicht Jane Hawkins, die Wäscherin. Kein Sträfling verrät einen andern.

Jane Hawkins war vermutlich Rose Fagan's Vertrauensperson. Ich mußte sie verhören. Vielleicht war ich eine Spur schlauer als sie. Das Gespräch verlief jedoch bald im Sande:
«Jane, Rose Fagan ist weggelaufen. Wir wollen sie zurück haben ohne Hilfe der Polizei. Willst du uns helfen?» Sie zuckte mit den Schultern und sah mir ohne Verlegenheit ins Gesicht.
«Wie helfen?»
«Haben die Bramleys sie schlecht behandelt?»
«Nein. Die Bramleys sind gute Menschen. Wie auch Sie, Miss Nelson.»
«Wie meinst du das?»
«Sie würden von mir nicht verlangen, daß ich Rose verriete.»
Von wegen: ich schlauer als die Wäscherin mit den groben, roten Händen. Ich verkniff mir die Drohung, wir könnten sie in die *Female Factory* zurückschicken – was selbst juristisch nicht einfach wäre. Und wir müßten lügen. Ich würde mich in Grund und Boden schämen. Die Frau, die hier vor mir saß und meinem Blick standhielt, hatte die Situation völlig begriffen. Sie würde mir ruhig antworten: jetzt reden Sie wie ein *constable,* Miss Nelson. Oder: wer besorgt dann den Bramleys die Wäsche, Miss Nelson? Oder: für Rose Fagan laß ich mich gerne wieder für sechs Monate in die Fabrik zurückschicken, Miss Nelson.
«Niemand verlangt von dir, daß du Rose verrätst. Wir wollen sie einfach wieder bei uns haben. Wir wissen nicht, warum sie uns verließ. Vielleicht hat sie den Kopf verloren und braucht Hilfe. Du hast selbst gesagt, die Bramleys seien gute Leute. Rose hätte nichts Böses zu fürchten. Wir möchten nicht, daß sie aufgegriffen und von einem *constable* in die *Female Factory* zurück gebracht wird.»

«Wenn es ihr Wille ist abzuhauen, dann kann sie niemand zurückhalten. Sie nicht, ich nicht, die Bramleys nicht, Miss Nelson.»

«Jane, ist sie eine Mörderin?» Die Frau zuckte zusammen und schwieg. «Der Gedanke macht mir Kummer. Wenn du mich davon befreien könntest! Wenn du lügen mußt, dann schweige lieber.»

«Ich muß mir überlegen, was ich sage. In meinem Hirn geht es nicht so flink zu wie in Ihrem.»

«Laß dir Zeit, Jane. Nimm nur zur Kenntnis: Ich weiß, sie wurde zum Tode verurteilt und dann begnadigt. Ich schließe aus, daß sich das Gericht geirrt hat.»

«Miss Nelson, wären Sie imstande, einen Menschen zu töten, einen bösen, teuflischen Menschen, der Sie bedroht, der Ihnen oder jemand anderem das Leben zur Hölle macht? Würden Sie dann sagen: ich habe gemordet?»

«Nein. Es gibt Situationen, da muß man wohl töten: aus Verzweiflung, in großer Gefahr. Auch wer im Zorn tötet, hat keinen Mord vorgehabt.»

«Dann ist auch Rose Fagan keine Mörderin. Jetzt wissen Sie genug.»

Arthur Flynn, mit dem Verstand eines Ochsen, brauchte ich erst gar nicht zu fragen, ob er von Rose Fagan etwas wußte.

Rose Fagan ist nicht mehr im Hause, hämmerte es in meinem Kopf. Die Leere spürte ich wie einen dumpfen, anhaltenden Schmerz. Empfand ich doch so, als sei Rose immer schon da gewesen. Sie kam und füllte den Raum. Sie nahm die Zeit, die ohne sie still stand. Jetzt hatte sie mich verlassen. Die Einsamkeit zog sich durch meinen Körper wie ein Frösteln. Ich suchte nach Argumenten, um ihr die vermeintliche Treulosigkeit zu vergeben. Sie hatte ein Recht, ihr Leben nach eigenen Vorstellungen einzurichten, in dem engen Rahmen, den ihre Strafe zuließ. Sie hatte ihrem Arbeitgeber oder Aufseher zu gehorchen. Ob sie mich mochte oder nicht, war für das Gesetz ohne Belang. Was konnte ich einem Menschen bedeuten, der getötet hat?

Diese ungeheuerliche Tat, die in meinen Gedanken Kreise zog, und deren mögliche Umstände ich in allen Varianten durchspielte, brachten mich ihr immer näher. Eine Löwin, die sich wehrt, die ihrem Verfolger an die Gurgel springt. Aus Not, weil sie nur überleben kann, wenn sie die Existenz ihres Bedrängers auslöscht. War es in meinem Innern Sympathie für sie, oder bereits eine Sucht nach Abhängigkeit von diesem rätselhaften Wesen? Mein ganzer aufgeputzter Stolz schmolz dahin. Heimlich bettelte ich um ihre Zuneigung. Ich vergrub meinen Kopf in das Kissen, ohne Tränen. Ich schäme mich nicht zu bekennen, daß ich mich nach ihrer körperlichen Nähe sehnte. Danach, ihre Finger, ihr Wangen, ihre Lippen zu küssen. Aber ich ging nicht so weit, mich in imaginären Orgien zu verlieren. Rose Fagan war eine neue Erfahrung für mich. Nichts Vergleichbares hatte ich während meiner Zeit in London erlebt. Ich wuchs behütet auf. Ich wußte, es gab eine Welt des Zwielichts, in der Menschen hausten, die von Gott verworfen waren. Aus welchem Grunde hatte er sie überhaupt erschaffen, der Allgütige? Niemand wagte, so zu fragen. Es gab etliche hübsche Mädchen unter den Strafgefangenen. Sie waren die Lockvögel des Bösen, bevor man sie erwischt und deportiert hatte. Aber Rose Fagan schien einer andersartigen Welt anzugehören, die weder gut noch böse war. Sie war von Wesen bevölkert, die eine souveräne Macht ausstrahlten, der sich die Schwächeren willig unterwarfen. Diese Macht setzte ein Maß an Freiheit voraus, die man in Australien erfuhr: als

Lockung, als Hoffnung, als Verheißung – in einer Strafkolonie, das war seltsam. Meine Logik mochte krummen Pfaden folgen, meiner Gefühle war ich mir indessen sicher. Ich war nicht mehr die schüchterne, eingeschnürte Lehrerin in einer Waisenhausschule, die manche Dinge lehrte, über die sie niemals nachdachte, die sie nachplapperte, weil man es von ihr erwartete, und weil die Rüge eines Vorgesetzten etwas Schlimmes war. Ich hatte mich überdies vor Seiner Lordschaft zu rechtfertigen. Der Lord stellte sich ohne weiteres auf meine Seite, wenn mir Unrecht geschah. Zunächst jedoch mußte ich antreten und Rede und Antwort stehen. Für kritische Fragen blieb kein Spielraum. Es war ein Kerker mit durchsichtigen Wänden, in dem ich Kindheit und Jugend verbrachte.

Pat Kelley und ich nahmen den Raddampfer nach Sydney. Die Suche kann eine Woche dauern – wenn wir sie überhaupt finden, brummte er. Von seiner Mission war er keineswegs begeistert. Nie hatte ich ihn in schlechterer Laune erlebt. Es war ausgemacht, daß ich bei James Cockburne's Tante logieren würde. Wo wirst du schlafen, Pat? Ich finde schon etwas, gab er unwirsch zurück. Er verstand die Bramleys nicht: Die Polizei hätte Rose Fagan in kürzester Zeit ausfindig gemacht und in die *Female Factory* oder zu den Bramleys – falls die auf eine Anzeige verzichteten – zurück gebracht. Was für Umstände, die Sache selbst in die Hand zu nehmen. Er schien subtilerer Gefühle unfähig. Diese Einsicht betrübte mich, da ich Pat ja mochte. War er immer so gewesen, oder wurde er so? Auch das war Australien: Wenn sie hier an Land gingen, waren sie bereits abgestumpft, und nach Verbüßung ihrer Strafe war die verbleibende Lebensspanne schon stark geschrumpft. Für eine neue, erbaulichere Lebensphilosophie blieb wenig Zeit. Wie auch immer: Ob die Bramleys für die Suche nach Rose Fagan die Polizei einschalteten oder nicht, ging Pat Kelley nichts an. Mir war nach Streit zumute:

«Pat, du kennst Rose Fagan. Wen hat sie in Glasgow umgebracht? Sie hatte einen Grund für ihre Tat. Sie ist nicht das, was wir uns unter einer Mörderin vorstellen. Überlege dir, ob du mich nun anlügst, mir ausweichst oder mir weiterhilfst, damit ich sie finde. Dann mußt du auch die Wahrheit sagen. Oder vertraust du mir nicht? Ich will Rose retten, weil ich – nicht weil ich es mit den Philanthropen halte, sondern – ach, was rede ich! Du haßt Frauen, warum kehrst du nicht mit dem nächsten Schiff um und läßt mich alleine suchen. Rauche mit John Galbraight deine Pfeife. Ich bin nicht die richtige Gesellschaft für dich.»

«Miss Nelson, ich kenne das englische Theater. Sie brauchen mir keine Szene aus einem Drama von Shakespeare vorspielen. Ich bringe Sie nach Sydney im Auftrag der Bramleys und bringe Sie nach Parramatta zurück. Wenn ich sonst noch etwas für Sie tue, dann steht das in meinem Belieben. Iren haben es nicht gerne, wenn man sie als Diener herumschubst.»

«Pat, du weißt genau, daß ich nicht der Typ bin, der in dir einen Domestiken sieht. Du hast mir einmal vor den Kopf geknallt, alle Frauen seien Huren. So aus heiterem Himmel. Mein Cousin Tom war dabei. Das hat mich verletzt. Hast du Emily vergessen? War auch sie eine Hure? Was erwartest du eigentlich, wie ich mit dir reden soll?»

«Sicher war auch Emily eine Hure. Trotzdem habe ich sie gemocht.»

«Das ist eine wahrhaft christliche Gesinnung! Hoffentlich hat sie dir auf Knien für deine Güte gedankt. Was soll überhaupt das ganze dumme Geschwätz, das nur Verdruß und Zwietracht einbringt!»

«In Ihrer Welt gibt es eine Miss Nelson, in meiner Welt einen Pat Kelley. Uns trennt eine Glasscheibe. Wir sprechen auch verschiedene Sprachen...»
«...und vergessen Sie nicht, Mr.Kelley, ich bin protestantisch und Britin, und Sie sind katholisch und Ire.» Ich blickte ihm geradewegs ins Gesicht, das ohne eine Spur von Bosheit oder Zorn war, nur ein wenig traurig. Ich gab mir einen Ruck und nahm wieder Vernunft an: «Pat, vergessen wir den Streit. Ich bitte dich um Verzeihung. Diese Glasscheibe – ich habe sie nicht gesehen.»
«Das hat Glas so an sich. Aber das ist kein Grund, daß wir uns streiten. Wir wissen, wo jeder von uns beiden steht. An dem System ändern wir nichts. Wir sind doch nur kleine Rädchen in einem Uhrwerk.»

Und müssen in den Rocks ein verlorenes Mädchen finden. Eine Hure, ein Luder, eine Lügnerin. Eine, die schon einmal einen Menschen getötet hat. In Notwehr, aus Verzweiflung, im Zorn? Wie hat sie es getan: mit einer Eisenstange, mit einem Messer, mit einem Gifttrank, im Suff ertränkt, mit bloßen Händen erwürgt – um dem Tod seiner Endgültigkeit wegen ins Antlitz zu schauen? War die Wahl der Methode spontan und damit dem Zufall überlassen, oder angelegt nach einem Ritual? Hatte sie Helfer? Jemanden töten, der zerstörerisch in ihr Leben eingegriffen, der ihr niemals vernarbende Wunden geschlagen hat? Es ist nicht damit getan, ihn nur einfach aus dem Wege zu räumen. Seinen Schatten wird sie nicht mehr los. Nach der Tat war sie eine andere Rose Fagan. Und wie fiel sie in die Hände ihrer Häscher?
«Fragen Sie Rose Fagan selbst, wen, wie und warum sie getötet hat – wenn Sie glauben, Sie müßten das unbedingt wissen. Der Fall ist ja auch aktenkundig.»

«Wo treffe ich dich Pat?»
«Ich werde abends im *Black Dog* sein, morgen, übermorgen. Bis dahin habe ich einiges erfahren. Fragen Sie einfach nach mir, dann läßt man Sie ein. Haben Sie keine Angst!» Er zögerte: «Kommen Sie allein! Die Kumpels sind nicht gesprächig in Gegenwart von Fremden.»

Ich stand wieder vor dem Haus aus rotem Klinker mit weiß getünchten Fensterrahmen und einem Messingring mit Löwenkopf als Türklopfer. Wie damals. Das Leben jedoch hatte inzwischen einige Runden gedreht, obwohl meine Ankunft in Sydney Cove erst ein paar Monate zurücklag. Ich kam mir viel älter vor. In der kurzen Zeit war mit mir mehr geschehen als in den letzten fünf Jahren in London. Lord Milford und Tante Mildred in ihrem muffigen Gehäuse würden mich nicht wiedererkennen, vielleicht gar nicht mehr bei sich haben wollen. Meine Manieren ließen zu wünschen übrig. Ich redete, auch wenn ich nicht gefragt war. Ich war nicht mehr vorzeigbar in den aristokratischen Zirkeln – womöglich als Partie für einen alternden Junggesellen mit klingendem Namen, jedoch unerträglichen, egomanischen Marotten. Darauf gab ich keinen Pfifferling. Ich war nicht mehr reformierbar. Die Freiheit dieses verachteten Kontinents strich mir um die Nase wie eine stete, frische Brise.

Ich hatte durch einen *constable* eine Nachricht an James Cockburne geschickt. Seine Tante empfing mich in bester Laune und umarmte mich herzlich. James Cockburne war nicht allein gekommen, er hatte seinen Freund Charles Lindhurst mitgebracht. Das ist also mein Freund, sagte er mit einer Betonung, daß ich sogleich Bescheid wußte. Dessenungeachtet bot der wohlerzogene Freund Charles Lindhurst mir gegenüber seinen ganzen Charme auf, wie es die englische Etikette verlangt. Wir kamen sofort ins Gespräch, als ich den Doktor Ludwig Leichhardt erwähnte, den er gut zu kennen schien: eine faszinierende Persönlichkeit, zu schade für Preußen, gut für Australien. Das war sein feinsinniger Kommentar.

«Miss Margret», begann James Cockburne, «Charles verfügt über nützliche Drähte zu Militär und Polizei. Was können wir für Sie, beziehungsweise für Rose Fagan tun?»

«Ich deutete in meiner Nachricht an, daß Rose Fagan, das Hausmädchen der Bramleys aus der *Female Factory*, seit gestern verschwunden ist. Vermutlich ist sie in den Rocks untergetaucht. Die Bramleys wünschen sie zurück, ohne Aufsehen, ohne offizielle Einschaltung der Polizei. Es gibt also keine Anzeige, nur die Bitte um diskrete Mithilfe. Das wären hauptsächlich Informationen über ihren Verbleib. Wird Rose Fagan gefunden, wäre die Aufgabe der Polizei erledigt – soweit es die Bramleys betrifft. Ich muß dann versuchen, sie zur Rückkehr zu bewegen. Ich weiß nicht, wie die Chancen dazu stehen.»

«Ich kann Sie verstehen, Miss Margret. Sehr gut sogar. Es geht hier um ein zutiefst menschliches Problem, nicht um das Einfangen einer Strafgefangenen.»

«So ist es. Die Familie ist unglücklich und verstört. Steve geht es nicht besser, er ist noch immer bewußtlos. Der Tod geht um. Rose könnte bei den Bramleys ein liebevolles Zuhause finden. Es steht außer Zweifel: Die Bramleys waren nicht der Anlaß zu ihrer Flucht.»

«Dessen bin ich gewiß, Miss Margret. Sagen Sie, könnten Sie uns konkrete Anhaltspunkte nennen, die uns bei der Suche nach Rose Fagan weiterhelfen?»

«Nur Spekulation. Sie ist ein ungewöhnlich reizvolles Mädchen, Sie haben sie ja gesehen. Es ist kaum vorstellbar, sie hätte in den Rocks keinen Freund gehabt. Sie hat über ihre persönlichen Angelegenheiten jedoch nicht geredet.» Nun schaltete sich Charles Lindhurst ein:

«Ich konnte erfahren, daß Rose Fagan zuletzt beschäftigt war bei einem gewissen Mr.Bottleneck, einem dubiosen Geschäftemacher in den Rocks. Warum fragen Sie nicht in der *Female Factory* nach, was man dort über Rose Fagan weiß?»

«Die *Female Factory* sollte nichts von ihrem Verschwinden erfahren. Der Vorfall hätte ihr *ticket-of-leave* in weite Ferne gerückt. Es ist außerdem zweifelhaft, ob die Fabrik immer verläßliche Informationen über ihre Insassen besitzt. Die Anwerber sind oft vorgeschobene Strohmänner. Soviel steht fest: Rose Fagan wurde eingeliefert, da sie angeblich ihrem letzten Arbeitgeber davongelaufen war. Das war vor zwei, drei Monaten. Ob das Mr.Bottleneck war, weiß ich nicht. Was macht dieser Mr.Bottleneck jetzt?»

«Er ist von den Rocks fortgezogen, hat anderswo Karriere gemacht, besitzt ein hübsches Haus am oberen Tank Stream. Da wohnen die Wohlhabenden.»

«Ist dieser Mr.Bottleneck verheiratet?»

«Seit ein paar Monaten. Eine hübsche Witwe mit drei Kindern. Er zeigte seine Heirat in der *Gazette* an, gab auch einen Empfang im *Queens Wharf Club*.» Da fiel mir eine Koinzidenz auf:

«Die Daten von Mr.Bottleneck's Heirat und Rose Fagan's Einlieferung in die *Female Factory* liegen nicht weit auseinander.»

«Stimmt», pflichtete mir Charles Lindhurst bei. «Im Augenblick haben wir dafür keine Erklärung. Hat Sie Ihnen etwas erzählt über die Umstände, wie sie nach Sydney kam, und was sie hier trieb?»

«Irgend etwas hat sie erzählt. Ich habe es vergessen. Es war sicher gelogen.»

«Ich konnte einiges herausfinden, Miss Nelson: Rose Fagan wurde 1844 in Hobart ausgeschifft und fuhr dann in Begleitung eines Schiffsoffiziers, eines Samuel Nicholson, in einem Boot der Regierung nach Sydney. Offenbar lebten die beiden zusammen. Samuel Nicholson heuerte ab, übernahm in den Rocks eine Kneipe, die heute noch existiert: *Deadmans Chest*. Leider war der Wirt ihr bester Kunde. Nicholson fing an zu trinken – und er trinkt noch heute in *Deadmans Chest*, als gelittener Gast, nicht mehr als Boss. Die Beziehung zu Rose Fagan schien in die Brüche gegangen, und womöglich geriet sie dann an den Mr.Bottleneck.»

«*Bottleneck* ist nicht unbedingt ein typisch englischer Familienname. Klingt eher wie ein Spitzname.»

«Möglich, daß er mehrere Namen führt. Bottleneck hört sich nicht sehr schmeichelhaft an. Warten Sie: In der Hochzeitsanzeige stand noch ein anderer Name.» Lindhurst zog die Stirne kraus, schüttelte dann den Kopf: «Es hat keinen Zweck, mir fällt der Name nicht ein. *Soundso* und dann in Klammern und Anführungsstrichen: *Bottleneck.*»

«Können Sie mich mit Samuel Nicholson zusammenbringen, Mr.Lindhurst?»

«Das ließe sich arrangieren. Sein Kumpan ist ein pensionierter Soldat, einer der ganz wenigen Polizisten, die niemals *convicts* waren. Er trägt noch immer seine Uniform. Sie fällt schon fast auseinander.»

«Kommen Sie mit?»

«Das geht nicht. Ich lasse Sie morgen nachmittag von einem *constable* zum *Deadmans Chest* bringen. Sein Name ist Donald Sullivan. Er wird bei Ihnen bleiben und Sie dann zurückbringen. Im übrigen ist es am besten, Sie sind allein.»

«Ich falle doch sicher auf. Man wird mich anstarren, anpöbeln, vielleicht handgreiflich werden.»

«Sie können in einer Kneipe der übelsten Art – und das ist sie – nicht die Disziplin der *Female Factory* erwarten.» Lindhurst wandte sich an James Cockburne: «Deine Tante wird doch ein Gewand aus grauem Flanell im Schrank haben, das Miss Margret paßt?» James maß mich belustigt von Kopf bis Fuß:
«Sie hat die gleiche Figur wie Linda, unser Mädchen. Kein Problem. Sollen wir Miss Margret auch das Haar scheren?»
«Meinetwegen», sagte ich: «Aber wird Samuel Nicholson überhaupt reden?» Ich wollte vor allem etwas über Rose's Vorleben erfahren.
«Denken Sie daran: je mehr Grog Sie spendieren, um so geschwätziger werden die Leute. Nur: lassen Sie selbst die Finger davon. Keinen Tropfen. Die Zeche regelt sich von selbst.»

Wir liefen die Gloucester Street entlang, in der sich die meisten Kneipen niedergelassen hatten. *Deadmans Chest* war eine heruntergekommene Pinte, auch äußerlich verwahrlost, mit Staub und verklebtem Dreck an den Scheiben, splitterndem Holz an den Türpfosten, ausgeleierten Angeln. Es waren nicht Spuren des nagenden Alters, sondern der groben, pausenlosen Benutzung. Auch eine sichtbare Mißachtung all dessen, was einmal neu und solide war, vielleicht für erhabenere Zwecke geplant. Aber nun schien die einzige Bestimmung der Verfall. Ein verächtliches Bekenntnis zur Häßlichkeit, eine Enttarnung der Scheinwelt des Flitters und der Schnörkel. Hier brodelte das Leben gewalttätig und gemein. Der *constable* war ein älterer Jahrgang, freundlich und humorvoll, der bereitwillig Auskunft gab über die verschiedenen Etablissements. Es gibt eigentlich keine scharfe Grenze zwischen Kneipe und Bordell, Miss Nelson. Man bekommt das, wofür man bezahlt. Er kannte sein Milieu, die Schauplätze seines Alltags. Scharf aufpassen, gelegentlich kassieren, öfters ein Auge zudrücken. Leben und leben lassen. Für mich freilich war es ein Volkstheater des unschuldig Bösen, dessen skurrilen Sketchen ich neugierig und ein wenig ängstlich zuschaute. In den absoluten Niederungen der menschlichen Existenz, durch eine Glasscheibe wahrgenommen, wollte ich nach Rose Fagan suchen. Der *constable* schritt rüstig aus, grüßte nach rechts und nach links, ich hielt mich dicht an ihn. Dann pochte er energisch an die Tür des *Deadmans Chest,* die verschlossen war. Die Art, wie er klopfte, schien zugleich eine Art Parole: *constable Sullivan.* Die Tür öffnete sich einen Spalt breit, er schob mich hinein.

In dem wabernden Dunst und Tabakrauch war meine Sicht getrübt, ich sah mich suchend um. Es war aber auch die Fremdheit des Milieus, die meine Orientierung erschwerte. Wir standen in einer geräumigen, niedrigen Gaststube, vom Licht der wenigen Petroleumlampen trübe erhellt. Rund um die Wände zogen sich Bänke mit Rückenlehnen, an der Mauer befestigt, davor reihten sich Tische mit Gläsern und Pfeifen, mit Flecken und Lachen von verschüttetem Grog. Vor den Tischen standen die unbequemeren Bänke ohne Rückenlehne. Es war später Nachmittag, aber die Kneipe schon gut besetzt. Offenbar erzählte man sich Anekdoten und Witze, es wurde immer wieder im Chor lauthals gelacht – die gewaltigen, sonoren Stimmen der Männer, das schneidende Kreischen der Weiber. Hier verkehrte auch Gesindel, das dunklere Geschäfte im Sinne hatte als sich nur zu amüsieren. Dem Wirt war deshalb die Schanklizenz entzogen worden. Es störte ihn nicht weiter. Sein Profit reichte bei weitem aus, die Strafen für unerlaubten Verkauf von Grog zu bezahlen. Die Häufigkeit der Polizeikontrollen richtete sich nach dem Motto: die Kuh melken, aber nicht schlachten. Und *constables* wollen auch leben. Seeleute erhielten hier Logis, ratsam war es freilich, die Tür des Zimmers zu verbarrikadieren. Man konnte sich im *Deadmans Chest* auch rasieren und die Haare schneiden lassen. Die blau-rot gestreifte Säule der Barbiere zierte den Eingang zur Kneipe.

Der *constable* dirigierte mich sanft vorwärts, quer durch den Raum bis zur äußersten Ecke. Das da hinten mußte der alte Soldat sein, Billy McLeod in seinem verschlissenen, roten Rock mit dem blauen Kragen. Man sagt von ihm, er sei als freier Mann nach New South Wales emigriert, inzwischen aber habe er so viel auf dem Kerbholz, daß ihn die *convicts* zu den Ihren zählten. Gefaßt hatte man den alten Fuchs nie. Er gehörte zu dem unentbehrlichen Inventar der Rocks. Neben ihm saß der ehemalige Schiffsoffizier Samuel Nicholson. Er war offensichtlich noch nüchtern und fixierte mich mißtrauisch. Der *constable* hatte mich kurz als *Margret* vorgestellt und dann gleich eine Runde Grog geordert, damit das Gespräch in Gang kam. Die beiden hatten mir höflich ihre Namen genannt und sich leicht verbeugt, taten jetzt aber so, als sei ich nicht vorhanden. Wenn die Männer in den Rocks der Meinung sind, alle Frauen seien Huren, dann mochten sie mich für Don Sullivan's Flittchen halten. Etwas schien mit mir jedoch nicht zu stimmen. Ich trug ein graues Gewand aus Flanell, hatte mir, um mein langes, blondes Haar zu verbergen, ein Tuch um den Kopf geschlungen, meine Füße steckten in groben, schmutzigen Schuhen. Nie zuvor freilich war ich in dieser Aufmachung in den Rocks gesehen worden. Der Schiffsoffizier war schweigsam, ab und zu schien er nachzudenken, um sich auf mich einen Reim zu machen. Dann starrte er mich wieder an.

«Was hast du heute noch vor?» fragte der *constable* den alten Soldaten.

«Gleich muß ich arbeiten», antwortete McLeod. «Sie sind noch nicht da, die anderen.»
Es waren Gäste gekommen, Seeleute mit dem unschuldigen, neugierigen Blick all jener, die zum ersten Mal in ihrem Leben in Sydney Cove, fast am Ende der Welt, vor Anker gegangen sind. Das Abenteuer, ihre gesamte Heuer an einem Abend zu verspielen, stand ihnen noch bevor. Der Wirt hatte sie am Nebentisch mit dem Rücken zu uns plaziert. Von seiner Position aus hatte Billy McLeod einen idealen Einblick in die Karten der Seebären. Der salzige Wind auf dem Meer macht durstig, und so ließen sie erst einmal eine Pinte Grog durch die trockenen Kehlen rinnen. In diesen Kneipen ohne Schanklizenz wurde ein einziges Gesöff verkauft. Es enthielt Rum und, je nach dem Grade der Trunkenheit, mehr oder weniger Wasser, dann Zucker, Tabaksaft und einen Schuß Vitriol. Sullivan bestellte für mich Tee, der Wirt wagte keinen Widerspruch. Meinen Grog schob ich von mir in Richtung meines Gegenübers, des Schiffsoffiziers. Vielleicht griff er danach. Das war mein Köder.
«Was war gestern hier los?» fragte der *constable* den Bill McLeod.
«Nun, der arme Kerl hat Pech gehabt. Springt von dem *hulk* ins Wasser, schwimmt bis zur Kings Wharf, es ist finster, tropfnaß schafft er es bis zum *Deadmans Chest*, die Häscher sind ihm auf den Fersen. Der Wirt, nicht begeistert über den Besuch, läßt ihn rein, stellt sich dumm, als die Rotröcke das Haus durchsuchen wollen. Wo willst du einen Sträfling hier verstecken? Nun hat die Kneipe ja noch einen zweiten Ausgang zur Surrey Lane. Also nichts wie raus da, und als er aus dem Loch kriecht, da grinsen ihn vier Visagen an: Rotröcke mit aufgepflanztem Gewehr. Genau an der Stelle hatten sie ihn

erwartet. Pech gehabt.» Von Mitgefühl keine Spur. Das ist eben in Australien so.
«Klar. Glaubst du, wir kennen nicht jeden Schlupfwinkel? Davonrennen und sich verstecken – das ist doch Blödsinn, da kommst du nicht weit. Hier...», der *constable* reibt Daumen und Zeigefinger aneinander «das braucht man. Warum hatte der Tropf es denn so eilig, aus dem *hulk* zu verduften?» Jetzt fühlt sich *constable* Donald Sullivan, selbst nur frei auf Bewährung, ganz als Hüter des Gesetzes: *Wir* sagt er. *Wir, das Gesetz. Wir, die Polizei.*. Da lacht Billy McLeod :
«Stell dir vor, der Typ hatte Angst vor hundert Peitschenhieben, und da ist er ins Meer gesprungen. Mancher glaubt eben, er könne das nicht durchstehen. Er war einer von den störrischen Burschen aus der County Tipperary. Sie haben das Hirn von Ochsen. *Son of a bitch* hat er im Zorn seinem Offizier zugerufen. Die Rotröcke haben Langeweile, warten doch auf eine Gelegenheit, so ein armes Schwein fertig zu machen. Schöner Zeitvertreib.»
«Verfluchte Bande», zerbeißt Don Sullivan einen Fluch zwischen den Zähnen, «meinst du, mir macht mein Job Spaß? Eine nette Lady zu begleiten, das ist natürlich etwas anderes.»
«Jedenfalls kommst du gut über die Runden», meint McLeod sarkastisch. «Das beruhigt mich.»

Ich höre mit halbem Ohr hin. Rose Fagan, wo mochte sie jetzt sein? Eine halbe Meile weit fort oder nur ein paar Schritte. In Gedanken hole ich sie immer wieder zu mir zurück, drücke sie im Stillen an meine Brust. Was für eine magische Macht sie über mich besaß, und wie ich mich ihr sanftmütig unterwarf! Ich bat darum, ich möchte ihr nicht gleichgültig sein. Selbst wenn sie sich satanisch an meinem Schmerz weidete. Gleichgültigkeit und Vergessen bedeuten immer ein Ende jeder Beziehung. Samuel Nicholson starrte mich an, schüttelte den Kopf, als läse er in meinen Gedanken.

Inzwischen hatten die Seeleute am Tisch nebenan Gesellschaft erhalten, die Karten wurden ausgegeben. Bill McLeod, der listige, alte Rotrock, faßte die Spieler scharf ins Auge und las in ihren Karten. Schon war das Lied aus rauhen Kehlen angestimmt: *Fifteen men on the dead mans's chest – yo-ho-ho, and a bottle of rum!* Es ist die Hymne des Lokals, das sich seinen Namen von dem Lied geborgt hat. Der Gesang war auch ein Signal, daß die Gewinnchancen der Matrosen beim Poker auf Null sanken. Die Spielpartner sind berüchtigte Figuren aus der Unterwelt der Rocks, allesamt noch *convicts* ohne *ticket-of-leave,* die sich aus den Hyde Park Barracks, wo sie eingelocht sind, durch Bestechung der Bewacher eine freie Nacht erkauft haben. Wie Pat Kelley kommentieren würde: So ist das eben in Australien. Das Kartenspiel *all fours* schien recht populär zu sein. Bill McLeod dirigierte als Graue Eminenz den Verlauf des Spiels. Er gebrauchte einen Code von einfachen Handsignalen, um den *convicts* die Trumpfkarten der arglosen Seeleute zu verraten. Unentwegt plauderte er mit uns über Banales, um keinen Verdacht auf sich zu lenken. Das Spiel leerte die Taschen der Seeleute, ohne ihnen einen körperlichen Schaden zuzufügen. Sie sind nur sternhagelvoll von dem präparierten Rum und wissen am nächsten Morgen nicht, wie ihnen geschehen ist. Das Geld ist weg, aber man würde es beim nächsten Törn wieder verdienen, und wieder auf den Kopf hauen – in Buenos Aires, in Kapstadt, in Bombay, in Sydney. Das Leben ist ein Zyklus. Es gab Opfer, denen in den Rocks Schlimmeres widerfuhr: Wegelagerei und Raub, schwere Körperverletzung, Mord. Auch sie waren am nächsten Tag vergessen. Die Strafkolonie, die sich um Sydney und Parramatta herum etablierte, hatte längst einen eigenen Lebensstil entwickelt, der nur noch nominell den britischen Vorstellungen von Gottes Zehn Geboten folgte. Das Pokerspiel faszinierte den *constable,* er wandte mir den Rücken zu. Vermutlich war er von Lindhurst instruiert, sich mir gegenüber diskret zu verhalten.

«Margret, wieso bis du hierher gekommen in diese abscheuliche Kneipe?» Endlich sprach Samuel Nicholson. Ich hatte nicht den Eindruck, er wäre stark beschwipst. «Du läßt hier deinen Grog verdunsten.»

«Ich bin das scharfe Zeug nicht gewohnt. Ich weiß, es ist Vitriol drin. Da, trink!» Ich schob ihm mein Glas zu. Samuel Nicholson mochte zwanzig Jahre älter sein als Rose Fagan.

«Also noch einmal: Du kamst in einer bestimmten Absicht hierher. Vermutlich, um mit mir zu sprechen – nicht mit Bill oder Don. In ihrer Art sind sie ja nette Kerle. Aber, weiß Gott, du paßt hier nicht her, egal wie geschickt du dich verkleidest.»

«Ich rede nicht herum um den heißen Brei, Sam. Ich will etwas über Rose Fagan erfahren. Ich hoffe, es ist dir recht. Vielleicht regt es dich auf oder tut dir weh, über Rose zu reden. Aber du mußt mir helfen.» Ich versuchte zu lächeln.

«Ich wußte es: Rose Fagan», rief Sam Nicholson gequält aus. «Ja, es tut weh, egal ob ich über sie rede oder nicht. Es ist mir leichter, wenn ich trinke. In ein paar Jahren werde ich im Suff sterben, hoffentlich bald, und ich habe mich schon vorbereitet: Meine letzten Gedanken werden ihr gehören. Und dann Schluß!» Er nahm einen kräftigen Schluck. «Was ist mit ihr – ist sie noch mit dem verdammten Bottleneck zusammen? Hat sie nichts Besseres verdient? Meine Zuneigung war ihr nicht genug… ach verzeih', höre nicht darauf, was ich für einen Unsinn rede!»

«Sam, ich hatte Rose von der *Female Factory* bei einer Familie in Parramatta untergebracht. Vorgestern ist sie von da ab-

gehauen, ich weiß nicht wieso, und jetzt suche ich sie in den Rocks.»
«Ich weiß nicht, wo sie sich herumtreibt. Suche sie bei Mr.Bottleneck. Ich will gar nicht wissen, was mit ihr ist.» Er klopfte sich an die Brust, dann an den Kopf: «Hier ist meine Rose Fagan, die ich liebte: in meiner Brust, in meinem Kopf. Die nimmt mir niemand weg.» Dann barg er sein Gesicht in den Händen und fing an zu schluchzen. Der Alkohol, es ist schon wahr, öffnet die Schleusen, und deshalb warnen uns die Reverends vor seinem Genuß. Teuflisches Gebräu, das die Seelenpein frei umher flattern läßt. Ja, Gott sei Dank!

Ich wartete, bis sich der Schiffsoffizier etwas beruhigt hatte. «Sam, was weißt du von ihrer Zeit in Glasgow? Erzähle! Auch ich habe eine – nun: eine recht persönliche Beziehung zu ihr...»
«Kann ich mir denken. Selbst die Hunde laufen ihr nach. Was willst du wissen?»
«Wen hat sie getötet?»
«Ihren Vater.»
«Warum?»
«Er war hinter ihr her.»
«Ist das ihre Version der Geschichte, oder steht sie auch in den Prozeßakten des Gerichtshofs in Glasgow?»
«Ich habe sie ja auf dem Schiff kennen gelernt. Ich war Erster Offizier. Unter Deck gab es Zeugen aus der Szene.»
«Was war das für eine Szene?»
«Diebe und Hehler. Ware: Juwelen und Geldtaschen. Rose Fagan wurde von einer Bande als Lockvogel ausgeschickt. Sie zog die Opfer ins Bett, gab ihnen angeblich ein Aphrodisiakum, in Wirklichkeit aber *Laudanum*. So schliefen die Tölpel ein, und am Morgen wachten sie etwas ärmer auf. Aber sie alle haben sich gewiß gut erholt von der Nacht. Ich glaube

sogar, daß einige Herren diese Nacht niemals missen wollten. Die meisten Opfer verzichteten auf eine Anzeige. Rose Fagan kassierte, aber sie gab auch – vielleicht etwas, das unbezahlbar ist, und das keinen Namen hat. Was für ein Mädchen!»

«Wie lange ging das so?»

«Etwa fünf Jahre. Angefangen hatte sie mit vierzehn. Sie war sehr geschickt und hatte Verbindungen zur Polizei.»

«Sam, was tat der Vater ihr an?»

«In der Szene spielte er nur eine Nebenrolle. Nach außen hin war er ein biederer Handwerker, Schmied oder Schlosser. Kräftig war er jedenfalls, und er liebte Rose eben auf eine Weise, die gegen die Konventionen war. Die Frau war früh gestorben. Sein Fazit war vermutlich: Wenn Rose sowieso eine Hure ist – warum nicht auch mit dem Vater. Er trank und war gewalttätig. Ich habe darüber nachgedacht: Ich werfe keinen Stein auf ihn. Ich weiß, wie es ist, wenn man von Rose Fagan verhext wird. Für sie war es freilich ein Martyrium. Sie verlor jedes persönliche Interesse an Männern. Ich habe sie nicht gefragt, was sie in der Behausung ihres Vaters alles erleiden mußte.»

«Irgendwann hat sie sich von dem Vater befreit. Hat sie darüber gesprochen?»

«Sie wollte sogar darüber sprechen. Sie mußte sich darüber klar werden, daß sie keine gemeine Mörderin war. Er oder sie. Sie hätte sich auch ertränken und ihn weiter leben lassen können.»

«Wie hat sich die Sache abgespielt?»

«Eines Nachts ließ sie ihren Vater freiwillig zu sich. Sie hatte ihm Rum zu trinken gegeben. Zum ersten Mal war sie zärtlich zu ihm. Es war ein arglistiges Spiel. Sie hat mir die Szene genau geschildert. Sie wollte von mir wissen: Habe ich recht gehandelt? Dieses wunderbare Geschöpf kannte im Innersten noch Gewissenszweifel. Dann standen sie zu zweit vor einem Spiegel. Sie zog das Messer: *dreh dich um, es ist so weit!* Tatsächlich wandte sich der Vater um. Sie stieß ihm das Messer tief ins Herz, von Angesicht zu Angesicht. Ein spitzes, scharfes Messer. *Endlich tust du es, Rose* – das waren seine letzten Worte, und er lächelte. Rose ging zur Polizei und stellte sich. Sie flehte den Richter an, sie zu hängen. Das ist alles, was ich von Rose erfahren habe. Nur sie selbst weiß, ob es die volle Wahrheit ist. Ich meine, der genaue Hergang der Tat. Alles andere ist protokolliert: Das Messer in der Brust des Vaters, der Gang zu Polizei, die Bitte an das Gericht, sie zu hängen.»

Am nächsten Abend machte ich mich auf den Weg zum *Black Dog,* um Pat Kelley zu treffen. Ich ging ohne Begleitung und trug meine eigenen Kleider. Ich wollte in jedem Sinne frei sein. Frei auch von meiner Furcht, in diese Niederungen der menschlichen Existenz hinabzusteigen und beschmutzt zu werden. Das Glashaus, in dem ich in London behütet und ohne Wärme aufgewachsen war, hatte einen Sprung. Bald würde es Splitter geben. Ich konnte nicht ermessen, wie viel von meiner neuen Freiheit ich Rose Fagan verdankte. Das Mädchen aus Whitechapel, das mir in meinen kindlichen, sehnsüchtigen Träumen erschien, hatte sich in dieser aufreizenden, schillernden Strafgefangenen manifestiert. Flüchtig, verlogen, vielleicht auch kaltschnäuzig wie sie war, hatte sie mich in den pulsierenden Strom des Lebens gezogen, in verwinkelte, dustere Gassen. Kühl rekapitulierte ich Sam Nicholson's Bericht über die Tötung des Vaters. Was war Erfindung, was war wirklich geschehen? Ich suchte nach trüben, verräterischen Stellen in der Geschichte. Ich mußte davon ausgehen, daß Rose Fagan ohne Skrupel lügt, sich ungehemmt der Lüge – oder dem Fabulieren – hingibt, wie es ihr gerade paßt. Unter gnädigeren

Umständen hätte sie womöglich fesselnde Romane geschrieben, wie die Geschwister Brontë. Die Wahrheit, oder was andere dafür hielten, war für sie eine Münze ohne Wert. Lügen, im Prinzip, brachten mehr ein an Ansehen, an Einkommen, an Sicherheit vor Verfolgung, oder einfach an Spaß.

Die letzten Worte des Vaters: *endlich tust du es* – wie rührend. Nein! Viel wahrscheinlicher war es, daß dieser ihr ein letztes Mal *du Hure* ins Gesicht schleuderte, worauf der Messerstich um so kräftiger und endgültig saß. Und ob sie wirklich hängen wollte: dieser hübsche Hals geknickt, die blaue Zunge aus dem Mund pendelnd? Bühnenreife Auftritte im Gerichtssaal sind nicht unüblich. Eine frische Wasserleiche im Firth of Clyde wäre attraktiver gewesen, hätte sie es mit dem Tod ernst gemeint. Davon abgesehen: ein Richter läßt sich nicht von seinem Urteil abbringen. Sam Nicholson freilich log nicht. Er gab weiter, was sie ihm erzählte. Er war, wie ich, bis in die Grundfesten naiv. Er liebte Rose Fagan und litt an ihr, was sich im Suff ganz gut ertragen ließ. Der Schmerz war lind, das Antlitz des gemächlich nahenden Todes verhüllt, und in dem Zustand wollte er die Bühne wechseln, hoffend unser aller Herr möchte ihm, angesichts seines Leides, rasch vergeben.

Für Rose Fagan war die Bindung an Sam Nicholson ein Zweckbündnis. Sie ergatterte auf dem Schiff Privilegien und mußte so unter dem Horror der Seereise weniger leiden als ihre Mithäftlinge. Sam empfing gerade so viel Zuwendung an Liebe, daß er frohgemut funktionierte. Sie hatte die Erlaubnis, in seiner Kneipe zu arbeiten. Er gab alles, aber sie wollte gar nicht alles. Nach ein paar Jahren gab er auf: *Deadmans Chest*, Rose Fagan, sich selbst. Die Kneipe ging in die Hände eines gewissen Mr.Bottleneck über. Sam Nicholson hatte immer getrunken, aber jetzt war Trinken für ihn ein kalkulierter Zustand seiner Existenz mit abgezählten Tagen bis zum Ende. Die Verzweiflung war einem schummerigen Wohlbefinden gewichen, in dem gelegentlich Tränen flossen. Er trank mit Bedacht. Die innere Ruhe erlaubte ihm, sich mit seinem Schicksal auseinanderzusetzen. Es nahm seinen Anfang an dem Tag, als er Rose Fagan, neunzehn Jahre alt, zum ersten Mal in die bernsteingelben Augen sah. Vielleicht kam er mit dem Lügennetz, das Rose aus ihrem Lebensfaden gesponnen hatte, nicht zurecht. Es verwehrte ihm den Zugang zu ihr wie das dornige Gestrüpp zu Dornröschens Schloß. Möglich auch, daß er als Schiffsoffizier Ihrer Majestät eine so elementare Mißachtung der Wahrheit nicht leicht nahm. Diese Geschichte reimte ich mir zusammen aus dem, was Sam Nicholson mir an dem Abend noch anvertraute.

Rose Fagan hatte begriffen, daß in ihrem Schattenreich die Lüge nicht die kürzeren, sondern die längeren Beine hatte. Abseits der bürgerlichen Konventionen funktioniert eine geschmähte wie unbelehrbare Gesellschaft nach anderen Regeln. Ich kannte ihre Philosophie: Wir – und Rose meinte die Klasse der *convicts* jeglicher Herkunft – müssen lügen, um nicht abzusaufen wie Schiffbrüchige. Sie, Miss Nelson, gehören zu einer höheren Klasse. Und obwohl es die Angehörigen Ihrer Klasse nicht nötig haben – sie werden ja nicht von heftigen Winden gebeutelt – lügen sie nicht weniger als wir. Und schamloser. Glauben Sie, ich hätte nie etwas von dem Rum-Skandal gehört? Oder welchen Abschaum an Soldaten die Königin zu unserer Bewachung nach Australien schickt? Was glauben Sie, wen der Herr beim Jüngsten Gericht härter bestraft: Die ehrlichen Lügner oder die verlogenen Ehrenmänner. Sie schaute mich überlegen an, als empfände sie Mitleid mit mir. Es ist sinnlos, sich mit ihr zu messen. Ich würde immer verlieren. Um so mehr bewundere und liebe ich sie.

Als ich vor dem *Black Dog* stand und klopfte, zitterten meine Hände. Ich holte tief Atem, dann fragte ich den Typ, der die Tür einen Spalt breit aufgerissen hatte, nach Pat Kelley. Ich wurde wortlos eingelassen. Gleich neben dem Eingang entdeckte ich ihn. Er winkte mir. Neben ihm saß Rose Fagan, trotzig und abweisend. Mir fiel ein Stein vom Herzen. Ich mußte jedoch einen kühlen Kopf bewahren.
«Hast du mir etwas zu sagen, Rose?» Sie zuckte mit den Schultern:
«Irgend etwas? Nun, es war ein schöner, sonniger Tag.»
«Wie siehst du aus? Wer hat dich so zugerichtet?» Das linke Auge war blau umrandet, die rechte Wange von Schürfwunden entstellt. Sie knöpfte ihre Bluse auf: rote Striemen am Hals, am Rücken, an der Schulter, auf der Brust.
«So gefalle ich Ihnen nicht, Miss Nelson. Und wer es war, das behalte ich lieber für mich. Sonst können Sie mich morgen als Wasserleiche aus dem Hafenbecken fischen, wenn er es erfährt.»
«Dann behalte dein Geheimnis für dich. Aber reden wir nicht wie Fremde zueinander, Rose. Ich möchte dich zu den Bramleys zurückbringen. Kommst du mit?»
«Das trifft sich gut. Ich bin nämlich schwanger.»
«Das weißt du nicht erst seit heute?»
«Natürlich nicht. Deswegen bin ich ja abgehauen.» Ich blickte zu Pat: Was nun?
«Heute fährt kein Boot mehr nach Parramatta», sagte er. «Wir müssen in Sydney übernachten.»
Ich hatte für den Fall vorgesorgt: James Cockburne's Tante würde uns für die Nacht aufnehmen

«Es war Bottleneck», sagte ich zu Rose Fagan: «Das Kind und die Prügel. Beides von ihm.»
Sie blickte kurz auf: «Vielleicht. Es ist nicht mehr wichtig. Ich bin fertig mit ihm.»

Steve lag im Sterben. Der Arzt fühlte alle paar Minuten den Puls, um das Fortschreiten der Agonie zu diagnostizieren. Er blickte angespannt und ernst, als wartete er auf ein Wunder. Auch bei Tante Catherine glomm noch ein Fünkchen Hoffnung. Es war einfach ihr Prinzip, niemals aufzugeben, solange eine Befürchtung nicht Faktum war. Sie bat Rose Fagan in Steve's Zimmer, stellte einen Stuhl neben das Bett. «Lege deine Hand auf seine, Rose! Gib mir Bescheid, wenn es mit ihm zuende ist – oder auch nicht.» Sie wandte sich ab und verließ das Zimmer. Was sie sagen wollte: Falls ein Wunder geschieht und er die Augen aufschlägt. Ich ließ Steve mit dem Arzt und Rose allein und folgte Tante Catherine in die Küche. Sie saß auf einem Hocker und wischte mit einem Spitzentüchlein die Tränen aus dem Gesicht, still und rücksichtsvoll, um niemanden zu stören. Hat sie jemals geklagt? Ich legte meinen Arm um ihre Schultern.
«Ich bin froh, daß du Rose wieder gebracht hast», flüsterte sie mit heiserer Stimme. «Wenigstens ein Trost.» Dann drückte sie meine Hand: «Bleib auch du bei uns, Margret!»
«Rose wird dich brauchen, Tante Catherine. Sie bekommt ein Kind.»
«Es ist mir recht, Margret. Wenn sie nur nicht wieder wegläuft!»

Ich erschrak, denn das konnte nicht gut gehen: Die Art, wie wir Rose mit Liebe umhegten – ich, Tante Catherine und selbst Onkel Edward in seiner rauhbeinigen Art, das forderte einen elementaren Widerspruch heraus. Sie würde wieder Reißaus nehmen, um unter der Glocke von Betulichkeit nicht zu erstikken. Ich tappte wieder in die Falle: Was an Rose Fagan war Blendwerk, und wo in ihr verbarg sich das Mädchen, das ich mir einst als Gespielin so sehnsuchtsvoll gewünscht hatte. Ich setzte mich neben die Tante und schaute zum Fenster hinaus. Wir sprachen nicht mehr. Wir warteten auf Steve's Tod, schauten zu, wie die Zeit verrann, ohne daß wir etwas zu tun hatten. Für eine Weile, bis es überstanden ist, legt der Tod seine Hand auf alles, was atmet und sich bewegt, er bringt jede Regung zum Stillstand. Die Natur, durch den Ausschnitt des Fensters betrachtet, erstarrt zu einem statischen Gemälde. Im Gehirn spielt sich nichts mehr ab außer dem routinemäßigen Kreisen von Wortfetzen und Bildern ohne Zusammenhang. Nur der Tod selbst hebt diese albtraumartige Lähmung wieder auf.

Rose Fagan kam in die Küche, ging zu Tante Catherine und küßte sie zart auf beide Wangen: Steve ist tot, Mrs.Bramley. Inzwischen war der Arzt in den Salon gegangen und hatte Onkel Edward die Nachricht überbracht. Der saß im Sessel und paffte vor sich hin. So, so. Danke Doktor. Der Arzt nahm gegenüber Bramley auf dem Sofa Platz und wartete. Er wunderte sich womöglich, wie weit entfernt Edward Bramley mit seinen Gedanken war. Steve war für ihn schon lange tot. Ich verließ die Küche und ging zu dem Onkel: Rose Fagan ist wieder da. Er nickte stumm. Ich erkannte, wie Rose Fagan zwanghaft unsere Phantasie beschäftigte, meine und die der Bramleys. Wie sie in das Zentrum des Familienlebens rückte, in eine Leere vorstieß wie in unerforschtes Land. Das Innere Australiens in uns. Rose Fagan bedeutete Leben. Wasser in der Dürre, damit Leben nicht erlosch. Daß Steve nun tot war, hatte damit nichts zu tun.

Rose Fagan wurde etwas gesprächiger. Willig ließ sie sich von Mrs.Bramley ihre Wunden behandeln. Damit du wieder so hübsch aussiehst wie früher, meinte meine gute Tante. Ich redete Rose ins Gewissen:
«Entweder du arbeitest wieder bei den Bramleys oder du wirst zurückgeschickt in die *Female Factory.* Suche es dir aus. Wenn du bei Tante Catherine bleiben willst, dann denke dir eine glaubhafte Geschichte aus, was eigentlich mit dir passiert ist. Warum schweigst du so störrisch?»
Ob Bottleneck noch unter einem anderen Namen existierte – wie Charles Lindhurst sich zu erinnern glaubte – darauf ging Rose allerdings nicht ein.
«Lassen wir es doch bei *Bottleneck!* Warum wollen Sie mich quälen, Miss Nelson?»
«Hast du ihn geliebt?» Sie winkte verächtlich ab:
«Ach was. Man muß sehen, wo man bleibt. Liebe – daß ich nicht lache.» Sie griff sich mit der Hand an die linke Brust: «Hier rührt sich nichts mehr – nicht für Männer. Das müßte schon eine echte Rarität sein.» Sie ist wieder da. Sie ist unzerstört bis auf ein paar Hautfetzen, aber ihre Rede, ihr unbezwingbarer Intellekt – es ist Rose Fagan, wie ich sie liebe. «Warum lächeln Sie, Miss Nelson?»
«Wir alle sind glücklich, daß du wieder hier bist, Rose. Nur Steve hat es nicht mehr erlebt. Erzähle mir weiter über dein Verhältnis zu diesem Bottleneck. Du hast doch vorher für ihn gearbeitet. Warum bist du ihm weggelaufen, so daß er dich in die *Female Factory* gebracht hat?»
«Ich ihm weggelaufen? Erst hat er mir die Ehe versprochen, dann hat er es sich anders überlegt und die Witwe mit den drei Kindern geheiratet – sie ist eine betuchte, freie Einwanderin, ihr Mann war ein Immobilienmakler, starb jedoch am Fie-

ber. Er hat mich schlicht davon gejagt. Dieses Mal erzähle ich Ihnen keine Lügen, Miss Nelson.»
«Und die *Female Factory* hat Bottleneck's Geschichte geglaubt?»
Sie gönnte mir einen mitleidigen Blick:
«Miss Nelson, was glauben Sie: Wie sind die Chancen eines Sträflings, sein Recht gegen einen reichen *emancipist* durchzusetzen? Nun, fällt Ihnen ein Fall ein?»
«Als er dich aus seinem Haus warf, warst du schon schwanger von ihm, wußtest es aber nicht.»
«Nachdem ich meine Tage zweimal nicht bekam, war mir klar, was es bedeutete. Ich bin von den Bramleys abgehauen, um ihn zur Rede zu stellen. Was dabei herauskam, das sehen Sie. Seine Frau hat ihm kräftig geholfen. Er hat mir gedroht, mich zu fesseln und im Hafenbecken zu ertränken. Seiner Frau, die ein wenig dumm ist, hat er weisgemacht, ich sei eine notorische Erpresserin. Falls ich wirklich schwanger wäre, dann von irgendeinem dreckigen *constable* oder Kneipenwirt in der Gloucester Street. Nicht von ihm. Ihm wünsche ich, daß er einmal in der Hölle brät.»
«Einen anderen möglichen Vater kannst du ausschließen?»
«Das kann ich – falls Sie es für wichtig halten. Ich kam von Bottleneck direkt in die *Female Factory*. Das ist meine Geschichte, Miss Nelson. Und dieses Mal schwöre ich bei Gott, dem Allmächtigen, daß jedes Wort wahr ist.»

Rasch wurde es wieder Alltag im Hause der Bramleys. Mit Rose Fagan. Im Verborgenen drehte sich alles um sie. Kalte, erstarrte Planeten um ein strahlendes Gestirn. Es gelten astronomische Gesetze, die unsere Bahnläufe erzwingen. Von Steve wurde nicht gesprochen. Es schien, als vermißte ihn niemand. Onkel Edward stürzte sich in hektische Aktivität, vergrub sich in Stapel von Papieren, traf sich mit Mitgliedern seines Clubs und mit Gemeinderäten. Zuweilen beugte er sich sinnend über eine Karte, die den Kontinent Australien darstellte. Außer in New South Wales und Van Diemensland zeigte die Karte wenige geographische Details. Port Essington war eingezeichnet, die Flinders Ranges und der Lake Eyre in South Australia sowie Freemantle mit dem Swan River in West Australia. Im Nordwesten ein großes Flußsystem mit ausgedehnten Seen dazwischen – und einem großen Fragezeichen: *vermutet*. Sonst nur die weißen Flächen der *Terra Incognita*. Es war die offizielle Karte des Landvermessers Thomas Mitchell, der an die sprudelnden Wasser wie an den Santa Claus glaubte. Wie auch Onkel Edward.

Auch Tante Catherine mied es, Steve zu erwähnen. Irgendwo in ihrem Herzen voller Narben und vielleicht noch blutenden Rissen hatte er seinen Platz gefunden. Mutter und Sohn hatten sich nicht viel zu sagen. In dem Schicksalsschlag, der sie getroffen hatte, fand sie einen seltsamen Trost: Der Herr hatte Steve als Opfer auserkoren. Sein Blick ruhte für einen Augenblick auf ihrer Familie. Der Herr, zu dem wir beten und den wir lieben, da uns in unserer schmählichen Ohnmacht keine andere Wahl bleibt. Selbst Rose Fagan zitiert ihn, schwört Wahrhaftigkeit im Namen des Herrn.

9

Immer wieder mal schnappte ich bei den Bramleys Wortfetzen auf, bei denen es um einen gewissen Mr.Hopwood aus Sydney ging. Onkel Edward's Miene war dann besorgt, über die Stirn zogen sich tiefe Falten. In der letzten Zeit war von dem Mann auffallend häufig die Rede. Betrat ich den Salon, brach das Gespräch abrupt ab. In dem Schweigen aber knisterte noch die Spannung, wenn sie soeben wegen des ominösen Mr.Hopwood wieder gestritten hatten. Er war offensichtlich eine Zekke im Fell, blieb unsichtbar und brachte doch das Haus in Unruhe. Steve hatte sich in Zänkereien nie eingemischt. Sobald dräuende Wolken aufzogen, verließ er angewidert den Salon. Tom, der auf dem Katasteramt arbeitete, kannte eine Menge Leute aus der Immobilienbranche. Er wußte aus erster Hand, wie wackelig es um Bramley's Anwesen stand und wurde laut. Da lag wohl der Hund begraben. Für heute hatte dieser Mr.Hopwood mit seiner Frau einen Besuch angesagt.

«Warum spielst du Backgammon mit ihm, wenn du dich jetzt schon ärgerst?» Tante Catherine schüttelte den Kopf. Sie hielt das für eine Torheit, wohl wissend, auch im Spiel hatte Onkel Edward keine glückliche Hand. Der brummelte mißvergnügt:
«Nun, man spielt eben mit Gästen. Das verstehst du nicht. Die simple Logik einer Frau kommt da nicht mit.»
«Von wem ist überhaupt die Rede?» fragte ich.
«Nun, von diesem Mr.Hopwood aus Sydney.»
«Wer ist das? Was hat er mit euch zu tun? Macht er euch Ärger?»
«Ach, Margret, sieh ihn dir selbst an, wenn er kommt», seufzte die Tante und verließ den Salon. Sie hatte einstweilen genug von dem Disput. Onkel Edward ist störrisch wie ein Geißbock,

gut gemeinte Ratschläge fegt er vom Tisch. Alles dummes Geschwätz. Man zankt nach einem eingespielten Ritual. Irgendwann endet das Wortgefecht, die Stimmung aber bleibt bedrückt. Ich gehörte nicht zur Familie, wenn es um Geschäftliches ging. Mir war diese Distanz ganz recht. Oft hielt ich es unter der Gewitterstimmung vor einem Streit nicht aus, ging lieber im Garten spazieren oder las in der Laube *Die Pickwikkier* und *Oliver Twist*, bis ich einnickte. Manchmal suchte ich nach Pat Kelly, der jede seiner Geschichten mit dem Satz beschloß: So ist eben Australien, Miss Nelson – so ein Land gibt es nur einmal in der Welt. Irgendwie hörte sich das tröstlich an. Kann denn hier wirklich etwas völlig schief laufen? Schauen Sie sich doch die Menschen an: womit sie angefangen haben. Im tiefsten Dreck staken sie, und was wird aus ihnen? Biedere Handwerker, oder sogar Gentlemen. Gentlemen – wie dieser Hopwood, wandte ich ein, und Pat Kelly hob statt einer Antwort Hände und Schultern.

Als ich gestern nachmittag auf dem Raddampfer *Australian* von Sydney nach Parramatta zurück fuhr, fielen mir ein Mann und eine Frau auf, die nebeneinander mit dem Rücken zur Brücke standen und augenscheinlich die Passagiere an Deck musterten. Ich empfand diese Neugier als lästig und lehnte mich über die Reling. Das Paar, so viel hatte ich bemerkt, war nach jüngster englischer Mode gekleidet. Das war nicht üblich. In New South Wales legte man keinen Wert auf äußeren Geschmack, oder man hinkte der Mode des Mutterlandes hinterher, um ein, zwei Jahrzehnte, was weiß ich. Gerade so, als trüge man Britanniens abgelegte Gewänder. Das Bild der Straße bestimmte freilich das stumpfe Grau der Sträflingskleidung. In Parramatta gefiel noch am besten das Militär des *58er Regiments* in seinen roten Röcken, das gelegentlich durch die

Macquarie und Church Street paradierte. Der Mann an Deck war um Mitte vierzig. Er trug eine grau-weiß gestreifte Hose, einen grauen Frack mit langen Schößen, eine weiße Weste und eine Fliege am Hals. Da er von kleiner, schmächtiger Statur war, wirkte der graue, hohe Zylinder imponierend. Auf die Frau in ihrem modernen Reifrock und dem Schleifenhäubchen auf dem Mittelscheitel hatte ich nicht besonders geachtet. Ich hoffte, die beiden hätten sich mittlerweile verzogen. Lange genug hatte ich den gekräuselten Wellen des Parramatta Rivers zugeschaut, durch die unser Schiff gemächlich pflügte. Als ich mich jedoch umwandte, sah ich ein dunkles, stechendes Augenpaar auf mich gerichtet. Es war ein gebräuntes, hageres Gesicht mit tiefen Kerben. Warum erschrak ich? Der Mann zog seinen Zylinder und verbeugte sich knapp. Ich ignorierte die Geste und schlenderte zwischen Fässern und Kisten, Tauen, Planen, öligen Lumpen zum Bug. Ich beugte mich über die Reling, ließ Parramatta auf mich zukommen. Der Anblick der kleinen Stadt war mir nun so vertraut, als sei ich in meine Kindheit zurückgekehrt.

Der Fluß war die Nabelschnur zwischen Sydney und Parramatta. Neben den Raddampfern verkehrte eine Vielfalt privater Boote zwischen den beiden Städten. Viele Seeleute, noch im Dienst oder als Pensionäre, zogen sich nach Parramatta zurück, wo es sich billiger und ruhiger leben ließ. Der bekannteste war John Cadman, der das *Steam Packet Hotel* betrieb. Es war in dem alten Bootshaus der Regierung an der Queens Wharf untergebracht. Die Queens Wharf am Ende der George Street war lange Zeit, so erzählte mir Pat Kelley, die Endstation für alle Schiffe aus Sydney. Da der Parrramatta immer stärker versandete, baute man eine neue Anlegestelle flußabwärts. Eingaben an die Stadt, das Flußbett bis zur *Lennox-Bridge* in

Stadtmitte frei zu schaufeln, blieben ohne Resonanz. Ich hatte Glück heute, der Fluß führte aufgrund der Flut Hochwasser, und der Kapitän versprach den Passagieren, bis zur Queens Wharf zu fahren.

Das waren also Mr.Hopwood und seine Frau, sie waren gleich mir mit der *Australian* von Sydney angereist und hatten in Parramatta übernachtet. Als mich Onkel Edward dann vorstellte:
«Das hier ist Margret Nelson, unsere Nichte aus London», und Hopwood aufstand und sich wie ein Gentleman verbeugte:
«Sind wir uns nicht gestern begegnet, Miss Nelson?» – da fiel mir nur ein zu antworten:
«Begegnet? Daran kann ich mich nicht erinnern.» Manieren, als käme ich geradewegs aus der *Female Factory*. Warum auch schimpften sie unablässig über diesen Hopwood? Und jetzt saß er im Salon, und ich sollte ihm ein freundliches Gesicht hindrehen.

Die Frau hatte sich inzwischen mit Tante Catherine in den Erker verzogen. Da thronten sie steif in Korbstühlen unter wollüstig wuchernden Pflanzen, eine jede hielt einen Stickrahmen in der Hand. Mrs.Hopwood redete und redete, sie lebte ja in Sydney und hatte Unerhörtes erlebt. In Parramatta kann man sich so etwas gar nicht vorstellen. Tante Catherine hörte höflich zu, nickte zuweilen beifällig. Der Besuch brachte wenigstens ein wenig Leben in den alltäglichen Stumpfsinn. Sie stachen und zogen die bunten Fäden durch das Tuch. Ich stellte mir das Vergnügen vor, ich könnte der geschwätzigen Frau boshafte, pieksende Nadelstiche versetzen. Sie hub wieder an: Diese – nun eben diese, Sie wissen schon – nein Mrs.Hopwood, ich weiß nicht, wen Sie meinen – nun Miss

Pinnacle meine ich – nein, ich kenne die Dame nicht, Mrs.Hopwood – Dame, sagen Sie, Mrs.Bramley? – Nun, ich meinte, ich kenne niemanden dieses seltsamen Namens, Mrs.Hopwood. – Ich wollte sagen: diese Miss Pinnacle hat einen sehr zweifelhaften Ruf! Ja, Mrs.Bramley, ich bin ihr heute morgen auf der Gloucester Street begegnet, sie hielt mich an und tat sehr wichtig, heute nachmittag fänden im Hof des Gerichts drei Auspeitschungen statt, ob ich da nicht zusehen möchte, es wäre doch aufregend. Miss Pinnacle, gab ich zurück, ich bin zum Tee eingeladen bei den Bramleys in Parramatta. Miss Pinnacle weiß natürlich nicht, daß Mr.Bramley in finanziellen Schwierigkeiten steckt, das ginge sie auch überhaupt nichts an – nicht eine Miss Pinnacle, Mrs.Bramley, ich bitte Sie! – also hat mir Miss Pinnacle viel Spaß beim Tee gewünscht, und was meinen Sie, Mrs.Bramley, was ich darauf antwortete? Auch Ihnen, Miss Pinnacle, viel Spaß – bei der Auspeitschung. *Pinnacle* ist doch ein komischer Name. Heißt sie wirklich so? fragte Mrs.Hopwood hinterlistig. Ich hatte alles mitangehört, und ich platzte plötzlich heraus. Onkel Edward schaute mich entgeistert an, Hopwood musterte mich mißtrauisch: Warum ich lachte?
«Oh, sagte ich, die Damen sprachen gerade von Miss Pinnacle – ich finde den Namen lustig.» Natürlich hieß sie nicht wirklich so. Im Cockney der Sträflinge, auch in der *Female Factory,* bedeutet *pinnacle* schlicht *Schwanz.* Der männliche Schwanz, natürlich. Wie gerne hätte Mrs.Hopwood kichernd Mrs.Bramley erklärt, was *Pinnacle* bedeutete, was Mrs.Bramley vermutlich wußte, aber zu fein war, das obszöne Wort auch nur zu denken, geschweige denn in den Mund zu nehmen.

Ich wußte nicht wohin mit mir und guckte beim Spiel zu. Onkel Edward nickte zerstreut. Ja, du störst nicht. Er zündete sich

eine Havanna an und blies mit einem Seufzer den Rauch von sich. Hopwood würfelte, setzte einen schwarzen Stein auf das gegnerische Feld, entfernte von dort einen weißen Stein.
«Verflucht nochmal!» grollte mein Onkel. Hopwood hob mit Bedauern die Schultern.
«Du sollst nicht fluchen, Edward!» tönte es aus dem Erker.
Tante Catherine kann es nicht lassen: Fluchen in Gesellschaft ist eine schlimme Entgleisung. Ich habe das nie begriffen – wieso Gotteslästerung? Den lieben Gott hat Onkel Edward nicht verflucht. Er grübelt über seine Schulden nach, das Wasser reicht ihm bis zum Kinn, er muß seine Farm beleihen. Er hat sich auf ein dubioses Abenteuer eingelassen, vielleicht sein letztes: Die Ausrüstung einer Expedition zum Swan River im äußersten Westen Australiens unter der Führung des Doktor Leichhardt. Mr.Hopwood ist bereit, die Ausrüstung zu günstigen Konditionen auf Pump zu finanzieren. Günstig heißt: So billig wie möglich. Im Erfolgsfall hat sich Hopwood einen 50%igen Anteil am Profit gesichert. 50% von was? Das weiß niemand. Ludwig Leichhardt soll es ja erst erforschen. Sicher ist nur: Hopwood wird 50% bekommen. Er kann es sich nachher aussuchen. Und wenn die Expedition scheitert? Dann sind die Folgen notariell geregelt: Eine beträchtliche Fläche besten Weidelandes geht von Bramley auf Hopwood über. Das Farmhaus interessiert Hopwood nicht, es ist bereits zu 100% beliehen. Laßt meinem Onkel Edward doch wenigstens seine Flüche, kleinkarierte Welt!

Mit Menschen wie dem glücklosen Bramley wird Hopwood im Handumdrehen fertig. Da wirft er auch schon ein, während er angestrengt die Konstellation auf dem Brettspiel studiert:
«Ich habe eine neue Dampferlinie zwischen Sydney Cove und Moreton Bay eingerichtet.»

«Wem soll die was nützen? Na, von mir aus.»
Edward Bramley würfelt, zögert, setzt dann einen weißen Stein. Er zieht nervös an seiner Havanna. Hopwood sieht mit zusammen gekniffenen Lippen ungerührt zu:
«Gewinnen ist reine Glücksache, Mr.Bramley – und ein wenig Übung.»
«Das ist schon die dritte Partie, die ich gegen Sie verliere, Mr.Hopwood, weiß der Kuckuck!»
«Edward!» Die Stimme aus dem Erker. Bramley macht eine ungnädige Geste in Richtung seiner Frau: sei still! Es ist klar, gegen Hopwood wird mein Onkel keine einzige Partie gewinnen. Bramley hat keine Ahnung, und würde es mit seiner schlichten, geradlinigen Denkart auch nie begreifen: Mit jeder Partie, in welchem Spiel auch immer, spielt Hopwood wie um sein Leben. Das Backgammon interessiert mich nicht. Ich studiere die Mimik in Hopwood's Gesicht, als wollte ich die Gravuren seines Schicksals enträtseln. Da sagt er auch schon:
«Ich gebe ja zu, ich verliere selten eine Partie – nicht nur beim Backgammon.» Tante Catherine und Mrs.Hopwood legen für einen Moment ihre Stickrahmen zur Seite, fächeln sich mit Palmblättern Kühlung zu.
«Einmal in Ihrem Leben hatten Sie ja gründlich verloren, Mr.Hopwood.» Hopwood senkt seine Stimme:
«Das ist lange her, Mr.Bramley. Und das war in London. Danach hatte ich mir geschworen, daß ich niemals wieder verlieren werde.»
«Dann rate ich Ihnen, für Doktor Leichhardt's Expedition nur bestes Material zu liefern.»
«Wie abgesprochen, Mr.Bramley.» Bramley würfelt, schlägt einen schwarzen Stein Hopwoods aus dem Feld.
«Sonst könnte es doch sein, daß Sie gegen mich mal eine Partie verlieren.» Hopwood hört aufmerksam zu, seine Miene ist

unbewegt, wie in Fels gemeißelt. «Also keine mageren Ochsen, keine Würmer im Mehl, keine undichten Säcke. Und alle Depots bis hin zur letzten *outback station* randvoll mit Vorräten gefüllt.»
«Das ist Ehrensache, Mr.Bramley. Außerdem, an einem Erfolg der Expedition müßten Sie und ich wohl gleichermaßen interessiert sein. Da sind wir uns doch noch immer einig – oder?»
«Dieser Umstand beruhigt mich mehr als Ihr Ehrenwort, Mr.Hopwood.» Bramley lacht dröhnend über seinen Witz. Hopwood würfelt, nimmt zwei weiße Steine und läßt sie achtlos neben das Brett fallen. Dann sagt er unvermittelt.
«Der Wollhandel am Murray-River ist jetzt ganz in meiner Hand.»
«Was wollen Sie damit sagen, Mr.Hopwood?»
«Ich will damit sagen: An der Themse wäre mir das nicht gelungen. Also habe ich damals in England wirklich verloren? Daß ich deportiert wurde – war das zu meinem Schaden?»
«Wie man es nimmt. In England hätte man Sie längst aufgehängt. Und in Australien hätten wir Sie gewiß sehr vermißt. Ha, ha, ha.»
Hopwood lacht nicht, wenn jemand über ihn Witze macht. Emporkömmlinge wie er pflegen nicht nur vorteilhafte Geschäfte zu machen. Sie schleppen eine Hypothek mit sich herum. Sie haben ein langes und untrügliches Gedächtnis für Kränkungen. Bramley kann nicht auf Gnade rechnen. Er wird nicht nur übervorteilt, er wird auch vernichtet.
«Was immer zählt im Leben, Mr.Bramley: Die Summe unter dem Strich muß stimmen.»
«Man kann hoch gewinnen, Mr.Hopwood, und gleichzeitig noch höher verlieren – etwas anderes, das Ihnen vielleicht nichts bedeutet.» Ich beobachte, wie sich Hopwoods Gesichtszüge verhärten:

«Haben Sie jemals gehungert, Mr.Bramley?»
«Wir kommen vom Thema ab, Mr.Hopwood. Ich habe nur einen Gedanken: Leichhardt muß den Swan River erreichen, er muß zur Westküste durchstoßen, ein Zurück gibt es nicht, wenn er einmal ein Drittel des Weges hinter sich hat.» Die beiden Spieler hatten auf mich nicht weiter geachtet, stillschweigend zog ich mich in einen Winkel des Salons zurück, wo ich jedes Wort gut verstehen konnte, ohne daß meine Gegenwart auffiel.
«Haben Sie Zweifel an Leichhardt? Ein Zurück gibt es schon jetzt nicht mehr. Wir haben unsere Verträge. *Pacta sunt servanda.*»
«Was heißt das?»
«Es ist lateinisch: *Verträge sind einzuhalten.*»
«Besuchten Sie eine Lateinschule, Mr.Hopwood?»
«Schon möglich. Ich saß nicht immer im Gefängnis.»
«Was Leichhardt betrifft: Besonders sympathisch ist mir dieser knöcherne Preuße nicht. Sein Akzent, sein Bildungsgetue, seine Besserwisserei – so etwas paßt nicht in unser Land. Andererseits: Er ist der einzige, dem ich genügend Erfahrung für das Unternehmen zutraue. Nur seine Mannschaft gefällt mir nicht.» Bramley mißt seinen Gegenüber mit einem süffisanten Blick: «Mit einer Ausnahme alles ehemalige Sträflinge.» Er hat es laut und langsam gesagt, und Tante Catherine hat es deutlich gehört, und sie sollte es auch hören, ebenso wie Mrs.Hopwood:
«Edward! Vergiß nicht, Mr.Hopwood ist unser Gast!»
«Halte dich da raus!» bellt Onkel Edward: «Er ist in Geschäften hier, weiter nichts.» Seit Steve tot ist, streiten sie noch häufiger, der Onkel und die Tante. Es ist die reine Verzweiflung, es ist zum Heulen. Und dann flüchte ich zu Rose Fagan, als könne sie ein Wunder bewirken.

«Und diese Geschäfte gehen vortrefflich, Mr.Bramley. Innerhalb und außerhalb von New South Wales.» Bramley's Zigarre ist ausgegangen, unmutig sucht er nach Feuer.
«Ich gebe ja zu, meine Geschäfte könnten besser gehen. Vielleicht ist es eben mein Pech, daß ich kein ehemaliger Sträfling bin wie unser ehrenwerter Mr.Hopwood. Ha, ha, ha.» Niemals habe ich Tante Catherine so zornig gesehen. Sie wirft ihren Stickrahmen zur Seite, kommt hochrot aus dem Erker gelaufen:
«Es reicht jetzt, Edward! Hast du gar keine Manieren? Mr.Hopwood, ich entschuldige mich für das schlechte Benehmen meines Ehemanns.» Hopwood erhebt sich leicht und verbeugt sich:
«Verbindlichsten Dank, Madam.»
«Was ist denn los?» tut Onkel Edward ganz harmlos: «Versteht denn niemand mehr Spaß?»
«Du solltest dich schämen!»
Er hat die Partie wieder verloren und wischt mit der Hand Steine und Würfel unwirsch vom Brett. Die Zornesadern an seinen Schläfen schwellen an:
«Was ich brauche, das ist bestes Weideland für mein Vieh. Und dieser Leichhardt muß es finden. Ich habe schon reichlich Geld in spekulative Unternehmungen gesteckt.» Er haut mit der Faust auf den Tisch, daß es kracht. «Verstehen Sie das, Mr.Hopwood? Sonst bin ich bankrott!»
«Gewiß verstehe ich, was Bankrott bedeutet, Mr.Bramley.»

Offenbar ging Onkel Edward noch etwas anderes im Kopf herum: Rose Fagan. John Galbraight hatte sie heute auf Geheiß von Tante Catherine auf die Farm mitgenommen, um dort die Wohnräume zu fegen, Geschirr zu spülen, aufzuräumen. Das

machte sie in unregelmäßigen Abständen. Geschickt spannte sie die Farmarbeiter für die gröberen Arbeiten ein.
«Was hat Rose für einen dicken Bauch? Da stimmt doch etwas nicht!» polterte Bramley unvermittelt los. Rose's Bauch ist noch gar nicht dick. Er zog heftig an seiner Havanna, blies den Rauch in dichten Schwaden in den Raum, starrte Hopwood an. Dann sprang er abrupt auf, stampfte raschen Schritts zum Fenster. Schwer atmend schaute er Arthur Flynn im Garten eine Weile zu, wie er mit Schaufel und Harke ungeschickt hantierte. Man konnte sich die Sträflinge nicht mehr aussuchen. Seit acht Jahren legte kein Schiff mehr mit Gefangenen in New South Wales an, nur noch in Van Diemens Land – und was da an Land geschwemmt wurde, das war das letzte Gelichter, das man sich in seinem Hause wünschte.

Verdammt, wie stellt sich Arthur nur an? Bramley reißt die Tür auf und brüllt in den Garten hinaus:
«Arthur, komm mal her!» Arthur hat es nicht eilig. Er schaut erst, dann läßt er Schaufel und Harke fallen, stapft näher.
«Was ist, Sir?»
«Ich frage dich: was ist mit Rose? Sie ist so komisch in der letzten Zeit – kriegt sie etwa ein Kind? Und wenn: von wem?»
Es dauert eine Weile, bis es Arthur Flynn dämmert, was sein Herr wissen will: Rose ein Kind – was soll das heißen? Er denkt angestrengt nach, dann schaut er aufmerksam auf Mr.Bramley, ob der noch etwas sagt, was ihm beim Nachdenken weiter hilft. Schließlich zuckt er mit den Schultern.
«Keine Ahnung, Sir.»
«Du verdammter Misthund», schreit Bramley außer sich, «wenn du es warst, dann sorge ich dafür, daß du nochmals lebenslänglich bekommst. Scher dich zur Arbeit!»

Arthur Flynn trollt sich davon, er hat nicht begriffen, was er mit Rose's Kind zu tun haben soll. Er will mit Rose überhaupt nichts zu tun haben. Dauernd mischt sie sich in seine Gartenarbeit ein. Bramley blickt ihm nach: «Der doch nicht. Lächerlich!»

Im Salon hatte man jedes Wort verstanden. Tante Catherine seufzte und bat Hopwood, von seiner neuen Schiffahrtslinie zu erzählen, und was er sich als nächstes vorgenommen habe: Nun, eine regelmäßige Verbindung zwischen Sydney und Freemantle in Westaustralien. Dort liege Australiens Zukunft: am Swan River. Deshalb sei Freemantle bald auch das Ziel von Sträflingsflotten wegen der dringend benötigten Arbeitskräfte. Während er monoton redete, traf mich ab und zu sein stechender Blick. Aus den dunklen, unsteten Augen loderte vernichtender Haß. Mich fröstelte.
«Immer wieder Scherereien!» Bramley zündete sich wütend eine neue Havanna an. «Unser Hausmädchen bekommt ein Kind.»
«Wie bedauerlich. Sicher war es der Gärtner.» Ob das Hopwood interessierte?
«Ausgeschlossen. Das Malheur ist passiert, bevor Rose zu uns kam. Sie ist erst ein paar Wochen hier. Margret hat sie aus der *Female Factory* geholt.»
«Ach Gott! Hat sie Ihnen denn ihr furchtbares Pech gestanden, Mr.Bramley?»
«Sie hat sich meiner Frau anvertraut.»
«Nun, was geht es mich an. Ich habe meine eigenen Sorgen.»
«Könnte es sein, Mr.Hopwood, daß Ihnen das Thema Rose Fagan unangenehm ist?»

«Und wenn, dann wären es rein private Angelegenheiten, Mr.Bramley. Sagten Sie nicht vorhin, ich sei nur in Geschäften hier, weiter nichts?»
Onkel Edward stand auf und winkte mich zu sich: «Margret, der Doktor ist gekommen. Er geht im Park spazieren. Leiste ihm eine Weile Gesellschaft. Ich habe mit Mr.Hopwood noch ein Wörtchen zu reden. Unter vier Augen, verstehst du?» Ich verstand, auch wenn ich nichts verstand. Und dann dämmerte es mir: Hopwood war es, der Rose Fagan geschwängert hatte.

Immer mußte ich mir ein Herz fassen, wenn ich mich diesem Mann näherte. Wir trafen uns in Bramley's Park, denn an allen anderen Orten, zu allen anderen Zeiten, schien er überaus beschäftigt. Begegnete er mir zufällig in Parramatta oder in den Rocks, so machte ich mich unsichtbar – und tatsächlich, er nahm mich nicht wahr. Ich war dankbar für die kleine Nische, die er mir in seinem Leben einräumte, während er im Garten spazieren ging. Niemals lief ich direkt auf ihn zu, sondern ging nur bis zu der Pumpe und wartete dort. Wie ein Schulmädchen, das seine Hausaufgaben vorzeigen muß. Ich lachte unfroh: War ich doch selbst einmal Lehrerin und hatte mir geschworen, niemals mehr den Fuß über die Schwelle einer Schule zu setzen. Nun hatte ich es doch wieder getan: Ich kümmerte mich um die Kinder in der *Female Orphan School* in Parramatta und war ganz glücklich dabei. Wie viele Schwüre hatte ich getan: dies und das nicht mehr. Aber Australien hat mein Leben umgekrempelt. England erschien mir wie ein miefiges Kabuff von drangvoller Enge, in dem sich schwitzende, stöhnende Leiber aneinander rieben. In Australien gab es keine Wände, keine Zäune, keine Einhegung wie auch immer. Aber wehe dem, der einen Schritt in die unendliche Ödnis wagte. Dort ist die einzige Grenze der Tod – lange, bevor man das Meer erreicht. Wollte ich England gegen Australien eintauschen? Auch hier lebten Spießer, die sie immer gewesen waren. Englischer als die Engländer, um den Makel der Strafkolonie zu tilgen. Aber diese Minderheit war nicht das Volk, und das Volk war anders als in England. Eine neue Rasse, die vorher nicht existierte.

Ich setzte mich unschlüssig auf den Brunnenrand. Ludwig Leichhardt schlenderte wie mit abgezählten Schritten an den Büschen entlang und wandte mir den Rücken zu. Unter den rechten Arm hatte er ein Fernrohr geklemmt, in den Händen hielt er ein aufgeschlagenes Buch, in dem er im Gehen konzentriert las. Ich raffte mich auf:
«Guten Tag, Doktor Leichhardt.»
Er hatte das Ende des Sandwegs noch nicht erreicht. Er blieb auf meinen Anruf hin stehen, wandte sich um, verbeugte sich knapp in meiner Richtung:
«Mademoiselle, wie geht es Ihnen?» Er kam langsam auf mich zu, ich stand auf, griff unbewußt nach dem Pumpenschwengel, als suchte ich Halt.
«Mir geht es ganz gut. Und Ihnen, Doktor?»
«Oh, ich klage niemals.» Eine kalte Wut kroch in mir hoch. Ich verlor die Beherrschung:
«Müssen wir unsere Zeit immer mit solchen Phrasen verschwenden: wie geht es Ihnen, mir geht es gut, ich klage niemals.» Leichhardt's Haltung straffte sich:
«Dann schlagen Sie bitte ein Thema vor, das Ihnen zusagt. Oder sollten Sie schlecht geschlafen haben, Mademoiselle?»
Der Pumpenschwengel fühlte sich an wie ein Schlageisen und war, Gott sei Dank, fest an dem Zylinder montiert.
«Sie sind unübertrefflich in Ihrer Arroganz, Doktor.» Was fiel mir ein?

«Sie sind nicht die einzige Person, die sich gelegentlich dessentwegen beklagt. Bei Ihnen, Mademoiselle, tut es mir leid. Was kränkt Sie denn?»
Wie sollte ich erklären, was auszusprechen nach Etikette völlig tabu war? Daß mir dieser preußische Ladestock nicht gleichgültig war. Auch wenn meine Gefühle nichts mit Liebe zu tun hatten. Ich hatte Angst um diesen Menschen, der sich, womöglich ahnungslos, in die Hände des einfältigen Bramley und des skrupellosen Hopwood begab.
«Ich finde es traurig, daß Ihnen an einer Freundschaft so gar nichts zu liegen scheint.»

Leichhardt wandte sich ab, blickte mit erhobenem Kopf in die Ferne, als verfolge er einen Zug Vögel. «Es gibt jetzt dringlichere Dinge, die mich beschäftigen. Freundschaften – ja, wenn ich wieder zurück bin.» Er senkte den Kopf: «Wenn», fügte er leise hinzu. Ich spürte einen Stich.
«Sind dann Kriminelle die passende Gesellschaft für Sie?» polterte ich weiter wie eine Wäscherin. Es war mir herausgerutscht, und ich murmelte hastig eine Formel der Entschuldigung. Mir fehlte jede Spur von Charme und Anmut. Wie häßlich mochte ich aussehen. Mir graute vor einem Blick in den Spiegel. Wie souverän hätte Rose Fagan die Situation gemeistert! Ein Strom warmen Bluts pulste in meinen Adern: Rose Fagan, und alle die anderen Frauen in der *Female Factory*. Dieses Höllengesindel, das seine Wut hinausschreit, das keine unverdaulichen Brocken hinunter schluckt, das Tränen ausschüttet, wenn es sich in Kummer verzehrt. Keine Konventionen. Ich gehöre nirgendwo hin. Nicht mehr nach London und noch nicht nach Australien. Ich baumele irgendwie dazwischen in luftiger Höhe, weder falle ich, noch steige ich, ich

kann mich aus diesem bewegungslosen Zustand der Schwebe nicht befreien. Etwas zivilisierter sagte ich:
«Wie ich höre, besteht Ihre gesamte Mannschaft diesmal aus ehemaligen Sträflingen.»
«Mademoiselle! Ich kann mir die Leute nicht aussuchen, wie Sie sich das vielleicht vorstellen.» Ich konnte meine Tränen nicht mehr zurückhalten:
«Auch nicht für eine Reise auf Leben und Tod?» Ich langweilte ihn nur. Ich wäre ihm nicht einmal eine Eintragung in sein Tagebuch wert, als biologisches Objekt. Wie schön er Pflanzen zeichnete! Ich hielt noch immer den lächerlichen Pumpenschwengel umkrampft und ließ ihn endlich los.
«Miss Nelson, ich erkenne dankbar Ihre Anteilnahme an. Aber begreifen Sie doch: mein Weg ist vorgezeichnet. Ich habe keine Wahl. Ich bitte um Ihr Verständnis.» Er versuchte mir eine Brücke zu bauen. Er mußte merken, daß mich etwas bekümmerte. Wohlerzogen tat er sein Bestes, mit mir auf angemessene Weise Konversation zu pflegen.
«Ich verstehe Sie. Oder will es wenigstens versuchen. Aber mich quälen Sorgen.» Leichhardt machte eine unschlüssige Bewegung mit der Hand:
«Gewiß. Auch ich habe meine Sorgen.»
«Ich muß es deutlicher ausdrücken: Mich bekümmert, daß dieser Mr.Hopwood Ihre Expedition ausrüstet.»
«Das ist allein Mr.Bramley's Angelegenheit. Ich reise sozusagen in seinem Auftrag.»

Onkel Edward brauchte Weideland für sein Vieh. Im äußersten Südwesten Australiens lockte der Swan River. Zwischen den beiden Küsten zog sich ein rätselhaftes, lebensfeindliches Land hin. Ein Albtraum ohne Ende. Onkel Edward glaubte wie alle Toren an einen geheimnisvollen, riesigen See im Innern Australiens. Hatte er eine Vorstellung, in welcher Gegend ungefähr der See liegen sollte? Er hörte gar nicht hin, wenn von Kritikern ein Einwand kam. Ach was! Ludwig Leichhardt kann den See unmöglich verfehlen. Dort wird er erst einmal rasten und Vorräte auffrischen. Wird Känguruhs jagen, Fische fangen, Vögel erlegen. Er muß nicht den ganzen Proviant bis zum Swan River mitschleppen. Natürlich, das ist billiger für Onkel Edward, der kaum die Kredite für die Expedition zusammenkratzen kann. Und wenn Leichhardt nicht binnen vier Jahren mit einem triumphalen *heureka* auf den Lippen zurückkehrt, dann, ja dann... Ich wagte den Gedanken nicht zuende zu denken. Und Hopwood? Die Geographie läßt ihn kalt. Er hat einen Vertrag mit Bramley. *Pacta sunt servanda.* Wohlweislich hatte er sich vergewissert, daß Bramley's Viehweiden um Parramatta noch nicht verpfändet waren. Für die Deckung der Kredite mußte sein Haus in der Stadt herhalten. Vermutlich war es für Hopwood das sicherere Geschäft, wenn Leichhardt's Expedition scheiterte. Weniger Umstände, eindeutige Konditionen, das Geld klingelte eher in der Kasse.

«Ich traue diesem Mr.Hopwood nicht über den Weg. Er ist ein Lump», brach es aus mir heraus. Ich war überzeugt, ich hatte Hopwood durchschaut. Wer sich in irgendeiner Weise auf das Risiko einer Expedition einließ, mußte einen Funken Idealismus in sich spüren. Nicht Hopwood's Art.
«Mademoiselle, ich muß doch bitten!» Ich ließ die Arme ratlos sinken. Was gab es noch zu tun für mich? Ich kam mir völlig überflüssig vor. Überhaupt überflüssig: Kein Mensch brauchte mich in der Welt. Trotzig beklagte ich mein Schicksal, kein Mann zu sein. Dann hätte ich mich an den Doktor gehängt, wäre mit ihm in das Herz Australiens gezogen – ja es wäre sein, aber auch mein Untergang gewesen. Vielleicht hätten wir

dann, im Fieberdelirium kurz vor dem Ende, den mysteriösen, riesigen See erblickt. Was für ein Trost. Statt dessen sage ich ganz prosaisch:

«Nun gut. Ich habe Sie gewarnt. Ich ahnte, es würde zwecklos sein.» Mir klebt die Zunge am Gaumen: «Kann ich noch etwas für Sie tun, Doktor Leichhardt?»

Leichhardt blickte einem Käfer nach, der sich über den Sand müht: Wird er aufgeben oder es immer wieder versuchen, wenn er auf den Rücken purzelt?

«Ja, vielleicht könnten Sie mir einen kleinen Dienst erweisen, Mademoiselle. Bedauerlicherweise ist vor ein paar Wochen mein Konservator verstorben, ein gewisser David Anderson. Er hat dieses Teleskop hier hinterlassen.» Leichhardt gab es mir zum Betrachten, ich solle einmal durchschauen. Ich zuckte zusammen, als sich unabsichtlich unsere Hände berührten. So nahe waren wir uns nie gekommen. Ich suchte mir als Testobjekt einen hohen Eukalytuswipfel aus.

«Es scheint ein hervorragendes Fernrohr zu sein, mit einem starken Objektiv und sehr geringer Randverzerrung», sagte ich. Lord Milford, in Diensten seiner Majestät als Marineminister, ist ein Liebhaber maritimer Geräte. Er besitzt eine private Sammlung von Teleskopen, Astrolabien, Sextanten, Armillarsphären, Schattenstäben, Globen, Seekarten, Zirkeln, Linealen, und es machte ihm große Freude, mir seine Schätze haarklein zu erklären. «Was hat es für eine Bewandtnis mit dem Teleskop?» wollte ich wissen.

«Nun, mein Konservator hatte sich in das Teleskop verguckt. Es gehörte in Wirklichkeit einem Seemann mit Namen Daniel Pennicott. Der hatte David Anderson das Teleskop für zehn Sovereigns verkauft, aber mein Konservator ist ihm das Geld schuldig geblieben. Er konnte es nicht auftreiben, wollte sich andererseits nicht von dem wertvollen Objekt trennen. Am Ende wurden beide zu Todfeinden.» Ich konnte den Blick nicht von dem Fernrohr wenden: es zog mich magisch an, aber es ruhte fest in Leichhardt's Händen. Ich schämte mich, als ein makaberer Gedanke durch mein Hirn schoß: Käme er nicht zurück, ginge auch das Teleskop verloren.

«Sie sagten, das Teleskop sei ein wertvolles Objekt. In der Tat, zehn Sovereigns sind eine Menge Geld. Hat es damit eine besondere Bewandtnis? Wie kam denn dieser Daniel Pennicott zu dem Teleskop?»

«Das weiß ich nicht, Mademoiselle. Ich hatte von seiner Existenz ja keine Ahnung.»

«Und, was habe ich nun damit zu tun? »

«David Anderson bittet mich in seinem letzten Willen, ich möge das Teleskop an Daniel Pennicott zurückgeben, oder aber es behalten und jenem zehn Sovereigns bezahlen.» Leichhardt zog einen winzigen Lederbeutel aus der Rocktasche. «Ich bin entschlossen, das Teleskop zu behalten. Es wird mir gute Dienste leisten – indessen, es ist auch ein Wertobjekt, falls ich einmal dringend ein paar Sovereigns benötige.» Er reicht mir den Lederbeutel.

«Was soll ich mit dem Beutel, Doktor?»

«Miss Nelson, fragten Sie nicht eben, ob Sie noch etwas für mich tun könnten? Ich nehme Sie beim Wort. In dem Beutel befinden sich zehn Sovereigns. Verwahren Sie sie gut und reden Sie mit niemandem darüber. Hüten Sie sich vor Buschräubern!» Zum ersten Male gewahrte ich ein Lächeln auf seinen Lippen. «Da mein Aufbruch ins Innere Australiens bevorsteht, werde ich kaum Zeit finden, die etwas peinliche Angelegenheit selbst zu regeln.»

«Also, gut. Ich soll die zehn Sovereigns dem Mr.Pennicott bringen. Wo finde ich ihn?»

«Am Hafen. Er ist dort eine auffällige Persönlichkeit, weil er immer einen Zweispitz trägt, der vielleicht die Schlacht von Trafalgar noch gesehen hat. Pennicott ist nicht mehr im aktiven Dienst, aber er kann sich von den Schiffen nicht trennen. Es ist sehr wahrscheinlich, daß er sich auf der *Perseverance* herumtreibt, die gerade aus London in Sydney Cove eingetroffen ist.» So standen wir und wußten nicht weiter. Leichhardt räusperte sich:

«Ich wünsche Ihnen viel Glück, Miss Margret.»

«Und ich wünsche Ihnen...» Ach was, ich drehte mich abrupt um und lief davon, der Beutel mit den zehn Sovereigns brannte wie heißes Eisen in meiner Hand. Bevor ich das Haus betrat, wandte ich mich noch einmal um: Leichhart hatte seinen Spaziergang entlang der Büsche wieder aufgenommen, in das Buch vertieft, das er dicht vor seine Augen hielt. Er hatte mich völlig vergessen. Er war schon weit fort, ein winziger Punkt in unfaßbarer Einöde und Einsamkeit, verloren und verschollen. Kein Ruf konnte ihn mehr erreichen. Wer würde wirklich um ihn trauern außer mir?

Im Salon schien der Friede wieder eingekehrt. Die beiden Frauen hatten sich zu ihren Männern gesellt, ich setzte mich neben Tante Catherine. Sie hatte mich gern in ihrer Nähe. Sie mochte die Bürde ihres Lebens erleiden wie einen drückenden Felsen auf der Brust, und vielleicht empfand sie den Schmerz an dieser Stelle wie einen willkommenen Vorboten des Todes, den sie heimlich herbei sehnte. Neben dieser leidenden Tante Catherine existierte freilich immer noch die Catherine Bramley, die auf ihren bulligen, ungeschlachten Ehemann ein wachsames Auge hatte. Aus dieser Aufgabe schöpfte sie Kraft, die ihr allein die fromme Ergebenheit in ihr Schicksal nicht geben konnte. Mr.Hopwood sprach in gewähltem Englisch. Ich konnte mir nicht denken, was er dereinst in London verbrochen hatte. Sicher nichts Gewöhnliches wie Diebstahl eines Taschentuchs oder eines Pfund Mehls. Ich tippte auf Falschmünzerei oder Scheckbetrug. Diese Hände hatten nie grobe Arbeit angefaßt, die Finger waren schmal und feingliedrig. Wie mußte Hopwood das Heer der niederen Lumpen aus den Gassen Londons verabscheuen. Ihm war ein besseres Los bestimmt. Schon in der Wahl seiner Gaunereien steckte der zähe, unaufhaltsame Aufsteiger. Er hat es geschafft, Onkel Edward. Du nicht. Rede niemandem ein, dich trennten moralische Hürden von Mr.Hopwood. Du bist eben nicht so hell wie er. Und nicht so skrupellos. Selbst dazu fehlt dir das Hirn.

Hopwood reichte gerade ein Porträt seiner Familie herum. Es zeigte ihn mit seiner Frau und drei Kindern, zwei Buben und einem Mädchen. Es schien eine gestochen scharfe Zeichnung in bräunlichem Ton, noch nie hatte ich derartiges gesehen. Auch Onkel Edward war verblüfft. Er putzte seine Brille, setzte sie auf, aber nichts änderte sich an dem Bild, also nahm er die Brille wieder ab. Hopwood saß zurückgelehnt und genoß die Überraschung.
«Hm», machte Onkel Edward, «es sieht verdammt echt aus. Wie heißt denn der Maler?»
«Verzeihung, Mr.Bramley, es handelt sich hier nicht um Malerei, sondern um ein Phänomen der Physik. Ein gewisser Talbot aus England...»
«Ach was!» unterbrach ihn Bramley ruppig. «Als Viehzüchter verstehe ich von solchen Dingen nichts.» Er war ärgerlich, als hätte er soeben wieder eine Partie Backgammon gegen Hopwood verloren. Dieser ließ sich nicht beirren:
«Vielleicht interessiert es die Damen», und wieder blieb sein stechender Blick an mir haften – länger, als ich es aushielt,

ohne zu schwitzen. «Vor kurzem nämlich wurde in den Rocks ein sogenanntes photographisches Atelier eröffnet. Ich möchte Ihnen empfehlen, sich dort in Ihrer Mußezeit einmal umzuschauen. Diese Photographie – wie man so etwas nennt – ist ein Wunder der Technik.»

In der Küche traf ich Tante Catherine: «Nun weißt du es, Margret. Es war Mr.Hopwood. Er und dieser Mr.Bottleneck sind ein und dieselbe Person.» Bottleneck war Hopwood's Spitzname unter dem Lumpengesindel der Rocks. Rose Fagan hatte sich Tante Catherine anvertraut, nicht mir, die ich mich, mit allen Vorbehalten, als ihre Freundin betrachtete. Wollte ich nicht einsehen, daß ihr meine Tante mit ihrem mütterlichen Herzen jetzt näher war? Wenn Frauen ein Kind erwarten, so heißt es, verändert sich ihr Gefühlsleben. Wie – mit einem Balg von Hopwood?
«Wann hast du es erfahren, Tante Catherine?»
«Heute morgen. Als Rose hörte, ein Mr.Hopwood käme zu Besuch, drehte sie fast durch und flehte mich an, ich solle sie zur Farm schicken. Dann gestand sie mir, daß Hopwood der Verführer sei. Sie muß schreckliche Angst vor diesem Menschen haben.»
«Onkel Edward weiß es auch?»
«Ja, natürlich.»
«Deshalb war er so giftig gegen Hopwood.»
«Man muß das eine vom andern trennen. Ich dulde nicht, daß in meinem Hause Besucher verunglimpft werden. Und da Edward mit Mr.Hopwood notgedrungen Geschäfte macht, sollte er ihn nicht unnötig reizen. Schon gar nicht in Gegenwart seiner Frau. Schlechte Manieren sind immer ein Zeichen dafür, daß sich jemand unterlegen fühlt.»

«Er wollte am Schluß mit Hopwood unter vier Augen sprechen. Weißt du davon?»
«Edward sagte ihm, daß wir Rose bei uns behalten wollten. Er fragte dann, wen Rose als Vater angeben solle: einen Mr.Hopwood oder einen Mr.Bottleneck. Hopwood tat erstaunt: er habe mit der Affäre nichts zu schaffen. Es sei nicht das erste Mal, daß man ihm, einem tüchtigen, wohlhabenden *emancipist*, ein Kind unterzuschieben versuche. Damit war das Gespräch zwischen den beiden zuende. Ich hatte derweil das Vergnügen, von Mrs.Hopwood weitere Klatschgeschichten zu hören.

Ich fragte Pat Kelley, ob er diesen Daniel Pennicott kenne. Dan mit dem Zweispitz? Wer würde den nicht kennen!
«Ich meine, wie gut du ihn kennst.»
«Gut genug, daß ich seine Biographie schreiben könnte.»
«Pat, du übertreibst.»
«Stimmt. Aber wenn ich übertreibe, heißt das doch, es ist auch ein Körnchen Wahrheit dabei. Niemals wird jemand sagen können, Pat Kelley lügt.»
«Ich würde dich eher einen Dichter nennen, denn einen Lügner.»
«Sie sind zu gütig, Miss Nelson. Aber sagen Sie doch, was wollen Sie denn wissen über Dan?»
«Woher er das Teleskop hatte, das er David Anderson verkaufen wollte. Anderson war Doktor Leichhardt's Konservator.»
Pat Kelley kratzte sich am Kopf:
«Oh, da muß ich mir etwas Wahres einfallen lassen.» Eigentlich traute ich ja dem verschmitzten Iren aus Limerick. Ich wollte ihn trotzdem testen:
«Hatte Pennicott Streit mit David Anderson?»
«Streit? Es ging zuletzt um Hauen und Stechen. Der Konservator war ein richtiger Lump. Er wollte die zehn Sovereigns

nicht bezahlen. Er machte Dan weis, das Teleskop sei für den Doktor bestimmt gewesen, und der rücke mit dem Zaster nicht heraus, obwohl er ihn immerzu an die Schuld mahne. Dan jedoch bestand darauf: Dir habe ich das Fernrohr gegeben, und du bringst mir die zehn Sovereigns – oder ich schlage dich mit einem Schiffstau tot. Du wärst nicht der erste, und dein Doktor ist mir scheißegal... ach, entschuldigen Sie, Miss Nelson, was bin ich für ein Flegel, es ist mir so herausgerutscht, ich bitte um Vergebung...»
«Nun, ist schon gut, Pat. Solange du die Wahrheit sagst.»
«Die ungefähre Wahrheit. Auch mein Gedächtnis wird schwächer...»
«Dann beeile dich!»
«Wo war ich stehen geblieben? Ah – wo Dan Pennicott das Teleskop her hatte, und er forderte ja einen saftigen Preis dafür: zehn Sovereigns. Wissen Sie, Miss Nelson, wie lange ich für zehn Sovereigns arbeiten müßte?»
«So alt kannst du gar nicht werden, Pat. Erzähle weiter!»
«Ich sage Ihnen nur, Miss Nelson: Ich habe noch nie zehn Sovereigns auf einem Haufen gesehen.»
«Pat, ich lasse dir deine Ration Whiskey kürzen, wenn du nicht schneller machst.»
«Ich beeile mich ja schon: Also Dan behauptete, sein Onkel Walter Burke, der ebenfalls zur See fuhr, habe ihm das Teleskop geschenkt.»
«Aus welchem Grund?»
«Der Onkel war der Bruder von Dan's Mutter, hatte selbst keine Familie, und hing sehr an seinem Neffen, weil der auch Seemann wurde – so seltsam vererben sich die Dinge im Leben. Manchmal läuft etwas auch ganz anders, sehen Sie mich an...»
«Weiter Pat: Wie kam der Onkel in den Besitz des Teleskops?»

«Nun wird es spannend. Der Onkel hat nämlich als Proviantmeister an der Schlacht von Trafalgar teilgenommen. Als Admiral Nelson, nachdem der Sieg über die Franzosen schon sicher war, von der Kugel eines Heckenschützen tödlich getroffen wurde, war neben dem Kapitän und seinem persönlichen Diener auch Dan's Onkel zu dem Sterbenden geeilt. Der Admiral hielt sein Teleskop noch umklammert, der Proviantmeister nahm es ihm aus der Hand und brachte es in Sicherheit. An medizinische Versorgung war kaum noch zu denken, vielmehr lauschten die wackeren Männer auf Horatio Nelson's letzte Worte für die Geschichtsbücher der britischen Schulkinder. Er sprach sie auch und wiederholte sie siebenmal, bevor er ins Koma sank: *Ich danke Gott, daß ich meine Pflicht tun durfte.* An das Teleskop dachte niemand mehr außer Walter Burke, der Proviantmeister und Dan Pennicott's Onkel. Das ist die Geschichte.»

«Ist dir bewußt, Pat, daß das Teleskop eigentlich mir und meinem Bruder in England gehört?»

«Ein Prozeß darum wäre schwierig zu führen. Der Admiral hatte viele Geschwister mit dem gleichen Anspruch. Und Walter Burke ist längst tot, standesgemäß abgesoffen mit seinem letzten Kahn. Dan Pennicott würde jeden Eid schwören, daß der Admiral Nelson sein Teleskop als Dankesschuld dem Proviantmeister überreicht hat: *Bevor mich die letzte Kugel trifft.*»

«Ich will das Teleskop gar nicht haben. Es gehört jetzt dem Doktor Leichhardt.»

«Durch wie viele Hände doch so ein Teleskop geht. Es hat etwas von Magie in sich.»

Ich hatte es nicht eilig, Dan Pennicott zu treffen. Er hatte nun so lange auf Gerechtigkeit warten müssen, daß es auf ein paar Tage nicht ankam, bis er die zehn Sovereigns erhielt. Falls die

Perseverance inzwischen absegelte, würde ich ihn auf einem anderen Schiff beim Klönen mit Matrosen treffen. *Dan mit dem Zweispitz* kannte jedermann an der Sydney Cove, wie mir Pat Kelley versicherte. Ludwig Leichhardt war inzwischen nach Brisbane abgereist, um seine Expedition zusammenzustellen. Er hatte George Barker mitgenommen. Der freundliche Ex-Gefangene mit dem roten Haar und dem roten Bart hatte mich besucht und mir von dem bevorstehenden Abenteuer berichtet. Wir saßen in Bramley's Park in der Laube.

«Ich hatte so eine Ahnung, George, wohin die Reise geht, als ich sah, wie du auf der George Street bei den *Prisoner Barracks* dich mit dem Doktor getroffen hast.»

«Ich war glücklich, denn der Doktor empfing mich sehr freundlich. Zum ersten Mal arbeite ich für einen Boss, der mich wie einen Menschen behandelt. Mich, einen einfältigen Schafhirten. Können Sie sich das vorstellen, Miss Nelson?»

Leichhardt ist distanziert, aber korrekt. Für George Barker bedeutete diese Haltung schon das Äußerste an Menschlichkeit, das er von einem Boss erwartete. Doch konnte ich seinen Enthusiasmus nicht teilen – aber das durfte ich ihm nicht sagen. Ich hatte jedoch George Barker's Weisheit unterschätzt:

«Ich mache mir keine Illusionen, Miss Nelson. Ich werde dem Doktor durch dick und dünn folgen. Daß wir wohlbehalten zurückkommen, das kann ich mir freilich nicht recht vorstellen.» Er hatte Tränen in den Augen: «Wir werden uns wohl nicht wiedersehen, Miss Nelson. Nicht in diesem Leben. Ich habe keine Angst vor dem Tod. Ich liebe dieses Land, das mich so schrecklich erniedrigt, und doch auch wieder erhoben hat. Wenn ich irgendwo weit draußen zwischen Büscheln von Spinifex-Gras umkomme, werden meine Knochen dort für immer in der Sonne bleichen, und ich werde ein Teil Australiens.»

«George, in dir steckt ein Poet. Aber das überrascht mich bei einem Iren nicht. Vielleicht hat der Herr ja mal ein Einsehen und läßt Gnade walten.»
«Nun ja, wenn ich ihm trauen könnte...» Die Skepsis gegenüber dem Allmächtigen war eine typische Eigenart inniger, irischer Frömmigkeit.
Als ich in den Salon kam, stand Onkel Edward am Fenster und beobachtete den Gärtner Arthur Flynn durch ein Fernrohr. Es war Lord Nelsons Teleskop. «Will der Doktor das Teleskop nicht mitnehmen?»
«Er hat es sich anders überlegt», sagte der Onkel. «Falls die Expedition scheitert, muß nicht auch ein derart wertvolles Kleinod verloren gehen. Es war auch als ein kleiner Trost für mich gedacht, wenn ich alles verliere.»

10

Etwas war passiert. So saßen sie sonst nicht im Salon, der Onkel und die Tante still und steif. Wie Puppen in Erwartung, daß man sie aufzieht zum Tanzen. Tom war vielleicht zufällig anwesend. Er stand, die Hände auf dem Rücken verschränkt, am Fenster und sah dem Gärtner zu, der mit dem Eifer eines lahmen Uhrwerks das Gras sichelte. Rose Fagan beugte sich zu Arthur Flynn hinab und gab ihm Direktiven. Sie hatte dazu keine Befugnis, und der Gärtner hörte auch nicht hin. Ich atmete auf: Sie war nicht wieder weggelaufen. Etwa zu einer Adresse in den Rocks, um den Balg loszuwerden. Aber das gab es nicht umsonst, und für den Eingriff eines Quacksalbers war es vielleicht zu spät. Oder sie wollte gar nichts machen. Wenn ihr an Männern nichts lag, hieß das nicht, sie mußte den Vater ihres Kindes hassen. Ich verabscheute Hopwood, die Bramleys mochten ihn nicht, Leichhardt respektierte ihn in gewisser Weise, Rose Fagan fürchtete ihn. Haß aber ist etwas anderes. Außerdem würde Tante Catherine das Kind großziehen, mit Geduld und verschwenderischer Liebe, selbst wenn Rose eine Teufelsbrut gebar. Das ist die praktische Seite der Frömmigkeit.

James Cockburne nehme ich erst wahr, als er sich leise räuspert. Er steht aufrecht und mißt mich mit ernstem Blick:
«Miss Margret, ich habe von Seiner Lordschaft einen Brief erhalten, der an Sie gerichtet ist. Ich wurde gebeten, Ihnen diesen persönlich zu übergeben.» Er kommt auf mich zu und reicht mir ein versiegeltes Couvert: «Ein weiteres Schreiben – wie ich vermute: ähnlichen Inhalts – ging auch an Mr. und Mrs.Bramley. Sie wissen inzwischen Bescheid.» Warum reden sie dann nicht? Ich halte den Brief in der Hand, starre auf das

Siegel. Etwas Fremdes, das mich nichts angeht. Als hätte ich es auf der Straße aufgelesen. Langsam lasse ich mich in einen Sessel sinken und warte.
«Margret», rührt sich Tante Catherine, «die letzten Schiffe aus England hatten mir keine Post mehr von Mildred Milford gebracht.»
«Also, was ist mit Tante Mildred?» würge ich hervor.
«Sie ist gestorben.»
«Das tut mir leid. Ich werde Seiner Lordschaft einen Kondolenzbrief schreiben.» Wie der Premier und die Königin, das Oberhaus und das Unterhaus, das Marineamt – nur mein Brief wird kein Wappen tragen, kein Siegel, nicht den britischen Löwen, aber das Papier lasse ich mir von Pat Kelley aus dem feinsten Schreibwarenladen in Sydney mitbringen.
«Du begreifst nicht, Margret», erwidert die Tante kummervoll. Doch, ich begreife schon. Gleich wird der Himmel über mir einstürzen und mich begraben, aber ich werde nicht tot sein, sondern als Gespenst weiter existieren, ohne Hoffnung auf Schlaf, ohne Erlösung. Ich habe keine Kraft mehr, nicht einmal so viel, um mich meiner Tränen zu schämen. Die Nichte des Marineministers!
«Ich will nicht zurück nach London. Schickt mich nicht fort. Bitte, nicht!» Eine ganze Weile ist es still im Salon, dann rafft sich Onkel Edward zu einer Erklärung auf:
«Margret, wir werden dich vermissen, und du wirst uns immer willkommen sein, wenn du eines Tages zurückkommen möchtest. Aber du bist noch jung, und wir können dir in Australien keine gesicherte Zukunft bieten. Erspare mir, hierzu Einzelheiten zu nennen. Du warst neulich Zeuge meines Gesprächs mit Mr.Hopwood. Du darfst jetzt Lord Milford nicht im Stich lassen. Es gibt einiges zu regeln, und ich sage es deutlich: Setze dein mögliches Erbe nicht aufs Spiel. Der Lord

ist ein überaus konsequenter Mann. Widersetzt du dich seinem Willen und kehrst nicht wenigstens vorläufig nach London zurück, wirst du nach seinem Willen bettelarm sein. Also sei stark. und vernünftig! In vierzehn Tagen lichtet die *Perseverance* Anker. Durch Vermittlung von Mr.Cockburne ist eine Kabine für dich bereits gebucht. Nun versuche, mit dir ins Reine zu kommen. Bitte, Margret!»
«Wir werden einsam sein ohne dich. Jetzt mehr denn je. Aber es wäre schlimmer, wir müßten um dich bangen.» Ja, ja, Tante Catherine. Deine Worte flattern mir um die Ohren und ergeben keinen Sinn. Mein Herz ist taub. «Ich passe auf Rose auf», sagt sie leise und bohrt mir mit dem Namen einen Stachel tief ins Fleisch. Lord Milford's Brief ist eine rasiermesserscharfe Zäsur, die die Gegenwart in ein Vorher und Nachher teilt. Was noch eben war, ist jetzt schon Erinnerung. Ich spüre einen erdrückenden Schmerz in der Brust, als sollte ich durch die Quetsche zu Tode gebracht werden. Das ist die Melancholie, diagnostizieren die Ärzte. Lord Milford schrieb:

Liebe Margret,
ich muß dir leider mitteilen, daß deine Tante Mildred verstorben ist. Der Herr nahm sie zu sich, noch nicht einmal fünfzig Jahre alt. Er möge ihr den Frieden geben und meinen Schmerz, meine Einsamkeit, meine Trauer um die geliebte Frau mildern.
Ich bitte dich, mit dem nächstmöglichen Schiff nach London zurückzukehren. James Cockburne kümmert sich um die Buchung der Passage. Er wird dich bei den Vorbereitungen der Reise unterstützen.
Tante Mildred hat in ihrem Nachlaß Verfügungen zugunsten deiner Person getroffen. Einige sind an Bedingungen geknüpft, über die ich mit dir sprechen muß. Deine Zukunft soll gesichert sein.
Gott sei mit dir!
Dein Onkel, Lord Milford, London, 28.Februar1848

Ich hatte das Siegel erbrochen und den Brief mehrmals gelesen. Ich hoffte, wider meine Einsicht, es möchten sich Chiffren finden, die eine Interpretation des Wortlauts erlaubten. Ein Hauch von Verständnis, von in Aussicht gestellter Vergebung, falls ich mich nicht fügte – solange ich im Prinzip Seiner Lordschaft meine Loyalität nicht versagte. Ein Dialog. Trotz und Widerspruch konnten verdienstvoll sein. Eine Gewissensfrage. Jedoch der Text des Briefes war in eisernen Lettern geschmiedet: Du kommst mit dem nächsten Schiff. Was ich für Freiheit gehalten hatte, war nur die lange Leine des Lords. Sie reichte quer durch das British Empire bis ans Ende der Welt. Wie zur Erinnerung daran, war die Nachricht von Tante Mildred's Tod von James Cockburne, dem Sohn seines Admirals, überbracht worden. Der Marineminister gab seine Stimmung wieder mit den üblichen, tränenlosen Floskeln: Schmerz, Einsamkeit, Trauer. Eindeutig aber enthielt das Schreiben einen Befehl. Präzision und Kälte der Formulierung entsprachen militärischer Gepflogenheit. Die universale Gültigkeit des Rituals erstreckte sich auf Admiräle wie Kadetten und schloß die Familie des Marineministers mit ein. Ohne straffe, militärische Befehlsgewalt wäre aus den britischen Inseln nicht das riesige British Empire geworden. Es war sozusagen ein gottgefälliger zweiter Schöpfungsakt. Wollte ich dagegen meine Stimme erheben? Gegen einen mächtigen Lord, einer der tragenden Säulen jenes British Empire, das die Welt umspannte, in dem die Sonne niemals unterging? Lord Milford nimmt mir alles. Mir, die ich vorher außer sehnsüchtigen Träumen nichts besessen hatte. Australien ist für ihn eine Marotte. Ich gehöre nach London, wo sich das Empire um den Picadilly Circus dreht. Ich kam jedoch nach Sydney Cove, um London zu vergessen. Ein leeres Gehäuse, das sich erst in Australien mit prickelndem Leben füllte.

Die Bilder mit Trauerrand jagen sich: Am Ende nimmt das Wirrwarr die Gestalt von Rose Fagan an. Es klopft schwach an die Tür, und ich weiß, sie ist es. Ich habe mich in mein Zimmer verkrochen, liege auf dem Bett und starre zur Decke. Dort sitzt ein dicker, brauner Käfer, auf den ich meinen Blick konzentriere. Diese Anstrengung unterbricht das irre Kreiseln der Gedanken, die aus der Wirklichkeit auszubrechen suchen. Ich fühle mich kraftlos und schläfrig. Der peinigende Schmerz läßt nach, weicht einer wohltuenden Entspannung. Rose setzt sich zu mir ans Bett, nimmt meine Hand:
«Mrs.Bramley hat mir von dem Tod Ihrer Tante Mildred erzählt, Miss Nelson. Sie werden in zwei Wochen nach London abreisen. Morgen schickt mich Mr.Bramley zur Farm, und wir werden uns nicht wiedersehen.» Eine kalte Wut kriecht in mir hoch:
«Man tut so, als sei ich schon gar nicht mehr da?»
«Nun, es ist doch wohl unabänderlich, daß Sie abreisen. Auch wenn es Sie sehr schmerzt.»
«Unabänderlich! Hat man mich gefragt, Rose? Seine Lordschaft bestimmen über mich, als sei ich einer seiner nickenden Höflinge.»
Rose Fagan hört mir mit unbewegter Miene zu. Ihr Gesicht, ihr Hals, ihre Arme lassen kaum noch Spuren der Verletzungen erkennen, die Hopwood ihr zugefügt hatte. Tante Catherine's Salben und Tinkturen haben eine wundersame, heilende Wirkung entfaltet. Ihr ruhiger Blick besänftigt mich:
«Miss Nelson, Leute wie der Lord sind das Befehlen gewohnt. Es ist ihnen zur zweiten Natur geworden. Sie können nicht anders. Aber wie mir Mrs.Bramley angedeutet hat, liegt dem Lord auch Ihre Zukunft am Herzen. Er ist sicher kein schlechter Mensch.»

Rose ist viel zu höflich, um mir entgegen zu halten, welches Hundeleben sie in ihrer Heimat geführt hat. Keinen Lord als Onkel. Höchstens als jemanden, dem man die Taschenuhr klaut, oder das Geld, wenn er einen sitzen hat. In dessen Haus man einbricht, um die Juwelen seiner Frau zu rauben. Für den man unter Umständen auch gehenkt wird.
«Warum schickt dich Mr.Bramley schon morgen auf die Farm? Und gleich für vierzehn Tage?»
«Das hat er nicht erklärt. Er dachte sich wohl, die Vorbereitung Ihrer Reise nähme viel Zeit in Anspruch. Und vielleicht sollten Sie – seiner Meinung nach – anfangen zu vergessen.»
«Was vergessen? Wen vergessen?» Sie machte eine unbestimmte Geste:
«Nun, Australien.»
«Nein, dich soll ich vergessen: Rose Fagan. Ich weiß, ich muß Abschied nehmen, nur noch wenige Stunden bleiben mir, dann bin ich für immer getrennt von dir. Es ist wie eine Hinrichtung. Aber vergessen, nein. Ich habe mir deine Züge eingeprägt, damit ich dich nicht vergesse. Niemals – hörst du?»

Vielleicht war Rose Fagan von meinem leidenschaftlichen Ausbruch ein wenig überrascht, aber sie ließ sich nicht beirren. Sie umarmte mich, drückte mich an sich, küßte mich zart auf den Mund. Dann sagte sie:
«Wenn Sie wollen, bleibe ich die Nacht bei Ihnen, in Ihrem Zimmer, Miss Nelson. Das hat mir Mrs.Bramley vorgeschlagen. Sie ist eine gütige Frau mit Verstand. Wenn Sie am Morgen aufwachen, ist es nicht so traurig und einsam. Ich werde schon fort sein. Sie aber werden sich an die Nacht erinnern.»
Mir schlug das Herz bis zum Halse, und ich wartete…

Ich lasse Parramatta hinter mir und blicke nicht zurück. Bilder, die sich mir aufdrängen, scheuche ich aus meinem Bewußtsein. Ich fürchte die Melancholie, die Enge in der Brust, die sich immer wieder meldet. Allein das Wort tut weh, als hätte es mich zuinnerst verletzt: Parramatta. Es klingt bezaubernd, verführerisch und ist nun unwiderruflich Vergangenheit. Church Street, George Street, die Paraden des *58sten Regiments,* die Queens Wharf, die *Lennox-Bridge,* der St. Johns Friedhof mit Steve's Grab, die *Female Orphan School,* die *Female Factory,* das Farmhaus, die Laube in Bramley's Park, der Salon mit dem Erker, die Küche der Tante Catherine, die reichlich Tränen gesehen hatte. Das war einmal mein Parramatta. Ich gehe mit äußerster Konsequenz vor: Ich bilde mir ein, die Bilder seien Kohlezeichnungen, die ich mit einem dicken Indischen Gummi ausradiere. Am Ende halte ich ein Blatt weißes Papier in der Hand, das sich allmählich grau färbt. Denn die Zeichnungen tauchen von neuem auf, wenn auch schwächer, und ich greife wieder zu dem dicken Radiergummi. Allmählich verschwimmen die Bilder zu einem in sich gemustertem Grau. In gleicher Weise verfahre ich mit den Gesichtern: Haare, Augen, Nase, Ohren, Mund – ich radiere sie sorgfältig weg. Auch Pat Kelley's und John Galbraight's qualmende Pfeifen lasse ich verschwinden. *Tabula rasa.* Es wird Platz geschaffen für das eine Porträt, auf das in meiner Phantasie ein um so helleres Licht fällt: Rose Fagan. Das will, das muß ich behalten. Ich berausche mich daran wie an einem Lebenselixier.

Der volle Mond fiel ins Zimmer, als sei er unser Komplize. Wir lagen auf dem Rücken, hielten uns an den Händen. Ich weiß, ich habe hübsche Hände, sagte Rose. Ich hätte es gar nicht beachtet, aber die Männer machten mich darauf aufmerksam. Sie redeten von meinen schlanken, gelenkigen Fingern, aber im Grunde sahen sie in ihnen nur ein geschicktes Werkzeug für den Diebstahl von Juwelen. Sie fing an laut zu kichern, ich mußte ihr den Mund zuhalten. Als sie nicht aufhörte zu lachen, küßte ich sie. Dann war sie still. Jetzt weißt du, sagte ich, warum du hübsche Hände hast: für diese eine Nacht mit mir. Ich habe mein Leben lang auf dich gewartet, Rose. Das muß ich dir erzählen: gewartet auf ein Mädchen in meinem Alter. Im Winter hatte es einen blauen Mantel an mit rotem Kragen, eine rote Mütze, rote Handschuhe, rote Stiefelchen. Es zog einen Schlitten hinter sich her. Im Sommer trug es ein weißes Kleidchen und eine Margarite im Haar. Ich wollte mit dem Mädchen Seilhüpfen, Himmel und Hölle spielen, Murmeln werfen, den Kreisel peitschen. Ich wartete und wartete, daß es von Whitchapel, dem Viertel der Armen, die Straße heruntergerannt kam. Aber niemals zeigte es sich. Heute Nacht nun zum ersten Mal. Eine schöne Frau, längst erwachsen. Wie konnten wir uns so lange verfehlen? Hast du in Glasgow auch auf ein Mädchen gewartet, Rose? Das die Straße herunter gerannt kam? Ja, doch, fabulierte sie: jetzt erinnere ich mich, Margret, es sah so aus wie du. Es war etwas jünger als ich, und so mußte es mir gehorchen. Es war gutmütig und tat mir niemals weh. Einmal fiel ich in den Kanal. Das Mädchen war zu schwach, um mich herauszuziehen, aber es hielt meinen Kopf über Wasser, bis Hilfe kam. Wir teilten alles miteinander, was wir gestohlen hatten. Sieh, das waren unsere Spiele: Diebereien – eigentlich Spiele der Erwachsenen. Erwischte man uns, gab es Hiebe. Wir genossen das Abenteuer... Erzähle doch weiter, Rose. Nein, Margret. Ich bin eine Hure, ein Luder, eine Lügnerin – wie solltest du mir meine Geschichten glauben? Das spielt keine Rolle, Rose. Sie mögen nicht wirklich sein, jedoch wahr – in gewissem Sinne. Oh, das klingt nach Philosophie, Margret. Ich streichelte ihre rechte Hand. Es war die linke Hand, sagte sie trocken: ich bin Linkshänderin. Du tatest es mit dem Messer, Rose? Sie nickte: Du brauchst es nicht glauben. Vielleicht habe ich ihn ja auch besoffen in das Hafenbecken gestoßen. Aber das wäre nicht logisch: Es sähe aus wie ein Zufall, er hätte gar nicht mitgekriegt, daß er ersäuft. Die Polizei hätte mich ausgelacht, mich als gewöhnliche Juwelendiebin festgenommen. Am Ende wären mir selbst Zweifel gekommen, ob es nicht ein Unfall war: ich war gestrauchelt, und er verlor das Gleichgewicht. Nein, so billig schickte ich ihn nicht ins Jenseits. Nur ein wenig helfen, damit er krepiert? Das reicht nicht. Ich stand vor ihm mit dem Messer, zwang ihn, mir in die Augen zu sehen. Eine Unendlichkeit. Ich nagelte ihn fest, er war unfähig sich zu rühren. All die Jahre zuvor war er meinem Blick ausgewichen. Ein Rest von Scham. Jetzt begriff er: der Tod sah ihn an. Als er röchelnd zusammenbrach, hatte ich meine Selbstachtung zurückgewonnen. Durch diese Tat: jetzt war ich Rose Fagan. Ich ging zur Polizei und brachte das blutige Messer mit, in eine Zeitung eingewickelt. Sie wandte sich mir zu, legte ihre linke Hand auf meine Brust: Das ist die Hand. Sie kann sehr zärtlich sein, aber es klebt Blut an den Fingern, auf das ich stolz bin. Ich werde es nie wegwaschen. Verstehst du, wie wichtig das für eine Frau ist: Selbstachtung? Ja, ich verstehe, Rose. Deshalb hassen Huren die Männer. Aus dem Haß schöpfen sie ihre Selbstachtung. Sie vermieten ein Stück Fleisch, und nach der Reinigung ist es wieder der Leib, der ihnen gehört, ihnen ganz allein. Huren lassen sich angeblich nicht küssen, als wäre dies ein Verrat an ihrem Körper. Meine Hand glitt über ihren Unterleib, der sich leicht wölbte. Hast du Angst Rose? Ach, Margret, was kann mir schon passieren. Kinderkriegen ist eine Lappalie. Tante Catherine wird dir beistehen. Rose Fagan streifte ihre Gewänder ab und lag nackt im Mondlicht vor mir. Faß mich doch an, Margret, flüsterte sie. Was immer ich getan habe: Ich bin kein Monster. Ich bin aus dem gleichen Fleisch und Blut wie du... Der Mond war schon untergegangen, und es wurde dunkel im Zimmer, als ich gesättigt und wie betäubt einduselte. Einmal wachte ich auf, meine Hände suchten Rose's Gesicht: es war feucht. Sie muß im Traum geweint haben. Das einzige, das ich mitnehme von Australien, ist diese Nacht, die so glücklich und so traurig war.

Ich fuhr in Richtung des Meeres, das mich forttragen würde. Weiter dachte ich nicht. Was kommen mochte, war mir gleichgültig. Gleichgültig wie dem Allmächtigen, der so souverän zusah, wenn seine Geschöpfe litten. Wenigstens dieses Mal war ich mit ihm einig: daß ich mich willig in mein Schicksal fügte. Ich verzichtete auf jedwede Begleitung nach Sydney Cove. Ich hatte mich nicht einmal persönlich verabschiedet. Tante Catherine hinterließ ich einen Brief, mit herzlichen Grüßen an Onkel Edward und Tom. Ich wollte niemanden sehen, damit jener wunderbare Traum meiner letzten Nacht nicht verblaßte. Ich raffte mein weniges Gepäck zusammen, das Pat Kelley zum Büro des Schiffseigners der *Perseverance* brachte. Die Bücher ließ ich zurück. Ich nahm, wie so oft, die *Australia* nach Sydney. Ein letztes Mal. Gemächlich glitt der Raddampfer den Parramatta River hinab zu den Rocks. Ich stand am Bug und starrte konzentriert in das Wasser. So vermied ich, daß meine Gedanken auf düstere, grundlose Pfade abirrten. Ich war mit dem Abenddampfschiff vorzeitig und heimlich von Parramatta abgereist. Nur Pat Kelley hatte ich in die Zeit meines Aufbruchs eingeweiht.

Die Nacht verbrachte ich im Hause von James Cockburne's Tante. James war ein sensibler, junger Mann, der meine Verstörung verstanden hätte. Meine Zunge war jedoch wie gelähmt. Ich war außerstande darüber zu reden, was in mir vorging. Statt dessen bat ich ihn, mich hinsichtlich meines Erbes zu beraten.

«Haben Sie eine Ahnung, James, um was es sich bei den Verfügungen handelt, die meine Tante Mildred in ihrem Testament zu meinen Gunsten getroffen hat?»

«Es sind im wesentlichen zwei Verfügungen: Durch die eine fließt Ihnen eine Summe zu, mit der Sie machen können, was Sie wollen. Die andere ist an die Bedingung gebunden, daß Sie für Lord Milford Sorge tragen bis zu seinem Tode. Was unter *Sorge* zu verstehen sei, darüber wollte Seine Lordschaft mit Ihnen sprechen. Die Höhe der Summen kenne ich nicht.»

«Dann möchte ich meinerseits meinen letzten Willen niederlegen, was im Falle meines Todes mit meinem Erbe geschehen soll…»

«Aber, Miss Margret, hat das nicht noch Zeit?»

«Die *Perseverance* läuft in einer Woche aus. Haben Sie schon einmal gehört, daß Schiffe auch untergehen können?»

«Miss Margret, um Gottes Willen, wie reden Sie!»

«Sehr vernünftig, James. Also bitte: Können Sie den Text aufnehmen?» Er seufzte:

«Nun gut. Ich bin nicht abergläubisch.»

«Ich schon.»

Ich übertrug die volle Summe der ersten Verfügung – ohne ihre Höhe zu kennen – testamentarisch auf Rose Fagan. Ich diktierte James Cockburne eine ausführliche Begründung, ohne meine persönliche Beziehung zu Rose preiszugeben. Das Geld aus der zweiten Verfügung sollte derjenigen Person zufallen, die sich um Lord Milford bis zu seinem Tode kümmert. Wer auch immer es sein mochte. Eine beglaubigte Abschrift blieb bei James – falls das Original des Testaments auf meiner

Reise verloren ginge. Mir dämmerte, daß mein vorzeitiger Tod Rose Fagan unmittelbare finanzielle Vorteile brächte.

Am nächsten Morgen suchte ich am Hafen nach Daniel Pennicott. In Sydney Cove dümpelte eine für mich nicht überschaubare Anzahl von Schiffen. Ich fragte in der Hafenmeisterei nach dem Pier, an dem die *Perseverance* lag.
«Ganz hinten», sagte der Beamte und nahm seine Hand zu Hilfe, um zu zeigen, wie weit hinten. «Wollen Sie schon an Bord? Das Schiff läuft erst in einer Woche aus. Die sind noch am Schaffen.»
«Nein, ich wollte mich noch nicht einlogieren.»
«Sie wollten sich den alten Seelenverkäufer nur ansehen? Nun, das tun Sie mal. Es wird seine letzte Reise sein.»
«Wie meinen Sie das?»
«In Portsmouth wird er ausgemustert. Es ist das älteste Schiff der Handelsmarine. Dann wird der *hulk* vor Anker nur noch für die Unterbringung von Gefangenen verwendet. Man hat versucht, alle Lecks zu stopfen, aber wenn die Planken morsch sind, tun sich immer neue Löcher auf. Jetzt installieren sie noch zusätzliche Lenzpumpen, wenn in der Bilge das Wasser ansteigt. Aber was rede ich! Das interessiert Sie sicher nicht.»
«Doch. Ich bin Margret Nelson, die Nichte von Lord Milford, dem Marineminister.» Der Mann erschrak:
«Oh, Verzeihung, Lady. Das konnte ich nicht ahnen. Ich nehme an, Seine Lordschaft haben Sie geschickt, um den Segler zu inspizieren, ob er noch seetüchtig ist. Wenn Sie mich fragen: Er sollte lieber in Sydney Cove bleiben.»
«Nein, ich habe keinen derartigen Auftrag von Lord Milford. Ich soll mit dem nächsten Schiff nach England zurückkehren. Und das ist die *Perseverance*.» Der Mann sah mich seltsam an, dann schaute er schweigend zum Fenster hinaus, vermutlich

zu dem Pier, an dem mein Schiff ankerte. «Hören Sie, ich bin eine Nelson. Die Nelsons sind nicht wasserscheu.»
«Ich verstehe Seine Lordschaft nicht. Er kennt alle Schiffe.»
«Er ist mit Arbeit überlastet. Die Umstellung von Windkraft auf Dampfmaschinen bringt, wie jede Innovation, Probleme mit sich. Er kann sich nicht mehr um den Zustand aller Schiffe kümmern.»
«Ich könnte versuchen, Sie auf ein anderes Schiff umzubuchen. Zugegeben, am billigsten ist die Passage auf der *Perseverance*.»
«Vielen Dank. Sie sind sehr nett. Eigentlich kam ich nur her, um mich nach einem gewissen Daniel Pennicott zu erkundigen, dem Mann mit dem Zweispitz. Ich muß ihm ein paar Sovereigns übergeben. Hält er sich noch auf der *Perseverance* auf?»
«Gott sei Dank, ja. Er hilft bei den Reparaturarbeiten aus. Er ist ein alter Seebär, er riecht am Holz und sagt uns, an welcher Stelle mit einem Leck zu rechnen ist. Er hat einmal als einziger einen Schiffbruch überlebt.»

«Schau mal, Dan, wer da kommt! Die Lady hat sich wohl verlaufen. Miss, Sie sind zu früh dran. Um sechs Uhr habe ich Freiwache, dann sehen wir weiter. Neben dem *Oriental* gibt es eine nette Kneipe mit viel Plüsch, richtig gemütlich...» Längst war die Zeit vorbei, da ich Anzüglichkeiten krumm nahm. Australien ist die ideale Gegend, sich altjüngferliche Empfindlichkeiten abzugewöhnen. Nur war ich jetzt zu Späßen nicht aufgelegt. Ich biß die Zähne zusammen:
«Oh besten Dank für das Angebot, du Seeheld. Aber so lange wollte ich nicht warten. Stimmt denn die Zeit deiner Freiwache? Du sitzt doch jetzt schon herum und plauderst.»

«Also, Miss, wenn ich das mal sagen darf: Die Seefahrt besteht nicht nur aus Segel reffen, Anker lichten, Planken schrubben...»
«...sondern auch Seemannsgarn. Na gut, vielleicht gefalle ich dir auch nicht im Sonnenlicht. Im schummrigen Schein der Kerze sieht die Welt ganz anders aus, viel hübscher – auch ich. Wo ist der Kapitän?»
«Auf Landgang. Da kommen Sie zu spät.» Nun mischt sich der Mann mit dem Zweispitz ein:
«Laß man, Gwen. Die Dame hat es gewiß nicht auf dich abgesehen. Guck mal in den Spiegel! Madam, womit können wir dienen?»
«Ich bin Margret Nelson. Ich suche einen Mr.Pennicott.»
«Der bin ich, Lady.» Er verbeugt sich knapp und legt zwei Finger an seinen Hut. «Was kann ich für Sie tun?» Ich fingere das Lederbeutelchen mit den zehn Sovereigns aus meinem Retikül.
«Mr.Pennicott, mich schickt Doktor Leichhardt. Ich soll Ihnen zehn Sovereigns übergeben als Bezahlung für das Teleskop.»
Pennicott runzelt die Brauen, wendet sich zu seinem Kumpan:
«Da bin ich aber platt. War doch der Doktor der Lump, der nicht zahlen wollte und das Fernrohr für sich behielt?»
«Nein. Sein Konservator, David Anderson, ist vor kurzem verstorben...»
«Habe ich mitgekriegt.»
«...und der hat verfügt, Ihnen das Teleskop zurückzugeben oder aber die zehn Sovereigns zu zahlen. Der Doktor Leichhardt bereitet gerade eine Expedition ins Innere Australiens vor. Die Zeit drängt ihn. Er läßt sich entschuldigen, daß er mich mit dem Auftrag betrauen mußte.»
«Miss Nelson, ein alter Seemann dankt Ihnen von ganzem Herzen.»

Ich reichte dem Mann mit dem Zweispitz den Beutel mit den zehn Sovereigns – da passierte es: Die Zeit stand plötzlich still. Eine unbekannte Macht hatte die Uhren angehalten. Ich war erstarrt, vermochte mich nicht zu rühren. Dan Pennicott stand vor mir mit offenem Mund, den Beutel in der erhobenen Hand. Vorhin noch fuhr eine leichte Brise unter das gereffte Segeltuch und hob es ein wenig an. Jetzt vernahm man keinen Windhauch mehr. Die Umrisse von Pennicott's Gestalt, der Brücke, der Reling, der Takelage, der Taurollen, Kisten, Fässer an Deck – von allem, was mein Auge mit einem Blick erfaßte, begannen zu zittern, lösten sich auf zu einer glasigen, weißlichen Masse, die mich einhüllte. Ich stand nicht mehr an Deck, sondern wurde mit hoher Geschwindigkeit in einen Abgrund gezogen, bis es völlig finster um mich wurde.

Erwachen

Old Sydney Cumberland Street

Der Salon liegt im gedämpften Licht des Kronleuchters, der ein schwaches Muster von Schatten auf den Teppich wirft. Die dicke Kerze ist herunter gebrannt, es muß inzwischen Morgen sein. Zunächst fällt kein Wort. Die Gäste sitzen erstarrt auf ihren Plätzen als schliefen sie mit offenen Augen. Nur Dr.Hinshelwood ist beschäftigt: Er hält Margret Nelson's Handgelenk umfaßt: «Es ist nur eine leichte Ohnmacht. Sie ist schon wieder bei sich.» Er sagt das, um die anderen zu beruhigen. Es wäre sicher aufschlußreich, bei allen Anwesenden jetzt rasch den Puls zu messen. Er denkt das nur routinemäßig. Dicht daneben steht der Butler, er beugt sich zu Margret Nelson und Hinshelwood hinab, um unverzüglich Anweisungen entgegen zu nehmen.
«Was ist?» Margret sieht sich ein wenig erstaunt um.
«Sie waren weit weg, Miss Margret.» Hinshelwood sagt das so nebenhin, die Andeutung eines Lachens, seine Gedanken konzentrieren sich auf etwas anderes: Was war das für ein höllisches Getränk? Dagegen ein spöttisches, triumphierendes Aufleuchten in Lady Milford's grünen Augen. Es gilt Hinshelwood: *Victoria*. Sie ruft den Butler und flüstert ihm etwas zu. Der räumt die Kerze weg, trägt die Likörgläser mit dem gelblichen Bodensatz in die Küche. Als sei nichts gewesen. Nach kurzer Zeit kehrt er zurück und bringt Champagner.
«Wie fühlen Sie sich, meine lieben Gäste?» fragt Lady Milford endlich und weiß es doch genau. Auf eine liebenswürdige Weise stiftet sie Verwirrung in den Köpfen. Man klatscht über sie in London – aber warum eigentlich? Sie ist nicht zu fassen.
Ethel und Cynthia wie aus einem Munde: «Oh sehr gut...» Dann fällt ihnen nichts mehr ein. Rosenthal fühlt wieder eine unbehagliche Hitze in sich aufsteigen, er ist ein empfindlicher Sensor für Spannungen, nicht nur physikalischer Art – aber

sind nicht alle meßbaren Phänomene letzten Endes Physik? Er will behilflich sein, ein Gespräch in Gang zu bringen:
«Also, das ist eine rätselhafte Geschichte. Die Physik muß hier die Waffen strecken. Was sagt die Medizin dazu?»
«Wenn man für einen Vorgang, für ein Ereignis nicht gleich eine Erklärung findet, dann sollte man erst einmal schön säuberlich alle Fakten ordnen. Es sind genügend Zeugen hier. Wenn wir dann einer Meinung sind, würde ich diese als die weitest mögliche Annäherung an einen objektiven Sachverhalt bezeichnen.» Hinshelwood greift nach einer Brasil, schneidet die Spitze ab, der Butler springt herzu, reicht ihm ein brennendes Streichholz. Nun hebt Arthur Bennett leicht die Hand wie ein aufmerksamer Schüler, dem etwas Bedeutsames eingefallen ist:
«Meine Damen, meine Herren, beantworten Sie mir bitte eine erste Frage: Hat Margret Nelson die Geschichte wirklich erzählt – oder haben wir uns nur eingebildet, wir hätten etwas gehört. Überrascht Sie meine Frage?»
«Nein, Sir Arthur», sagt Hinshelwood, «genau dort muß man beginnen. Also?»
Cynthia will auch etwas sagen, sie geniert sich etwas, blickt zu Ethel, die ihr ermunternd zunickt.
«Ich glaube nicht, daß ich mir die Geschichte eingebildet habe. Was ich gehört habe, hat Miss Margret sicher auch genauso erzählt. Nur – etwas anders ist merkwürdig: Ein körperliches Empfinden, ganz unmittelbar dabei zu sein. Wenn sie sagte, sie ging dahin oder dorthin, dann lief ich neben ihr her, ich hörte ihre Schritte…»
«…ja, und ich sah, wie sie lief», unterbricht Ethel, «und wenn sie lächelte, so lächelte sie mir direkt ins Gesicht.»
«Können wir allesamt über eine ähnliche Erfahrung berichten – mehr oder weniger?» fragt Hinshelwood. Kopfnicken, kein

Einwand. Es liegt ein objektiver Tatbestand vor: Eine Erzählung, die bei den Zuhörern als räumliche Assoziation empfunden wurde – als ein unmittelbares Miterleben.

Jedoch: Margret Nelson wurde gegen Ende von einer leichten Ohnmacht überwältigt. Der Faden der Erzählung riß ab, als sie wieder in den *Zeittunnel* geriet: die Rückkehr in die Gegenwart. Hinshelwood vermißt einen befriedigenden Schluß ihrer Geschichte. «Lassen Sie uns das nachholen, Miss Margret! Nachdem Sie den *Zeittunnel* zurückgerast waren in das 20ste Jahrhundert – wo fanden Sie sich wieder?»
«Ich erwachte am Morgen in meinem Bett im *Hotel Magnetic* und hatte geträumt. Die Kerze war heruntergebrannt und ausgegangen. Das Buch von E.A.Poe lag aufgeschlagen, mit den Seiten zuunterst, auf dem Nachttisch. Ich hatte mich irgendwann während oder nach dem Gewitter zu Bett gelegt. An den Vorgang erinnere ich mich nicht.»
«Konnten sie sich auf den Traum noch längere Zeit danach besinnen?»
«Nein – das heißt: in geringem Umfang, wie das manchmal bei Träumen der Fall ist. Das Vergessen setzte unmittelbar ein, aber zurück blieb ein ungeordnetes, lückenhaftes Erinnern an einen historischen Traum, auch an einige spezielle Erlebnisse.»
«Zum Beispiel?»
«Straßenszenen in den Rocks in Sydney. Ein Straßenbautrupp mit Gefangenen in Ketten. Mein letztes Gespräch mit Ludwig Leichhardt. Das Schiffsdeck mit dem Matrosen Pennicott. ...»
«Was wurde aus dem Teleskop?»
«Am Morgen war mir entfallen, daß ein solches Teleskop überhaupt existierte. Als ich wieder in Sydney war, fand es sich nicht in meinem Gepäck.»
«Sie glaubten nicht mehr an die Existenz des Teleskops?»

«In meiner Wohnung öffnete ich das Wäscheschubfach, in dem ich das Teleskop aufbewahrt hatte. Die Stelle war unverändert: Ich erkannte deutlich die Abdrücke eines länglichen Objekts von einigem Gewicht.»
«Konnten Sie sich an die Vorgeschichte erinnern: Den Besuch bei dem Trödler – wie hieß er noch?»
«David Anderson.»
«Also, ich brauche nicht weiter zu fragen: Die Erinnerung hat sich erhalten. Sie haben nicht den Eindruck, es handele sich um ein irreales Erlebnis als ganzes.»
«Nein, den Eindruck habe ich nicht.»
«Das Rätsel liegt woanders: Wie konnten Sie uns über Ihre Abenteuer im Sydney von 1848 so minutiös berichten? Dafür reichten die paar Traumfetzen, die Sie auf Magnetic Island in Ihr Bewußtsein hinüber gerettet hatten, nicht aus.»
«Ich war natürlich noch immer interessiert daran, in was für eine Geschichte ich da hineingeraten war. Einer lückenlosen Aufklärung war ich so fern wie eh und je – und bin es noch heute. Kurze Zeit suchte ich Kontakt zu einer okkulten Vereinigung. Dann aber meldete ich mich wieder bei meinem Psychologen, der mich an einen fähigen Hypnotiseur weiter empfahl. Dieser versetzte mich in einen Zustand der Hypnose, der einige Zeit andauerte und mich im Alttagsleben kaum beeinträchtigte. Die Erinnerung an die Zeit in Sydney von 1847/48 kam zurück. Nicht als Traum, sondern als reales Erleben. Ich schrieb alle Details auf, sie füllen ein ganzes Buch.»
«Hatten Sie sich früher mit der Geschichte Sydneys beschäftigt, Miss Margret?»
«Gewiß. Dort bin ich schließlich geboren. Ich weiß, worauf Ihre Frage abzielt: Wieviel an meiner Erzählung mag erworbenes Wissen sein, dessen Quellen verschüttet sind. Klar, ein beträchtlicher Anteil. Aber, die ganze Geschichte ist ja viel-

leicht ein Produkt der Phantasie. Ich streite diese Möglichkeit keineswegs ab.» Hinshelwood streift Lady Milford mit einem kurzen Blick:
«Miss Margret, können Sie sich jetzt noch erinnern, was für eine Geschichte Sie uns während der letzten Stunden erzählt haben?»
«Ich glaube schon.»
«War diese Geschichte ausführlicher als die, die Sie im Zustand der Hypnose rekonstruieren konnten?»
«Den Eindruck habe ich. Ich war der Meinung, der Fluß der Erzählung habe noch einige brach liegende Erinnerungen mobilisiert.» Lady Milford verzieht bei dieser Bemerkung Margret Nelsons spöttisch den Mund.
«Gab es Begebenheiten oder Umstände in Ihrer Erzählung, die nur Sie wissen konnten, die aber vielleicht in Archiven schlummern und von Historikern nicht ausgewertet wurden?»
«Das konnte ich nicht prüfen. Es wäre ein immenser Aufwand, wollte ich – und wozu? – alle historischen Archive abklappern. Ich kannte jedoch die Ahnentafel meiner Familie.»

Dr.Hinshelwood, der Psychiater, brachte das Gespräch zu einem Ende. Er war der Runde noch die Antwort auf Professor Rosenthals Frage schuldig: Was sagt die Medizin zu dem Phänomen? Hinshelwood besteht darauf, er gebe nur seine private Meinung wieder:
«Wir haben aufmerksam Margret Nelson's Erzählung gelauscht. Nur scheinbar liegt hier eine multiple Sinneserfahrung vor, die freilich von allen Anwesenden, mehr oder weniger, geteilt wird. In Wirklichkeit sind wir Zeugen einer Folge von Ereignissen, die nur akustisch aufgenommen wurden in Form einer Erzählung. Die bildhafte Komponente – samt Nebengeräuschen, Gerüchen etc. wurde vom Gehirn beigesteu-

ert.» Kurze Pause, Hinshelwood, räuspert sich, wirft einen durchdringenden Blick auf Lady Milford: «Womöglich nicht ohne Hexenkunst. Mein Kompliment, Lady Milford. Trotzdem muß ich Ihnen – aus formalen Gründen – eine scharfe Rüge erteilen.»
«Sie haben mich herausgefordert, Dr.Hinshelwood. Erinnern Sie sich? Sie machten sich über den geköpften Sir Walther Raleigh lustig.»
«Stimmt. Und mit Ihrem Hexentrank haben Sie subtile Rache an mir genommen. Sagen Sie, Ihr Butler blieb jedoch – nun: nüchtern?»
"Selbstverständlich. Er stand bereit mit der Hand an der Notbremse.»
«Lady Milford, Sie besitzen also ein Gegenmittel zu Ihrem Mix aus Fledermausblut und Krötenschmalz?» Lady Milford lacht vergnügt:
«Wenn sie mich aushorchen wollen, Dr.Hinshelwood, dann müssen Sie sich etwas mehr anstrengen.»
«Nikotinsäure», murmelt Arthur Bennett, aber niemand achtet auf ihn. Hinshelwood steckt sich eine neue Brasil an:
«Also gut, lassen wir es zunächst dabei. Verschieben wir das letzte Wort zu unserer Séance auf das Ende des Abends – oder besser: der Nacht.» Lady Milford hebt das Glas, der Champagner moussiert leise und verführerisch:
«Meine Gäste, trinken wir auf unser Wohl und das Wohl unserer Gespenster. Mögen sie noch lange unter uns weilen, bevor sie sich zur Ruhe setzen. Prost!»
«Prost!», schallt es im Chor.

Arthur Bennett hebt die Hand: «Meine Damen und Herren, kommen wir zum Kern der Sache: Was den zweiten Teil der Geschichte betrifft – sozusagen die historischen Kapitel – so

geriet Miss Margret, als sie mit der Erzählung fortfuhr, in einen Zustand völliger geistiger Abwesenheit. Ich bin sicher, das war eine objektive Beobachtung, die Sie vielleicht mit mir nur halbherzig teilen. Trotz der Droge blieb nämlich mein reales Wahrnehmungsvermögen in Teilen noch intakt. Ließe sich dann aus der Beobachtung schließen, daß bei Miss Margret die Erinnerungen der gegenwärtigen und der historischen Zeitebene in verschiedenen Bezirken des Gehirns gespeichert sind?» Er blickt abwartend auf Dr.Hinshelwood, der sich räuspert:
«Das wäre eine vernünftige Hypothese, Sir Arthur. Man kann sie nur noch nicht recht nutzen, mangels an experimentellem Material.»
«Nun ein kühner Gedankenschritt: Wäre es plausibel, daß die von Miss Margret geschilderten Phänomene in einer Persönlichkeitsspaltung ihren Ursprung haben, der sich die beiden Erinnerungsbezirke im Gehirn zuordnen lassen? Theoretisch, meine ich.» Professor Rosenthal schnappt nach Luft:
«Das ist eine Aussage jenseits von Physik und Medizin: das ist Metaphysik. Aber, was für ein grandioser Ausblick!» Er schwitzt vor Begeisterung und muß sich mit einem Taschentuch Hals und Stirn wischen. Arthur Bennett lächelt zufrieden.
«Sprechen Sie nur weiter, Sir Arthur», ermuntert ihn Lady Milford. «Sie kommen der Aufklärung des Geheimnisses ziemlich nahe.»
«Nun, dann fragen wir weiter: Wer ist die andere Person? Ganz klar: Miss Margrets Ahnin, deren Name dem Trödler David Anderson bekannt war.»
«Jetzt ist es heraus», sagt Dr.Hinshelwood und zieht kräftig an seiner Brasil. Der Butler kommt mit Gläsern und zwei Flaschen Burgunder. «Sir Arthur, legen Sie mal los: Ihr Beweismaterial!»

«Ich spreche nur von Plausibilität.» Arthur Bennett hält ein dickes, abgegriffenes Notizbuch auf seinem Schoß und schlägt es auf: «Ganz zufällig» – und dabei gleitet ein verräterisches Lächeln über sein Gesicht – «fiel mir heute morgen in meiner Bibliothek das Tagebuch von Lord Milford in die Hände» – er wendet sich der Gastgeberin zu – «dessen Besitz ich Ihrer Großzügigkeit verdanke, verehrte Lady Milford. Nun denn: unter dem Datum des 10.Oktober 1848 findet sich eine aufschlußreiche Eintragung. Mit ihr endet das Tagebuch. Es ist der Tag, an dem Lord Milford vom Untergang der *Perseverance* in der Timor-See erfuhr. Auf dem Schiff befand sich seine unglückselige Nichte Margret Nelson. Sie war auf dem Wege von Australien nach London.» Arthur Bennett blickt abwartend in die Runde. Dr.Hinshelwood wendet sich an Margret Nelson:
«Miss Margret, bitte sagen Sie, wenn es zu viel für Sie wird. Es ist immerhin möglich, daß Ihre Rückkehr durch den *Zeittunnel* mit dem Tod von Margret Nelson auf See identisch ist. Vorhin sind Sie ohnmächtig geworden.»
«Ich bin gefaßt, Dr.Hinshelwood. Ich danke für Ihre Fürsorglichkeit. Bitte, Sir Arthur, sprechen Sie ruhig weiter!»
«Nun, meine Vermutung ist: Es gab da ein ungelöstes Problem in Margret Nelson's Leben, das sie mit sich in ihr nasses Grab nahm. Vielleicht quälte sie die unerwiderte Zuneigung zu diesem Doktor Leichhardt, um dessen Schicksal sie sich überdies große Sorgen machte. Oder mehr noch die Trennung von der mysteriösen Rose Fagan. Oder der Fall liegt einfacher: Sie reiste, nachdem sie Lord Milford's Brief erhalten hatte, überstürzt von Sydney ab. Die *Perseverance* war auslaufbereit, und Margret Nelson mußte sich beeilen. Also – sie fand keine Gelegenheit mehr, dem Mr.Pennicott die zehn Sovereigns zu übergeben, die ihr Doktor Leichhardt anvertraut hatte. Vielleicht hatte sie den Beutel mit den zehn Sovereigns bei den Bramleys

liegen lassen. Dieser Pennicott, nicht mehr im aktiven Dienst, hielt sich manchmal auf der *Perseverance* auf, um mit den Matrosen zu klönen. Er blieb jedoch in Sydney zurück. Folgen Sie meiner Logik?»

«Ja – wenn man an die Metaphysik Zugeständnisse macht», meint Professor Rosenthal: «Wer aber soll uns daran hindern, auch einmal über unseren eigenen Schatten zu springen?»

«Wie auch immer: Ihre arme Seele fand keine Ruhe. Und dann passierte die Geschichte mit unserer Margret Nelson.» Dr.Hinshelwood bläst nachdenklich den Rauch seiner Zigarre in hübschen Kringeln in die Luft.

«Sie nennen das Phänomen Persönlichkeitsspaltung, Sir Arthur, andere würden von Besessenheit oder Seelenwanderung sprechen», wirft Lady Milford ein.

«Das wäre im Prinzip immer das gleiche. In unserem Fall ergriff die historische Margret Nelson von ihrer späteren Verwandten gleichen Namens Besitz, um die Schuld an Mr.Pennicott zu tilgen: zehn Sovereigns. Es ist erstaunlich, wie geschickt sie dabei vorging, um ihr Ziel zu erreichen. Geschickt und beharrlich. Sie scheute selbst die Mühe nicht, unsere Miss Margret in eine längst vergangene Epoche, in die Tage des alten, kolonialen Sydney zu entführen. Möge der Herr ihr die Ewige Ruhe geben.»

«Darauf sollten wir trinken», mahnt Lady Milford: «Prost! Auf das Wohl der Margret Nelson, Nichte meines Urahns Lord Milford.»

Sir Arthur Bennett wiegt den Kopf hin und her, bis es allen auffällt: «Da wäre noch eine Sache zu klären, Miss Margret: Als Jurist bin ich gewohnt, nach Möglichkeit auch nicht das geringste Indiz zu übersehen. Sie haben zwar nicht in Archiven geforscht, und doch erwähnten Sie – mehr beiläufig – daß

Sie die Ahnentafel Ihrer Familie kannten. Das hieße also: die Namen der Miltons und der Bramleys waren sozusagen historische Gewißheit für Sie. Keine Eingebung. Sie lächeln?»
«Ich muß jetzt ein Geständnis ablegen», sagt Margret Nelson.
Sir Arthur schmunzelt:
«Ein Geständnis! Wissen Sie, was das für einen Richter bedeutet? Es befreit ihn von aller Seelenpein, er möchte unter Umständen einem Justizirrtum aufsitzen. Also, gestehen Sie!»
«Nach meiner hypnotischen Behandlung schrieb ich also minutiös meine Erlebnisse nieder. Ruhe fand ich nicht. Ich begann damit, nach Nachkommen mit dem Namen Bramley zu forschen.»
«Wie gingen Sie dabei vor?»
«Ich fand eine Agentur, die relativ preiswert eine Recherche anstellte. Den Umkreis beschränkte ich auf Sydney, Parramatta inbegriffen. Ich wurde auch tatsächlich fündig. Tom Bramley, der einzige Träger des Namens, hatte später geheiratet und einen Sohn gezeugt. Es gab auch noch einen Enkel und einen Urenkel, mit letzterem aber starb der Name Bramley der Linie Edward Bramleys aus. Von nun an mußte ich die Stammbäume aller Nachfahren ausfindig machen. Gott sei Dank war die Sippe nicht sehr vermehrungsfreudig. Die Stammbäume zeigten tote Äste von Unverheirateten. Einige waren als Soldaten gefallen: Im Burenkrieg und in den beiden Weltkriegen, bei Gallipoli, Kreta, in Burma. Schwieriger war es schon, Zeugnisse der Familientradition aufzutreiben – vor allem von meiner Ahnin Margret Nelson: Tagebücher, amtliche Dokumente, Briefe, Aussagen von Zeitzeugen. Eigentlich ein aussichtsloses Unternehmen.»
«Haben Sie auf dem Friedhof in Parramatta nach alten Grabsteinen Ausschau gehalten?»

«Flüchtig, ja. Aber ich entdeckte keine Namen aus meiner Verwandtschaft. Einige Inschriften waren allerdings so stark verwittert, daß sie sich nicht mehr entziffern ließen.» Margret Nelson wendet sich an Sir Arthur Bennet: «Sir Arthur, enthält Lord Milfords Tagebuch einen Hinweis auf die Abreise Margret Nelson's nach Australien?»

Erst jetzt ging Margret Nelson ein Licht auf: daß nämlich Sir Arthur in das geschickte Komplott der Lady Milford eingeweiht sein mußte. Aus welchem Grunde hätte er Lord Milford's Tagebuch 'zufällig' zu dem geselligen Abend mitbringen sollen? Gut, auch sie wurde ja von Lady Milford vorgewarnt, sie solle sich eine australische Geistergeschichte ausdenken.
«Miss Margret – es tut mir leid zu sagen: Für den Lord Milford war seine Marine wichtiger als die Nichte. Er schreibt nur einen Satz, der sich auf Sie bezieht, unter dem Datum des 11.November 1846: *Margret Nelson heute mit der HMS Endeavour nach Sydney über Rio de Janeiro und Kapstadt abgereist. Vermutliche Ankunft: Ende Februar 1847*. Kein Wort von den Bramleys in Parramatta.» Doktor Hinshelwood läßt ein grollendes Räuspern hören:
«Rio de Janeiro? Dort grassierte bei Ankunft des Schiffes die Cholera. Das erwähnte Miss Margret..»
«Verstehe: die Epidemie müßte aktenkundig sein», nickt Sir Arthur. «Nun, überlassen wir weitere Recherchen Margret Nelson. Soll sie erst einmal erzählen!»

«Es war wohl Intuition, daß ich in Parramatta einen Notar aufsuchte, der mir als Experte für lokale Geschichte empfohlen worden war. Möglich, daß mich die traumhafte Erinnerung an meinen Cousin leitete: Er hatte mich gezwungen, einer Auspeitschung zuzusehen. Zu meiner Überraschung schlug der

Notar einen Aktenordner auf, und unter Thomas Bramley fand sich eine sonderbare, notariell beglaubigte Verfügung: Das ideelle Familienerbe sei über die nächsten Generationen zu bewahren. Gemeint waren Dokumente, Briefe, Tagebücher, Zeitungsartikel. Dazu hinterließ er einen genealogischen Plan, auf den ich nicht eingehen will. Seine Sorge war offenbar: Die Erinnerung an die Pionierjahre mochte verloren gehen. Australien war ein junges Land, es brauchte eine Geschichte. Und am Anfang bilden die überlieferten Schicksale von Familien oder auch nur Individuen die Geschichte eines Landes. Wie recht Tom Bramley hatte: Noch immer wird in unseren australischen Schulen klischeehaft englische Geschichte gelehrt. Wie facettenreich ist dagegen unsere eigene lokale Geschichte. Die britischen Historiker nehmen uns noch immer nicht zur Kenntnis. Ich will es kurz machen: Letztlich fiel mir wie ein Juwel das Tagebuch der Magret Nelson über ihre Zeit von 1847/48 in Parramatta in die Hände. In der Hast und dem Kummer der Abreise nach England hatte sie es bei den Bramleys zurückgelassen. Es war verschlossen und noch nie geöffnet worden. Ich vermag meine Empfindungen nicht zu beschreiben, als ich das Buch, mit einem Blumenmuster verziert, in meinen Händen hielt. Ich war im Innersten aufgewühlt.
«Solch ein Erlebnis ist kaum nachzuempfinden», sagt Sir Arthur. «Wer war im Besitze des Tagebuchs?»
«Eine Familie in Parramatta. Sie war völlig überrascht von meinem Besuch und auch mißtrauisch, wollte mich am liebsten rasch wieder loswerden. Als Grund meines Interesses hatte ich die Arbeit an einer Familiengeschichte des Admirals Horatio Nelson vorgegeben. Der tüchtige Notar umschiffte alle Probleme, auch machte ich ein paar Dollars locker. Schließlich hielt ich die Kopien des Tagebuchs meiner Ahnin in den Händen. Überraschend für mich war der Freimut, mit

dem sie ihre Beobachtungen, ja ihre intimsten Empfindungen niederschrieb. Vermutlich rechnete sie nicht damit, das Tagebuch fiele je in fremde Hände. Es sind zwei Versionen ein und derselben Biographie: Das Tagebuch meiner Ahnin und meine Erlebnisse als ihr Double.»

Überraschend läßt sich Professor Rosenthal vernehmen: «Die moderne Naturphilosophie ist dabei, auch den Begriff der Zeit zu relativieren. Das bedeutet: Ein wie auch immer geartetes Gebilde mit einer bestimmten Struktur nehmen wir durch das Zeitfenster als Ereignis wahr. Es existiert jedoch immerwährend und unabhängig von seiner Beobachtung. Zum Scherz habe ich den Begriff der *Tempionen* vorgeschlagen: kleinste Teilchen mit einer Zeitkoordinate, aus denen sich nach einem vorgegebenen Muster Ereignisse zusammensetzen lassen. Damit wäre auch die spiegelbildliche Duplizität von Ereignissen modellgemäß darstellbar.» Doktor Hinshelwood schlägt sich auf die Schenkel:
«Das ist zwar starker Tobak für einen Laien, Professor Rosenthal, aber wenn Ihre Aussage – sozusagen: gutachterlich – die Plausibilität von Margret Nelson's Erzählung stützt – nun gut!» Was er jetzt zum Besten gibt, ist wohl ein Scherz: «Hoffentlich setzt sich Ihr Begriff der *Tempionen* in der Physik durch, Professor Rosenthal. Jüngst, auf dem Kongreß der Psychiatrischen Gesellschaft, habe ich den Begriff der *Idionen* kreiert.»
«Was verstehen Sie darunter, Dr.Hinshelwood?»
«*Idionen* sind die kleinsten, unteilbaren Teilchen, aus denen sich die menschliche Dummheit zusammensetzt.» Alle lachen laut und überzeugend, daß sie den Spaß verstanden haben – als Folge der frühen Morgenstunde und des reichlich genossenen Alkohols.

«Miss Nelson, an welcher Stelle von Margrets Autobiographie endet ihr Tagebuch?» will Sir Arthur Bennett noch wissen. «Sie ließ es ja zurück, und über die letzten Stunden vor ihrer Abreise von Sydney ist wohl kaum ein Eintrag zu erwarten.»
«Der letzte Satz lautet: *Herr, schicke dem Schiff einen Sturm, rette alle, nur mich nimm zu Dir!*»

Dr.Hinshelwood räuspert sich «Eines interessiert mich noch: Miss Margret begann ihr Abenteuer, indem sie in die Blue Mountains fuhr, um bei einem Antiquitätenhändler maritime Objekte zu erstehen. So kam sie zu Lord Nelsons Teleskop – falls dieses real existierte. Jetzt jedenfalls ist es verschwunden. Was werden Sie tun, Miss Margret: Wollen Sie Ihr Glück noch einmal bei einem Trödler versuchen? Oder bei einer Auktion? Auf dem Flohmarkt? Mir scheint, das Teleskop müßte ein Interesse haben, Sie, Margret Nelson, wiederzufinden.»
«In der Tat, die Geschichte hat ein Nachspiel: Letzte Woche schlenderte ich bei den Antiquitätenhändlern in Convent Garden herum. Ich wollte nur schauen, nichts sonst. Da entdeckte ich ein Fernrohr in einem Schaufenster in Gesellschaft von Astrolabien, Sextanten, Kreiselkompassen, Seekarten und allerlei maritimem Schnickschnack. Ich betrachtete das Fernrohr genauer: Es war Lord Nelsons Teleskop. Ich erkannte charakteristische Feinheiten in der Musterung wieder, und Kerben, Flecken, Griffspuren – alles typische Merkmale für Alter und langen Gebrauch. Ich betrat den Laden und fragte:
«Was ist Ihr Preis für Lord Nelsons Teleskop?» Der weißhaarige, hakennasige Trödler war verblüfft und blinzelte mich neugierig durch seine Nickelbrille an:
«Sie haben das Fernrohr erkannt? Das ist schon recht merkwürdig.»

«Warum sollte ich nicht», antwortete ich forsch. «Wollen Sie mir nicht einen Preis nennen?»
«Nun, nun, ich sage sechshundert Pfund.» Er fixierte mich abwartend mit lauerndem Blick.
«Können Sie mir sagen, von wem Sie das Teleskop erstanden haben?» bohrte ich.
«Ach, wo denken Sie hin – da müßte ich mir viel merken.»
«Im allgemeinen kennen die Antiquitätenhändler ihre Hehler.» Er tat entrüstet:
«Wo denken Sie hin. Ich bin ein seriöser Händler. Womit kann ich dienen, Madam?»
«Ich war Besitzerin von Lord Nelsons Teleskop. Es wurde mir gestohlen. Mein Name ist Margret Nelson. Ich bin eine seiner Nachfahren.»
«Wenn Sie darauf hinauswollen, Madam: Also gut – fünfhundert Pfund.» Der Trödler sah mich mit einem rätselhaften Blick an: «Das ist in etwa der Gegenwert von zehn Sovereigns.»

Sir Arthur Bennett ist sehr gründlich, alle Indizien, alle Zeugenaussagen, alle Asservate dieses Falls Margret Nelson müssen auf den Richtertisch:
«Miss Margret, eine sehr persönliche Frage zum Schluß – Sie brauchen nicht zu antworten, wenn Sie nicht wollen. Niemand in diesem Kreise wird Sie der Unhöflichkeit zeihen. Also: Sie haben als Double auch den Part Ihrer Ahnin, gespielt, der von der Liebe zu der Strafgefangenen Rose Fagan handelt. Konnten Sie von diesen Emotionen etwas, und seien es bewegte Träume, durch den *Zeittunnel* in die Gegenwart retten?»
«Nichts, außer Erinnerungen wie beim Blättern in einem Fotoalbum.»

«Das heißt nichts anderes, als daß auch der Schiffbruch der *Perseverance* für Sie – nun – *fiktive Realität* war. Sie sind ertrunken.»
Lady Milford kräuselt ihre Lippen zu einem spöttischen Lächeln, als wüßte sie es besser. Die Wahrheit ist ein Chamäleon. Der pensionierte Oberrichter nimmt nun den Butler ins Visier: Er wird die Geschichte der *Yellow Press* zustecken. Irgendwann einmal. Lady Milford wird ihm hierzu keinen Auftrag geben – nein, auch Sie mißtraut im Innersten dem undurchsichtigen Domestiken. Aber sie wird die Indiskretion mit Vergnügen dulden. Das letzte Kapitel dieser Geschichte schreibt der Butler.

Nachspann

Dreimastbark Victoria

Nachwort zur Geschichte Australiens

Im Januar 1788 warfen die Schiffe der *First Fleet* mit etwa tausend Sträflingen, Soldaten und Matrosen an der Ostküste Australiens Anker. Kurz danach verlegte der Commander Arthur Phillip die provisorische Siedlung von Botany Bay einige Meilen weiter nördlich nach Port Jackson, dem heutigen Sydney. England hatte entschieden, Kriminelle von den Britischen Inseln nach dem fernen, unerforschten und von Weißen unbesiedelten Kontinent Australien abzuschieben.

Australien war die letzte *terra incognita,* sieht man von der Antarktis ab, die ihrer Erforschung und Inbesitznahme durch Europäer harrte. Gerüchte über die vermutete Existenz eines *Südkontinents* kursierten schon längere Zeit. Entdeckt wurde Australien durch holländische und britische Seefahrer im 17.Jahrhundert. Hundert Jahre danach verbrachte Captain James Cook ein halbes Jahr auf dem australischen Kontinent. Sein Bericht an die Admiralität muß insgesamt positiv ausgefallen sein, auch wenn er sich über die Myriaden lästiger Fliegen beklagte. Einen Vorstoß in das Innere Australiens wagte zunächst niemand.

Es war eine Epoche, in der die englische Justiz mildere Züge annahm. Nur Schwerstverbrecher mußten noch mit Hinrichtung rechnen. Andererseits nahm mit dem explosiven Wachstum der Städte die Kriminalität drastisch zu. Die Strafanstalten waren zum Bersten voll, man half sich damit, Gefangene in ausgemusterten Schiffen unterzubringen. Bis zum Unabhängigkeitskrieg der USA wurden

Sträflinge in geringer Zahl dorthin verbracht. Nun bot sich Australien ersatzweise als Strafkolonie an. Es war zugleich der Auftakt zu einem außergewöhnlichen, sozialen Experiment: die Resozialisierung von Straffälligen auf jungfräulichem Boden zu einer Stunde Null. Vom Mutterland wurde dieser Aspekt kaum wahrgenommen. Die Strafkolonie war ein Müllplatz des Bösen. Das Ansehen der Bewacher, die die Gefangenen nach Willkür und Laune auspeitschten, war so gering wie jenes ihrer Opfer. In Regierungskreisen blühte die Korruption, Skandale wurden vertuscht. Immer aber blieb Australien ein Kontinent der Hoffnung: Freiheit in einem grenzenlosen Raum, Perspektiven auf ein Leben mit Chancen und persönlicher Würde nach tiefem Fall. Was für eine dramatische Alternative zu dem *Newgate Prison Old Bailey* in London!

Deportiert wurden Männer und eine Minderzahl von Frauen, die zu Lebenslänglich oder sieben Jahren verurteilt waren. Die Arbeitsbedingungen der Schwerverbrecher waren hart. Sie wurden als Kettensträflinge zum Straßen- und Brückenbau, in der Landwirtschaft und zu Waldarbeiten eingesetzt. Sie 'Siebenjährigen' waren meist rückfällige Diebe, Betrüger, Gewalttätige. Sie wurden von der Regierung an Haushalte, Farmen, Betriebe etc. ausgeliehen. Sie waren *convicts,* die in relativer Freiheit leben und arbeiten durften, und bei guter Führung wurde ein Teil der Strafe zur Bewährung ausgesetzt: Die Gefangenen erhielten dann ein *ticket-of-leave.* War die Strafe ganz verbüßt, waren sie allen Bürgern rechtlich gleichgestellt. Das galt nicht für das Sozialprestige: Sie wurden als *emancipists* bezeichnet, womit sie sich von den freien

Einwanderern unterschieden. Aus den *emancipists* rekrutierten sich tatkräftige und erfolgreiche Unternehmer. Im Sozialprestige höher standen die 'Politischen': Rebellen aus Irland und Schottland.

Um die Mitte des 19.Jahrhunderts stellte England die Deportationen ein. Erst wurde Sydney nicht mehr angelaufen, ab 1857 auch nicht Hobart in Tasmanien. Inzwischen war in Australien eine egalitäre Gesellschaft herangewachsen. Längst übertraf die Zahl der freien Einwanderer jene der *convicts*. Die elitären Kreise pflegten ihr viktorianisches Flair, wurden aber als *colonials* von den Briten nicht ernst genommen. In den Kriegen des 20.Jahrhunderts waren sie willkommenes Kanonenfutter. Die blutige, aussichtslose Schlacht von *Gallipoli* gegen die Türken wurde zum Mythos, der *ANZAC-Day* (Australia-New Zealand-Army Corps) ein nationaler Feiertag. Erst seit den 80er Jahren des vergangenen Jahrhunderts wird in den Schulen australische Geschichte gelehrt – bis dato galt die Aufmerksamkeit allein dem Mutterland England.

Im 19.Jahrhundert richtete sich der Blick auch auf das Innere des australischen Kontinents. Nur in den schmalen Küstenregionen im Osten und Süden waren Siedlungen entstanden, auf einer Breite von etwa hundert Meilen. Es gab wirtschaftliche Interessen, zusätzliches Acker- und Weideland zu gewinnen. Indessen, nur wenige Entdeckungsreisende, von Neugier angetrieben, wagten den Aufbruch ins *Nirgendwo*. Einer von ihnen war Ludwig Leichhardt, dessen Expedition spurlos verschwand und so zum Mythos wurde.

Die Eingeborenen, die *Aborigines*, leben in dem *toten Herz* Australiens. Die Landschaft, die uns in ihrer spröden, kargen Schönheit fasziniert, ist für sie alltägliche, steinzeitliche Wirklichkeit. Für uns eine tödliche Bedrohung. Vermutlich wurden Ludwig Leichhardt und seine Gefährten von Eingeborenen getötet, mit Keulen oder Speeren. In Australien treffen Moderne und Steinzeit hart aufeinander. Schon im 19.Jahrhundert zerbrachen sich Philanthropen die Köpfe darüber, wie Neusiedler und Eingeborene auskömmlich miteinander leben könnten. Die Quadratur des Kreises – bis in unsere Tage.

Glossar

convict	Strafgefangener. In Australien sprach man nicht von *convicts,* sondern euphemistisch von government men (women), da sie der Regierung unterstanden.
emancipist	Ehemaliger Strafgefangener nach Verbüßung seiner Strafe. Er/sie galt als resozialisierbar und wurde in die Gesellschaft der Freien integriert.
ticket-of-leave	Freibrief. Bei guter Führung und Fürsprache durch angesehene Bürger konnten Strafgefangene auf Bewährung vor Verbüßung ihrer Strafe entlassen werden. Sie durften für sich selbst sorgen, ihre Freiheit auf Probe war jedoch an Bedingungen gebunden (z.B. Verbleib im Gerichtsbezirk, keine neuen Straftaten). Der Freibrief mußte jedes Jahr erneuert und konnte jederzeit zurückgezogen werden.
cat-o'-nine	Die neunschwänzige Katze, mit der Sträflinge auch bei geringen Vergehen ausgepeitscht (*flogging*) wurden.
bushranger	Buschräuber. Entlaufene Strafgefangene, die sich oft zu Banden zusammenschlossen und im Busch verbargen. Wurden zeitweise zu einer Landplage für den Verkehr und für die Farmer.

protectorate	Konzept der Regierung zum Schutz der Eingeborenen (*aborigines*), das den Siedlern die Möglichkeit zur Selbsthilfe bei Übergriffen nahm (insbesondere Verbot der Anwendung von Waffengewalt). Mußte aufgegeben werden, da nun die Siedler schutzbedürftig wurden.
protectors	Vertreter eines philanthropischen Konzepts, die die Aborigines aufsuchten, um sie über ihre Rechte gegenüber Weißen zu belehren.
Surveyor General	Oberster Landvermesser Australiens
Female Factory	Einrichtung zur Unterbringung von weiblichen Strafgefangenen, die entweder zur Vermittlung an private Arbeitnehmer oder heiratswillige Bewerber freigegeben waren oder aber einem strengen Strafvollzug unterlagen. Es wurden auch Obdachlose, Behinderte und sonstwie Hilfsbedürftige auf genommen. In den Fabriken wurden Textilien hergestellt.
Female Orphan School	Schule für weibliche Waisenkinder
Prisoner Barracks	Quartiere für Gefangene
chain gang	Trupp aneinander geketteter Gefangener, meist 'Lebenslängliche' auf Baustellen

constable	Polizist, meist ehemaliger oder auf Bewährung freigelassener Strafgefangener
outback station	Viehweide mit Behausung für Hirten (*stockmen* bei Rinderherden; *shephards* bei Schafherden)
hulk	Schiffsrumpf. Ausgemusterte Schiffe wurden zur behelfsmäßigen Unterbringung von Strafgefangenen verwendet, an der Themse und auch in Sydney Cove
damper	ungesäuertes Brot aus Mehl und Wasser, in Asche gebacken
Van Diemensland	heute Tasmanien
New South Wales	umfaßte damals auch die Gebiete von Victoria und Queensland

Bibliographie

Con Costello / Botany Bay – The Story of the Convicts Transported From Ireland to Australia
Grace Karskens / The Rocks – Life in Early Sydney
Kay Daniels / Convict Women
L.L.Robson / The Convict Settlers of Australia
Alexander Harris (?) / Settlers and Convicts
Robert Hughes / Australien (engl. Original The Fatal Shore)
Terry Kass, Craol Liston, John McClymont / Parramatta – A Past Revealed
Earnest Favenc / The History of Australian Exploration 1788-1888
E.M.Webster / Whirlwinds in the Plain: Ludwig Leichhardt – friends, foes and history
Manning Clark / Short History of Australia
Tom Keneally / The Commonwealth of Thieves
Bryan Gandevia / Life in the First Settlement at Sydney Cove
Heritage Park Somersby Guide / Old Sydney Town

Bildnachweis